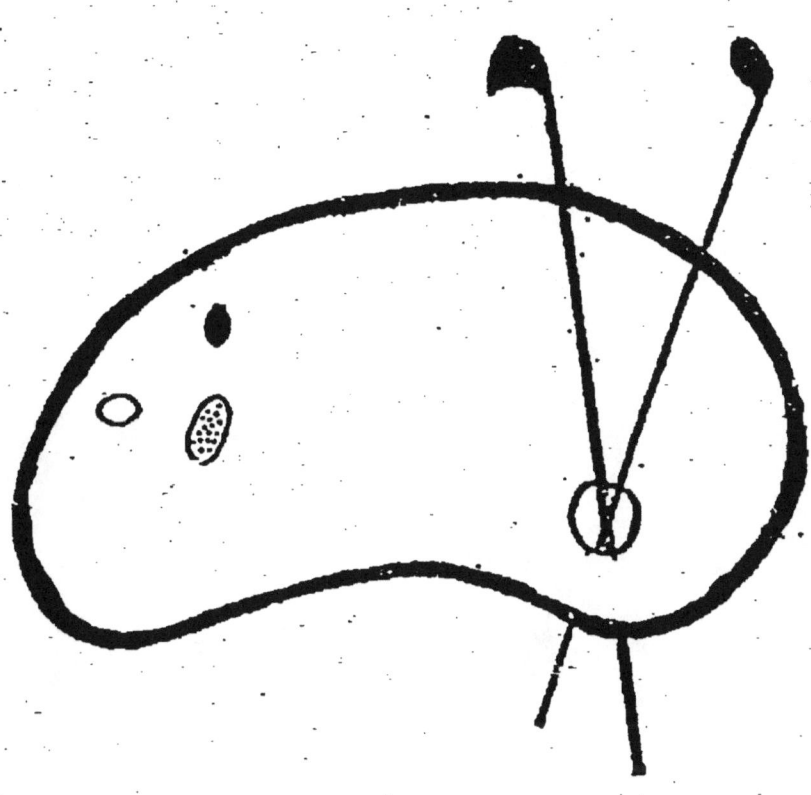

DEBUT D'UNE SERIE DE DOCUMENTS EN COULEUR

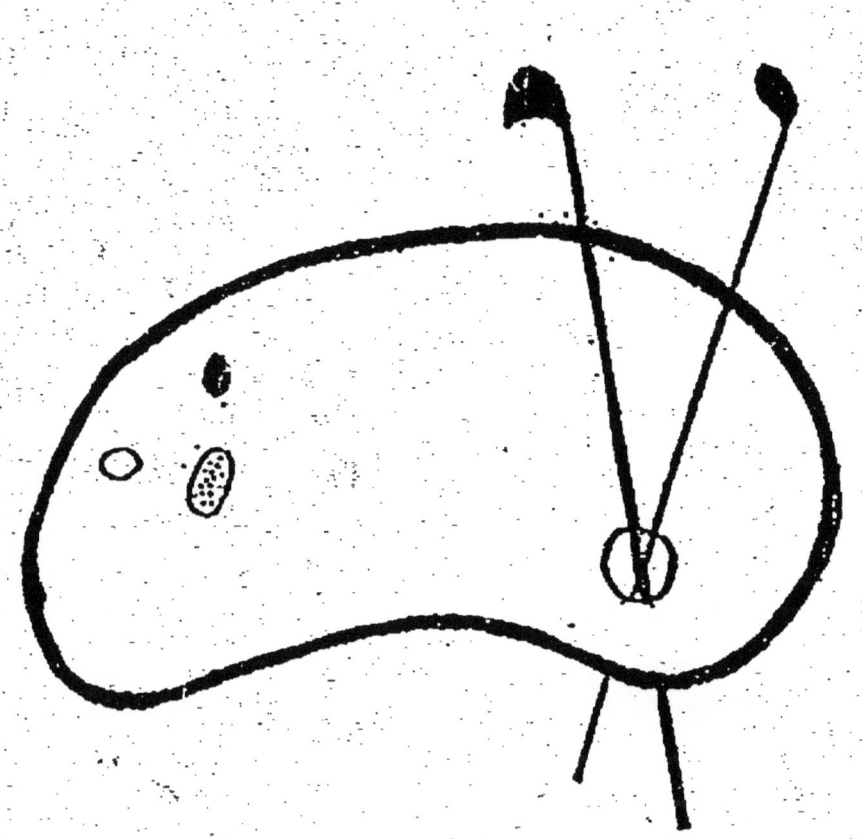

FIN D'UNE SERIE DE DOCUMENTS
EN COULEUR

LA MORALE

EN ACTION

Approuvé.

☦ F.-N. Cardinal Archevêque de Paris.

LA MORALE
EN ACTION
OU
CHOIX DE FAITS MÉMORABLES
ET
D'ANECDOTES INSTRUCTIVES

PROPRES A FAIRE AIMER LA SAGESSE, A FORMER LE CŒUR DES JEUNES
GENS PAR L'EXEMPLE DE TOUTES LES VERTUS,
ET A ORNER LEUR ESPRIT DES SOUVENIRS DE L'HISTOIRE

Ouvrage utile aux élèves des écoles militaires, des collèges,
des maisons d'éducation de l'un et de l'autre sexe.

NOUVELLE ÉDITION
REVUE ET CORRIGÉE
APPROUVÉE PAR S. ÉM. LE CARDINAL MORLOT
ARCHEVÊQUE DE PARIS

TOURS
ALFRED MAME ET FILS, ÉDITEURS
—
1883

RÉFLEXIONS PRÉLIMINAIRES.

De toutes les connaissances, il n'en est point certainement qui demande plus d'attention et de soin que celles qui regardent les mœurs, et il n'en est point dont souvent on s'instruise avec plus d'indifférence. Il semble que plus elles sont nécessaires, moins on a intérêt de les approfondir : la chose ne paraîtrait pas même vraisemblable si une triste expérience ne la mettait tous les jours sous les yeux. La nécessité d'apprendre, dans certains cas, les règles les plus difficiles des sciences et des arts ne produit point de tels exemples dans le monde, et c'est dans la religion seule qu'on les trouve.

Les jours de l'homme, quelque longs qu'ils soient, a dit un célèbre théologien, ne suffisent pas pour faire un excellent peintre, un bon architecte, un parfait philosophe ; mais ces mêmes jours, quelque courts qu'ils soient, suffisent pour faire un vrai chrétien.

Nous ne sommes pas au monde pour amasser des richesses, pour mener une vie de plaisir ; nous n'y sommes pas non plus pour remplir notre esprit de sciences curieuses, pour faire des vers, pour tracer des lignes, etc. Notre principale vocation est de travailler à nous rendre dignes de l'héritage céleste par une vie vraiment chrétienne.

Quel usage plus utile pourrait-on faire de ses lumières et de ses talents que de les employer à perfectionner la partie de l'éducation qui concerne les mœurs ? Il est nécessaire, dans toutes les conditions, de connaître à fond ce qui règle nos mœurs et ce qui nous sert de boussole au milieu des révolutions et des écueils de la vie. La morale, dit un pape d'heureuse mémoire, comme la base de la probité et du christianisme, est toujours d'usage, au lieu que les autres sciences ne peuvent servir que dans certains temps. Dieu a mis entre notre esprit, notre cœur, notre âme, nos passions, nos sens, une telle connexion, que tout ce qui est en nous doit concourir à nous mettre bien avec nous-mêmes et avec le prochain.

La morale est une science qui a des ramifications si étendues et en si grand nombre, que les empires, les cours, les villes, les sociétés, les familles ne se soutiennent que par son heureuse influence, et par la vertu qu'elle a de nous montrer de la manière la plus claire et la plus précise, ce que nous devons à Dieu, à nous-mêmes et aux autres. La même main qui traça l'image de sa toute-puissance dans les cieux en caractères de feu, grava dans nos âmes nos principaux devoirs. Notre cœur est une table de décalogue, que rien ne peut briser, mais que nos passions effaceraient si le cri de la conscience ne nous reprochait nos écarts.

L'ouvrage que nous offrons au public a un rapport direct avec les mœurs, par les grands exemples dont il est rempli, et par les réflexions qui y sont semées.

Les gens instruits s'apercevront aisément que nos meilleurs écrivains l'ont enrichi. Il est à désirer que messieurs les professeurs l'adoptent, surtout dans les hautes classes, et le fassent lire journellement. Les enfants exercés à rendre compte de vive voix et sur-le-champ de tel ou tel morceau, contracteront l'habitude de parler purement, et graveront dans leur mémoire des traits de bienfaisance, d'humanité, de générosité, etc., qui élèveront leurs âmes aux vertus nobles et touchantes.

Heureux les enfants, quand des maîtres sages et vigilants travaillent, de concert avec des parents attentifs et chrétiens, à perfectionner leur âme et à orner leur esprit par la culture! Mais en vain donnera-t-on aux enfants des leçons de vertu et de probité, en vain se fera-t-on honneur de leur débiter les maximes de la sagesse, si les parents et les maîtres, en les démentant eux-mêmes par des mœurs opposées, affaiblissent l'impression qu'elles auraient pu faire. Loin de leur inspirer des sentiments vertueux, on les accoutume à penser de bonne heure que la vertu n'est qu'un nom, que les maximes qu'on leur débite ne sont qu'un langage qui a passé des pères aux enfants, mais que l'usage a toujours contredit, et que ceux qui en ont paru dans tous les temps les plus zélés défenseurs ont toujours été au fond semblables au reste des hommes.

Un enfant élevé avec les précautions que nous désirons cherchera bientôt, par une noble émulation, à égaler les modèles que nous lui présentons. Il sentira combien la vertu est aimable, fera le bien sans faste, et trouvera son bonheur le plus pur dans le bonheur d'autrui. Ses heureux penchants à l'honnêteté seront peut-être le fruit de ses premières lectures et des réflexions qu'un maître zélé lui aura fait faire, et les vertus de sa vie découleront de ses premières habitudes. *Adolescens juxta viam suam, etiam cum senuerit, non recedet ab ea.* (Prov., XXII, 6.)

LA MORALE
EN ACTION.

LA CLÉMENCE, VERTU DES GRANDS.

Il n'est pas de satisfaction plus douce que celle de faire des heureux, de régner sur les cœurs, de s'attirer l'innocent tribut de leurs acclamations, et leurs actions de grâces. La clémence, l'humanité, la générosité seraient les vertus naturelles des grands, s'ils se souvenaient qu'ils sont les pères de leurs peuples. La dureté, le dédain, loin d'être les prérogatives de leur rang, en sont l'abus et l'opprobre. Ils ne méritent plus d'être les maîtres de leurs sujets, dès qu'ils oublient qu'ils en sont les pères.

Auguste, ce prince cruel et vindicatif* avant l'époque où il se vit le maître du monde, se distingua par sa douceur et par son humanité lorsqu'il fut parvenu à l'empire. Pendant qu'il séjournait dans les Gaules, on vint lui donner avis que L. Cinna, personnage de peu de mérite et d'un génie borné, tramait une conjuration contre lui. On lui dit où, quand et de quelle manière la chose devait s'exécuter; c'était un des complices qui l'en informait. Auguste, résolu de se venger du perfide, convoqua, pour le lendemain, un conseil de ses amis. Il passa une nuit fort agitée et fort inquiète, pensant qu'il s'agissait de condamner un jeune homme qui d'ailleurs était sans reproches, un jeune homme de la plus haute noblesse et petit-fils du grand Pompée. Il ne pouvait plus se déterminer à ordonner la mort d'un seul homme, lui qui autrefois avait dicté, en soupant avec Marc-Antoine, l'édit de proscription. Poussant des soupirs, il se parlait seul à lui-même, et exprimait vivement les différentes pensées qui se combattaient dans son esprit. « Quoi! disait-il, je laisserais mon assassin libre

---

* Tous les historiens s'accordent avec Sénèque sur le double caractère qu'il donne à Auguste, qui s'appelait Octave avant d'être empereur. Octave fut cruel, Auguste fut humain.

et tranquille, et l'inquiétude serait pour moi ! Après que tant de guerres civiles ont respecté mes jours, après que j'ai échappé aux périls de tant de combats sur terre et sur mer, un traître veut m'immoler au pied des autels, et je ne lui ferais pas subir la peine qu'il mérite ! » Il s'arrêtait, et, après quelques moments de silence, il élevait de nouveau la voix pour se faire son procès à lui-même, avec plus de sévérité qu'à Cinna. Il continuait en s'apostrophant ainsi : « Si ta mort est l'objet des vœux de tant de citoyens, es-tu donc digne de vivre ? Quand finiront les supplices ? Quand cesseras-tu de verser le sang ? Ta tête est en butte aux coups de la jeune noblesse, qui compte s'immortaliser en t'égorgeant. Non, la vie n'est pas d'un si grand prix, que, pour t'empêcher de périr, il faille que tant d'autres périssent. » Sa femme, Livie, qui entendit tous ces discours, l'interrompit enfin. « Voulez-vous, lui dit-elle, écouter les conseils d'une femme ? Imitez les médecins, qui, lorsque les remèdes accoutumés ne réussissent point, essaient les remèdes contraires. Jusqu'ici vous n'avez rien gagné par la sévérité. Lépidus a succédé à Salvidienus, Murena à Lépidus, Cepion à Murena, Egnatius à Cepion, pour ne point parler de tant d'autres que vous avez fait repentir de leur audace; essayez maintenant de la clémence ; pardonnez à Cinna. Il est découvert, il ne peut plus vous nuire, et la grâce que vous lui accorderez peut vous donner beaucoup de gloire. » Auguste, charmé d'avoir trouvé quelqu'un qui approuvait le parti de la douceur, vers lequel il penchait déjà lui-même, remercia tendrement son épouse; il contremanda sur-le-champ ses amis, et appela Cinna seul ; puis, après avoir fait sortir tout le monde de son appartement, il lui ordonna de s'asseoir, et lui parla en ces termes : « J'exige, avant tout, que vous m'écoutiez sans m'interrompre ; que vous me laissiez achever ce que j'ai à dire sans vous récrier : lorsque j'aurai fini, vous aurez toute liberté de répondre. Je vous ai trouvé, Cinna, dans le camp de mes adversaires; vous n'étiez pas seulement devenu mon ennemi, mais vous étiez né pour l'être. Dans de telles circonstances, je vous ai accordé la vie ; je vous ai rendu tout votre patrimoine. Vous êtes aujourd'hui si riche et dans une situation si florissante, que les vainqueurs portent envie à la condition du vaincu. Je vous ai accordé le sacerdoce que vous m'avez demandé, au détriment de plusieurs autres, dont les pères avaient servi dans mon armée. Et c'est quand je vous ai comblé de tant de bienfaits, que vous formez le projet de m'assassiner! » A ce mot, Cinna s'étant écrié qu'une telle fureur était bien loin de sa pensée : « Vous ne me tenez pas parole, reprit Auguste; nous étions convenus que vous ne m'interrompriez point. Oui, je vous le répète, vous voulez m'assassiner. » Il lui exposa ensuite toutes les circonstances, toutes les mesures prises; il lui nomma le lieu, les complices et celui qui devait porter le premier coup; et voyant que Cinna était consterné et gardait un morne silence, non plus en vertu de la convention, mais par remords de conscience et par terreur : « Par quel motif, ajouta-t-il, avez-vous conçu un pareil dessein? Est-ce pour régner à ma place? Assurément le peuple romain est bien à plaindre, si je suis le seul obstacle qui vous empêche de devenir empereur : à peine pouvez-vous gouverner votre maison. Dernièrement un affranchi vous a écrasé par son crédit dans une affaire particulière qui vous intéressait. Tout vous est difficile, excepté de conjurer contre votre prince et votre bienfaiteur. Voyons, examinons : suis-je le seul qui arrête le succès de vos projets ambitieux? Pensez-vous réduire à supporter votre domination un Paulus, un Fabius Maximus, les Cossus et les Servilius, et tant d'autres nobles, qui ne se parent point d'un vain titre, et qui rendent à leurs ancêtres l'honneur qu'ils en reçoivent? » Auguste continua de parler sur ce ton pendant plus de deux heures, allongeant exprès la durée de la seule vengeance qu'il prétendait exercer sur le coupable. Il finit en lui disant : « Cinna, je vous ai autrefois donné la vie comme à mon ennemi; je vous la donne maintenant comme à mon assassin. Commençons d'aujourd'hui à être sincèrement amis; efforçons-nous de rendre douteux si, en vous pardonnant, j'aurai montré plus de générosité que vous ne ferez voir de reconnaissance. » Il donna ensuite à Cinna le consulat pour l'année suivante, en se plaignant de ce qu'il n'osait pas le demander lui-même. Depuis ce temps, Auguste n'eut qu'à se féliciter de sa clémence. Cinna lui fut toujours fort attaché et très fidèle : il devint son légataire universel; et il n'y eut plus dans la suite de conspiration contre Auguste.

— Henri IV demanda un jour au jeune duc de Montmorency quelle était la plus grande qualité d'un roi. Le duc répondit, sans hésiter, que c'était la clémence. « Pour-

quoi la clémence, ajouta le roi, plutôt que le courage, la libéralité et tant d'autres vertus qu'un souverain doit posséder ? — C'est, répondit le duc, qu'il n'appartient qu'aux rois de pardonner ou de punir le crime en ce monde. »
Ce jeune duc avait l'idée de la solide gloire. Il rendait en même temps justice au caractère de Henri IV,

Qui fut de ses sujets le vainqueur et le père.

— Le prince de Joinville, ayant eu des intelligences secrètes avec les ennemis de Henri IV, fut arrêté. La bonté de Henri sauva le coupable ; et, ayant fait venir le duc et la duchesse de Guise : « Voilà, leur dit ce bon prince, le véritable enfant prodigue qui s'est imaginé de belles folies ; je lui pardonne pour l'amour de vous, mais c'est à condition que vous le chapitrerez bien. »

Le même roi faisait quelquefois des reproches au duc de Sully, de ce qu'il ne perdait jamais de vue le bien de l'Etat, quoique ses intérêts particuliers l'exigeassent souvent. Le ministre, usant alors de la liberté qu'il avait auprès de son maître, l'écoutait avec indifférence. Henri IV, s'en étant aperçu, lui demanda s'il le croyait assez lâche pour préférer quelque chose que ce fût au soulagement de ses peuples, qu'il regardait comme ses chers enfants.

— « Sire, disait le cardinal de Retz à Louis XIII, la clémence est la vertu favorite des grands princes ; au milieu de leurs plus beaux triomphes, ils font gloire de céder à la compassion. Quand vous voyagez dans vos provinces, vous devez ressembler à ces fleuves qui portent partout l'abondance. A Dieu ne plaise que votre passage puisse se comparer à celui des torrents, dont les eaux impétueuses ravagent et ruinent tout ! »

ÉPONINE ET SABINUS.

Sabinus était un Romain qui, durant les guerres civiles, s'engagea dans un parti contraire à celui de Vespasien, et prétendit même à l'empire. Mais quand la puissance de Vespasien fut bien établie, il ne s'occupa que des moyens qui pouvaient le soustraire aux persécutions, et en imagina un aussi bizarre que nouveau. Il possédait de vastes souterrains inconnus à tout le monde, et il résolut de s'y cacher ; cette lugubre retraite l'affranchissait du moins de l'insupportable crainte des supplices et d'une mort ignominieuse, et il avait l'espoir que peut-être quelque nouvelle révolution lui donnerait le moyen de reparaître dans le monde. Parmi tant de sacrifices que sa situation le forçait de faire, il en était un surtout qui déchirait son cœur : il avait une femme jeune, belle et vertueuse; il fallait la perdre et lui dire un éternel adieu, ou lui proposer de s'ensevelir à jamais dans une sombre prison, et de renoncer à la liberté, à la société, à la clarté du jour. Sabinus connaissait la tendresse et la grandeur d'âme d'Eponine, cette épouse si chère : il était sûr qu'elle consentirait avec transport à le suivre et à ne vivre que pour lui; mais il craignait pour elle les regrets qui trop souvent succèdent à l'enthousiasme, et dont la vertu même ne garantit pas toujours ; enfin, il eut assez de générosité pour ne vouloir pas abuser de celle d'Eponine, ou, pour mieux dire, il n'avait qu'une idée imparfaite de la manière dont sa femme l'aimait. Il ne mit dans sa confidence que deux affranchis qui le suivirent. Il assemble ses esclaves, leur persuade qu'il est décidé à se donner la mort; il les récompense, les congédie, brûle sa maison et se sauve ensuite dans ses souterrains avec ses fidèles affranchis. Personne ne douta de sa mort. Eponine était absente; bientôt cette fausse nouvelle parvint jusqu'à elle, et l'abusa comme tout le monde : elle résolut de ne point survivre à Sabinus. Comme elle était observée et gardée avec soin par ses parents et ses amis, elle choisit à regret le genre de mort le plus lent, et refusa constamment toute espèce de nourriture. Cependant les affranchis de Sabinus, qui tour à tour sortaient chaque jour du souterrain pour aller chercher les aliments, s'informèrent, par ordre de leur maître, de la situation d'Eponine, et apprirent qu'elle touchait presque aux derniers moments de sa vie : ce rapport fit connaître à Sabinus que lorsqu'il s'était cru généreux, il n'avait été qu'ingrat. Accablé d'inquiétude, pénétré de reconnaissance, il envoie sur-le-champ un de ses affranchis instruire Eponine de son secret et du lieu de sa retraite. Pendant que sa commission s'exécutait, quelles durent être les craintes et l'impatience de Sabinus! Son messager trouvera-t-il Eponine vivante? Si cette tendre épouse respire encore, la nouvelle qu'on lui porte ne lui causera-t-elle pas une révolution funeste? Sabinus, après avoir conduit Eponine sur le bord de sa tombe, va-t-il par sa fatale imprudence l'y précipiter, et devenir l'assassin du seul objet qui puisse l'attacher à la vie?... Voilà donc le prix qu'elle recevra de tant d'amour et de fidélité! Mais tandis que le malheureux Sabinus s'abandonne ainsi à ces déchirantes réflexions, le Ciel lui prépare un moment de bonheur, fait pour dédommager d'une vie entière de souffrances; avant la fin du jour Eponine elle-même doit paraître dans ce lugubre souterrain, qui retentit si tristement des gémissements de Sabinus. Ce lieu d'horreur et de ténèbres va devenir l'asile du bonheur. Comment s'empêcher de regretter que les historiens ne nous aient pas transmis le détail touchant de la première entrevue d'Eponine et de son époux, lorsqu'elle parut tout à coup à ses yeux, pâle, tremblante, arrachée au trépas par le seul désir de vivre dans un cachot avec lui, et l'instant où, se jetant dans les bras de Sabinus, elle lui dit sans doute : « Je viens adoucir ton sort en le partageant; je viens reprendre les droits sacrés et d'épouse et d'amie; je viens enfin te consacrer la vie que tu m'as rendue. » Quelle admiration, quelle reconnaissance dut éprouver Sabinus! Comme dans un moment tout est changé autour de lui! Quel charme répand Eponine sur chaque objet qui l'environne! Cette vaste caverne n'offre plus rien de triste aux yeux de Sabinus; cependant, en songeant que c'est désormais la demeure d'Eponine, il ne peut retenir ses larmes.

Eponine et Sabinus concertèrent ensemble les mesures qu'ils devaient prendre pour leur sûreté commune; il était impossible qu'Eponine disparût entièrement du monde, sans s'exposer à des recherches dangereuses; d'ailleurs, en renonçant pour toujours à sa famille et à ses amis, elle s'ôtait les moyens de servir Sabinus, si l'occasion s'en présentait. Il fut donc décidé qu'elle ne viendrait dans le souterrain que la nuit : mais sa maison en était éloignée; il fallait faire cinq lieues à pied. Comment supporterait-elle cette fatigue? Comment une femme timide et délicate, élevée dans le luxe et la mollesse, oserait-elle s'exposer, sous la garde d'un seul affranchi, à tous les dangers d'un voyage nocturne et pénible, qui devait se renouveler si souvent? Comment enfin aurait-elle assez de discrétion et de prudence pour se dérober à tous les yeux, et ses démarches et son secret?... Eponine, en effet, tint avec exactitude tous les engagements que son cœur lui avait fait prendre; elle venait régulièrement chaque soir au souterrain; et souvent elle y passait plusieurs jours de suite, ayant su prendre les précautions nécessaires pour que son absence ne donnât aucun soupçon. La vie sauvage et retirée qu'elle menait dans le monde, la douleur qu'on lui supposait lui procuraient la facilité de dérober ses démarches au public, et d'échapper aux observations des gens curieux et désœuvrés. Pour aller voir son époux, elle triomphait de tous les obstacles : ni les rigueurs de l'hiver, ni le froid, ni la pluie ne pouvaient l'arrêter ou la retarder. Quel spectacle pour Sabinus, lorsqu'il la voyait arriver tremblante, hors d'haleine, pouvant à peine se soutenir sur ses pieds délicats et meurtris, et tâchant cependant, par un doux sourire, de dissimuler sa lassitude et ses souffrances ; ou, pour mieux dire, les oubliant auprès de lui !... Un nouvel événement devait rendre encore Eponine plus chère, s'il est possible, à Sabinus ; elle devint mère, et donna le jour à deux jumeaux... Qui pourrait peindre le profond attendrissement, les transports et la joie de Sabinus, en recevant à la fois dans ses bras son épouse et ses enfants ? Mais ils sont condamnés, dès leur naissance, à vivre et à croître dans une prison !... Cruelle pensée, faite pour empoisonner le bonheur de Sabinus, qui, sans doute, en les embrassant, dut se dire : « Infortunés, hélas ! quand pourrez-vous jouir de la lumière et de la liberté ?... Mais Eponine est votre mère, vous serez chéris par elle : ah ! vous ne vous plaindrez point de votre destinée ! »

Les deux enfants d'Eponine furent élevés dans le souterrain, et n'en sortirent jamais durant l'espace de neuf ans que Sabinus y resta caché. Loin que le temps eût diminué l'assiduité d'Éponine, il ne fit que rendre plus fréquents ses voyages au souterrain : elle y trouvait son époux, ses enfants ; devenue étrangère au monde et à la société, l'univers et le bonheur n'existaient pour elle qu'au fond de la caverne de Sabinus. Cependant ses absences devenant chaque jour plus multipliées et plus longues, donnèrent enfin des soupçons, et l'excès de la sécurité acheva de la perdre. Elle fut observée, suivie, et l'infortuné Sabinus fut découvert. Des soldats, envoyés par l'empereur, viennent l'arracher de son souterrain, et ne conçoivent pas, en voyant cette affreuse demeure, qu'on puisse la regretter et verser des pleurs en la quittant. Dans cette extrémité, Eponine, ne démentant ni la vertu, ni le courage dont elle avait donné tant de preuves, se rend au palais de l'empereur, suivie de ses deux jeunes enfants : on se précipite en foule sur son passage, chacun veut la voir et l'applaudir; tout le palais retentit des acclamations qu'elle excite; et c'est ainsi qu'on vit du moins la vertu malheureuse obtenir le tribut d'éloges qu'elle méritait. Eponine, insensible à la gloire, ne comprenant pas même qu'on puisse admirer sa conduite, et plaignant ceux qu'elle étonne, s'avance tristement à travers la foule qui l'environne, et arrive enfin à l'appartement de l'empereur. Tout le monde se retire; alors Eponine, se jetant avec ses enfants aux pieds de Vespasien, lui parle en ces termes :

« Voyez, César, à vos genoux la femme et les enfants de l'infortuné Sabinus; ces enfants innocents, élevés dans un lugubre cachot, et qui, pour la première fois, jouissent aujourd'hui de la vue du soleil. Eh quoi ! cet astre radieux, qui ne luit pour eux que depuis si peu d'instants, doit-il éclairer le supplice de Sabinus, et ce jour, qui les arrache des ténèbres et de la captivité, doit-il être le dernier des jours de leur père?... Mais quel fut le crime de Sabinus? l'ambition. César, si cette passion n'eût pas dominé dans votre âme, feriez-vous le bonheur de l'univers? Seriez-vous l'arbitre du sort de mon époux?... Vous avez prouvé jusqu'ici que la fortune ne fut point aveugle en vous favorisant; achevez de la justifier par votre clémence... Tout vous est soumis, vous régnez. Ah! connaissez le plus doux charme de ce haut rang où vous a placé le sort; plaignez les malheureux et sachez pardonner. Pourriez-vous être insensible aux pleurs d'une épouse, d'une mère, aux gémissements de ses enfants? Vous êtes souverain, vous êtes père, et l'innocence et la nature auraient en vain versé des larmes à vos pieds! Hélas! le Ciel ne s'est-il pas chargé lui-même du châtiment de Sabinus? Ne vous a-t-il pas ôté le droit de le punir, en ne le livrant entre vos mains qu'après neuf ans de captivité? Souffrirez-vous qu'on puisse vous reprocher un jour un excès de rigueur si peu nécessaire à votre sûreté? Ah! César, songez-y, votre inflexibilité ne peut ravir à Sabinus qu'une vie obscure et languissante, tandis qu'elle ternirait aux yeux de la postérité cette gloire si brillante et si pure, heureux et juste fruit de vos travaux et de vos exploits. »

On demandera sans doute, après la lecture de cette anecdote intéressante, si Vespasien se laissa toucher. Hélas! non; et ce prince, peu sensible à tant de vertus, condamna à mort l'époux d'Eponine, qui, engagé dans un parti contraire au sien, avait manifesté des prétentions à l'empire. Au reste, l'héroïsme d'Eponine ne se démentit pas jusqu'au dernier instant, et elle accompagna son mari au supplice.

Si les dieux, dit un ancien philosophe, pleins de douceur et de bonté, ne lancent pas leur foudre vengeresse sur les têtes coupables des grands et des souverains, combien est-il plus juste qu'un homme qui a le pouvoir sur d'autres hommes n'en use qu'avec clémence! Y a-t-il quelqu'un à qui la clémence convienne mieux qu'à un souverain? La souveraine autorité n'est honorable qu'autant qu'elle fait le bien. Quelle gloire y a-t-il à n'user de son pouvoir que pour nuire?

TRAIT DE SENSIBILITÉ.

Les louanges accordées aux grands hommes prouvent quelquefois moins en faveur de leur mérite, qu'une certaine sensibilité qu'on éprouve en racontant leurs vertus.

Un événement assez récent, et bien fait pour toucher les cœurs sensibles, prouve combien la mémoire de Massillon est précieuse, non-seulement aux indigents dont il a essuyé les larmes, mais à tous ceux qui l'ont connu. Il y a quelques années, un voyageur qui se trouvait à Clermont désira voir la maison de campagne où ce prélat passait la plus grande partie de l'année. Il s'adressa à un ancien grand-vicaire, qui, depuis la mort de l'évêque, n'avait pas eu la force de retourner à cette maison de campagne, où il ne devait plus retrouver celui qui l'habitait. Le grand-vicaire consentit néanmoins à satisfaire le désir du voyageur, malgré la douleur profonde qu'il se préparait en allant revoir des lieux si tristement chers à son souvenir. Ils partirent donc ensemble, et le grand-vicaire montra tout à l'étranger. « Voilà, lui disait-il les larmes aux yeux, l'allée où ce digne prélat se promenait avec nous... Voilà le berceau où il se reposait en faisant quelques lectures... Voilà le jardin qu'il cultivait de ses propres mains... » Ils entrèrent ensuite dans la maison; et quand ils furent arrivés à la chambre où Massillon avait rendu le dernier soupir : « Voilà, dit le grand-vicaire, l'endroit où nous l'avons perdu, » et il s'évanouit en prononçant ces mots. La cendre de Titus et de Marc-Aurèle eût envié un pareil hommage.

SE COMMANDER A SOI-MÊME, VICTOIRE ÉCLATANTE.

Le vicomte de Turenne a fait connaître, dans plus d'une occasion, jusqu'où allaient sa sagesse et sa modération. Etant sur le point d'attaquer les lignes des ennemis qui assiégeaient la ville d'Arras, il n'avait point les outils qui lui étaient nécessaires. Il en envoya demander par un de ses gardes au maréchal de la Ferté. Le garde vint bientôt après dire que M. de la Ferté ne les avait pas seulement refusés, mais encore qu'il avait accompagné son refus de paroles fort désobligeantes pour M. de Turenne. Le vicomte, se tournant alors vers les officiers qui se trouvaient auprès de lui, se contenta de dire : « Puisqu'il est si fort en colère, il faut se passer de ses outils, et faire comme si nous les avions. »

— Le même maréchal, ayant trouvé un autre garde du vicomte de Turenne hors du camp, lui demanda ce qu'il faisait, et, sans attendre sa réponse, il s'avança sur lui et le chargea de coups de canne. Le malheureux vint se présenter tout en sang à son maître, exagérant fort les mauvais traitements qu'il avait reçus. Le vicomte, feignant de s'en prendre au garde même : « Il faut, dit-il, que vous soyez un bien méchant homme, pour l'avoir obligé à vous traiter de la sorte. » Ayant envoyé chercher le lieutenant de ses gardes, il lui ordonna de mener sur-le-champ le même garde au maréchal de la Ferté, de lui dire qu'il lui faisait excuse de ce que cet homme lui avait manqué de respect, et qu'il le remettait entre ses mains pour en faire telle punition qu'il lui plairait. Cette modération étonna toute l'armée. Le maréchal de la Ferté, surpris lui-même, s'écria avec une espèce de jurement qui lui était assez ordinaire : « Cet homme sera-t-il toujours sage, et moi toujours fou ! »

— Le carrosse de M. de Turenne s'étant trouvé un jour arrêté dans les rues de Paris par un embarras, un jeune homme de condition, qui ne le connaissait point et dont le carrosse était à la suite du sien, vint tomber à grands coups de canne sur le cocher de Turenne, parce qu'il n'avançait pas assez tôt à son gré. Le vicomte regardait tranquillement cette scène ; mais un maréchal, étant alors sorti de sa boutique un bâton à la main, se mit à crier : « Comment ! on maltraite ainsi les gens de M. de Turenne ! »

Ce jeune homme, qui à ce nom se crut perdu, courut à la portière du carrosse de M. de Turenne lui demander pardon. Le vicomte, qu'il croyait bien en colère, s'étant mis à sourire : « Effectivement, Monsieur, dit-il, vous vous entendez fort bien à corriger mes gens; quand ils feront des sottises, ce qui leur arrive souvent, je vous les enverrai. » M. de Turenne, se possédant ainsi dans ces sortes d'occasions où les autres hommes ne sont plus maîtres d'eux-mêmes, n'est-il pas digne d'être mis en parallèle avec les plus grands hommes de Rome? La Grèce eût-elle refusé de le mettre au nombre de ses sages? Mais surtout n'offre-t-il pas un bel exemple de modération chrétienne?

JUGEMENT MÉMORABLE.

On trouve dans une ancienne édition latine d'un voyage à Pékin, par J.-B. Petau d'Orléans, imprimée chez Moretus, à Anvers, en 1670, l'anecdote suivante :

Un riche inspecteur des manufactures de la Chine, étant sur le point de faire un long voyage, donna un gouverneur à ses deux fils, dont l'aîné n'avait que neuf ans, et qui tous deux annonçaient d'heureuses dispositions. Le père fut à peine parti, que le gouverneur, abusant de l'autorité qu'on lui avait confiée, devint le tyran de la maison. Il éloigna les honnêtes gens qui pouvaient éclairer ses démarches, et fit chasser ceux des domestiques qui avaient le plus à cœur les intérêts de leur maître absent. On eut beau instruire celui-ci de ce désordre, il n'en voulut rien croire, parce qu'ayant une belle âme, il ne s'imaginait pas qu'on pût en agir ainsi. Ce n'eût été encore que demi-mal, si ce méchant pédagogue eût pu donner à ses élèves quelques vertus et des talents; mais comme il en manquait lui-même, il n'en fit que des enfants grossiers, impérieux, faux, cruels, libertins et ignorants. Après cinq ans de courses, l'inspecteur de retour vit enfin la vérité, mais trop tard; et sans autrement punir le serpent qu'il avait réchauffé dans son sein, il se contenta de le renvoyer. Ce monstre eut l'impudence de citer son maître au tribunal d'un mandarin pour qu'on eût à lui payer la pension qu'on lui avait promise.

« Je la paierais très-volontiers, et même double, répondit-il en présence du juge, si ce malheureux m'avait rendu mes enfants tels que je devais naturellement l'espérer. Les voici, poursuivit-il en s'adressant à l'homme de loi, examinez-les et prononcez. » En effet, après les avoir interrogés et entendu toutes leurs inepties, le mandarin porta cette sentence mémorable : « Je condamne ce précepteur à mort, comme homicide de ses élèves, et leur père à l'amende de trois livres de poudre d'or, non pour l'avoir choisi mauvais, car on peut se tromper; mais pour avoir eu la faiblesse de le conserver si longtemps. Il faut qu'un homme, ajouta-t-il par réflexion, ait la force d'en reprendre un autre quand il le mérite, et surtout si le bien de plusieurs l'exige. »

LE GÉNÉREUX VILLAGEOIS.

Dans un débordement de l'Adige, le pont de Vérone fut emporté, chaque arcade l'une après l'autre. Il ne restait plus que l'arcade du milieu, sur laquelle était une maison, et dans cette maison une famille entière. Du rivage on voyait cette famille éplorée tendre les mains, demander du secours. Cependant la force du torrent détruisait à vue d'œil les piliers de l'arcade. Dans ce péril, le comte Spolverini propose une bourse de cent louis à celui qui aura le courage d'aller sur un bateau délivrer ces malheureux. Il y avait à courir le danger d'être emporté par la rapidité du fleuve, ou de voir, en abordant au-dessous de la maison, crouler sur soi l'arcade ruinée. Le concours du peuple était innombrable, et personne n'osait s'offrir. Dans ce moment passe un jeune villageois; on lui dit quelle est l'entreprise proposée et quel sera le prix du succès. Il monte sur un bateau, gagne à force de rames le milieu du fleuve, aborde, attend au bas de la pile que toute la famille, père, mère, enfants et vieillards, se glissant le long d'une corde, soient descendus dans le bateau. « Courage, dit-il, vous voilà sauvés ! » Il rame, surmonte l'effort des eaux, et regagne enfin le rivage.

Le comte Spolverini veut lui donner la récompense promise. « Je ne vends point ma vie, lui dit le villageois; mon travail suffit pour me nourrir, moi, ma femme et mes enfants; donnez cela à cette pauvre famille, qui en a besoin plus que moi. » Une telle conduite n'a pas besoin d'éloge.

LA PIÉTÉ FILIALE.

Le feu du mont Etna, après avoir renversé tous les obstacles et brisé toutes les digues qui s'opposaient à son passage, sortit un jour avec impétuosité, et se répandit de tous côtés. Ce torrent portait partout le ravage et la désolation. Les moissons et tous les lieux cultivés d'alentour, les maisons, les forêts et les collines couvertes de verdure, tout était la proie de ce terrible élément. A peine les flammes avaient-elles commencé à se répandre, que Catane se sentit agitée d'un violent tremblement de terre; on vit même qu'elles avaient déjà pénétré dans la ville. Chacun tâche alors, selon ses forces et son courage, d'arracher ses richesses à la fureur du feu. L'un gémit sous le pesant fardeau de son argent, l'autre est si troublé qu'il prend les armes, comme s'il voulait combattre contre cet élément. Celui-ci, accablé sous le poids de ses richesses, peut-être acquises par ses crimes, ne saurait avancer, pendant que le pauvre, chargé d'un fardeau plus léger, court avec une extrême vitesse; enfin, chacun fuit, chacun emporte ce qu'il a de précieux; mais tous ne peuvent pas également se sauver; le feu dévore ceux qui sont les plus lents à fuir, et ceux qu'une sordide avarice a retenus trop longtemps. Ceux qui croient avoir échappé à la fureur de l'incendie en sont atteints, et perdent en un moment les richesses qu'ils avaient enlevées et le fruit de leurs peines; ces précieuses dépouilles deviennent la pâture de la flamme, qui, dans sa fureur, n'épargne que ceux qu'anime la piété.

Comme le feu gagnait déjà les maisons voisines, Amphinome et son frère, portant avec un courage égal le précieux fardeau dont ils étaient chargés, aperçurent leur père et leur mère, accablés de vieillesse et d'infirmités, se soutenant à peine à la porte de leur maison où ils s'étaient traînés; ces deux enfants courent à eux, les prennent et partagent ce fardeau, sous lequel ils sentent augmenter leurs forces. O troupe avare, épargne-toi la peine d'emporter ces trésors; jette les yeux sur ces deux frères qui ne connaissent d'autres richesses que leur père et leur mère. Ils enlèvent ce pieux butin et marchent à travers les flammes, comme si le feu leur avait promis de les épargner. O piété! la plus grande de toutes les vertus, celle qui doit être la plus recommandable aux hommes: les flammes la respectent dans ces jeunes gens, et de quelque côté qu'ils tournent leurs pas, elles se retirent. Jour heureux, malgré ses ravages! Quoique l'incendie exerçât sa fureur de tous côtés, les deux frères traversent toutes les flammes comme en triomphe; ils échappent l'un et l'autre, sous ce pieux fardeau, à la violence du feu, qui modère sa fureur autour d'eux ; enfin ils arrivent en lieu de sûreté, sans avoir reçu aucun mal. Les poëtes ont célébré leurs louanges.

On a beaucoup vanté cette histoire chez les païens, ce qui prouve que les actions de cette espèce étaient peu connues alors. Quelque méchant qu'on suppose le genre humain de nos jours, pensez-vous que le plus grand nombre des enfants n'en eût pas fait autant ? Je suis sûr que si le fait arrivait encore, on ne donnerait pas de si grands éloges à une action très louable, mais très naturelle. Je crois que nous sommes portés à exalter l'humanité et la vertu des hommes de ces premiers temps, parce que les vertus n'étaient pas aussi communes qu'elles le sont dans le christianisme.

Quoi qu'il en soit, ces deux frères se sont rendus si fameux par cet exploit, que Syracuse et Catane se disputent encore à présent l'honneur de leur avoir donné le jour. L'une et l'autre de ces villes ont dédié des temples à la Piété filiale, en mémoire de cet événement.

TRAIT D'AMOUR FRATERNEL, ANECDOTE PORTUGAISE.

En 1585, des troupes portugaises qui passaient dans les Indes firent naufrage. Une partie aborda au pays des Caffres, et l'autre se mit à la mer dans une barque construite des débris du vaisseau. Le pilote, s'apercevant que le bâtiment était trop chargé, avertit le chef, Edouard de Mello, que l'on va couler à fond si l'on ne jette dans l'eau une douzaine de victimes. Le sort tomba entre autres sur un soldat dont l'histoire n'a pas conservé le nom. Son jeune frère tombe aux genoux de Mello, et demande avec instance de prendre la place de son aîné. « Mon frère, dit-il, est plus capable que moi ; il nourrit mon père, ma mère et mes sœurs ; s'ils le perdent, ils mourront tous de misère ; conservez leur vie en conservant la sienne, et faites-moi périr, moi qui ne puis leur être d'aucun secours. » Mello y consent, et le fait jeter à la mer. Le jeune homme suit la barque pendant six heures ; enfin, il la rejoint : on le menace de le tuer s'il tente de s'y introduire ; l'amour de la conservation triomphe de la menace ; il s'approche ; on veut le frapper avec une épée qu'il saisit et qu'il retient jusqu'à ce qu'il soit entré ; sa constance touche tout le monde, on lui permet enfin de rester avec les autres, et il parvient ainsi à sauver sa vie et celle de son frère.

NOTICE SUR LA FÊTE DE LA ROSE, ÉTABLIE A SALENCY PAR SAINT MÉDARD, ÉVÊQUE DE NOYON, DANS LE Ve SIÈCLE.

L'institution de la fête de la Rose est très-ancienne : on l'attribue à saint Médard, évêque de Noyon, qui vivait dans le cinquième siècle de notre ère, du temps de Clovis. Ce bon évêque, qui était en même temps seigneur de Salency, village à une demi-lieue de Noyon, avait imaginé de donner tous les ans, à celle des filles de sa terre qui jouirait de la plus grande réputation de vertu, une somme de vingt-cinq livres et une couronne ou chapeau de roses. On dit qu'il donna lui-même ce prix glorieux à une de ses sœurs, que la voix publique avait nommée pour être Rosière. On voit encore au-dessus de l'autel de la chapelle de Saint-Médard, située à l'une des extrémités du village de Salency, un tableau où ce saint prélat est représenté en habits pontificaux, et mettant une couronne de roses sur la tête de sa sœur, qui est coiffée en cheveux, et à genoux.

Cette récompense devint pour les filles de Salency un puissant motif de sagesse : indépendamment de l'honneur qu'en retirait la Rosière, elle trouvait infailliblement à se marier dans l'année. Saint Médard, frappé de ces avantages, perpétua cet établissement. Il détacha des domaines de sa terre douze arpents, dont il affecta les revenus au paiement de vingt-cinq livres et des frais accessoires de la cérémonie de la Rose.

Par le titre de la fondation, il faut non seulement que la Rosière ait une conduite irréprochable, mais que son père, sa mère, ses frères, ses sœurs et autres parents, en remontant jusqu'à la quatrième génération, soient eux-mêmes irrépréhensibles. La tache la plus légère, le moindre soupçon, le plus petit nuage dans sa famille serait un titre d'exclusion.

Le seigneur de Salency a toujours été en possession et seul jouit encore du droit de choisir la Rosière entre trois filles du village de Salency, qu'on lui présente un mois d'avance. Lorsqu'il l'a nommée, il est obligé de la faire annoncer au prône de la paroisse, afin que les autres filles, ses rivales, aient le temps d'examiner ce choix, et de le contredire s'il n'était pas conforme à la justice la plus rigoureuse. Cet examen se fait avec l'impartialité la plus sévère : ce n'est qu'après cette épreuve que le choix du seigneur est confirmé.

Le 8 juin, jour de la fête de saint Médard, vers les deux heures après-midi, la Rosière, vêtue de blanc, frisée, poudrée, les cheveux flottant en grosses boucles sur les épaules, accompagnée de sa famille et de douze filles aussi vêtues de blanc, avec un large ruban bleu en baudrier, auxquelles douze garçons du village donnent la main, se rend au château de Salency au son des tambours, des violons, des musettes, etc. Le seigneur, ou son épouse, va la recevoir lui-même; elle lui fait un petit compliment pour le remercier de la préférence qu'il lui a donnée; ensuite le seigneur, ou celui qui le représente, et son bailli, lui donnent chacun la main, et précédés des instruments, suivis d'un nombreux cortége, ils la mènent à la paroisse, où elle entend les vêpres sur un prie-Dieu placé au milieu du chœur.

Les vêpres finies, le clergé sort processionnellement avec le peuple, pour aller à la chapelle de Saint-Médard. C'est là que le curé ou l'officiant bénit la couronne ou chapeau de roses qui est sur l'autel. Ce chapeau est entouré d'un ruban bleu[*], et garni sur le devant d'un anneau d'argent. Après la bénédiction et un discours analogue au sujet, le célébrant pose la couronne sur la tête de la Rosière qui est à genoux, et lui remet en même temps les vingt-cinq livres en présence du seigneur et des officiers de sa justice.

La Rosière, ainsi couronnée, est conduite de nouveau par le seigneur ou son fiscal et toute sa suite jusqu'à la paroisse, où l'on chante le *Te Deum* et une antienne à saint Médard, au bruit de la mousqueterie des jeunes gens du village. Au sortir de l'église, le seigneur ou son représentant mène la Rosière jusqu'au milieu de la grande rue de Salency, où des censitaires de la seigneurie ont fait dresser une table garnie d'une nappe, de six serviettes, de six as-

[*] Louis XIII se trouvant au château de Varennes, près Salency, M. de Belloy, alors seigneur de ce dernier village, supplia ce monarque de faire donner en son nom cette récompense de la vertu. Louis XIII y consentit, et envoya M. le marquis de Gordes, son premier capitaine des gardes, qui fit la cérémonie de la Rose pour Sa Majesté, et qui, par ses ordres, ajouta aux fleurs une bague d'argent et un cordon bleu. C'es depuis cette époque que la Rosière reçoit cette bague, et qu'elle et ses compagnes sont décorées de ce ruban. Tous ces faits sont constatés par les titres les plus authentiques.

siettes, de deux couteaux, d'une salière pleine de sel, d'un lot de vin clairet en deux pots (environ deux pintes et demie de Paris), de deux verres, d'un demi-lot d'eau fraîche, de deux pains blancs d'un sou, d'un demi-cent de noix et d'un fromage de trois sous. On donne encore à la Rosière, par forme d'hommage, une flèche, deux balles de paume et un sifflet de corne, avec lequel un des censitaires siffle trois fois avant que de l'offrir. Ils sont obligés de satisfaire exactement à toutes ces servitudes, sous peine de soixante sous d'amende.

De là toute l'assemblée se rend dans la cour du château, sous un gros arbre où le seigneur danse le premier avec la Rosière; ce bal champêtre finit au coucher du soleil. Le lendemain, dans l'après-midi, la Rosière invite chez elle toutes les filles du village, et leur donne une grande collation, suivie de tous les divertissements ordinaires en pareil cas.

On ne saurait croire combien cet établissement excite à Salency l'émulation des mœurs et de la sagesse. Tous les habitants du village, composé de cent quarante-huit feux, sont doux, honnêtes, sobres, laborieux. Ils sont environ cinq cents; ils n'ont point de charrue; chacun bêche sa portion de terre, et tout le monde y vit satisfait de son sort. On assure qu'il n'y a pas un seul exemple, pas un seul, dans toute la rigueur du terme, je ne dis pas d'un crime commis à Salency par un habitant du lieu, mais même d'un vice grossier; tandis que les paysans des environs sont aussi vicieux qu'ailleurs. Quel bien produit un seul établissement sage! Eh! que ne ferait-on pas des hommes en attachant de l'honneur et de la gloire au mérite et à la vertu? Il ne manquerait plus à notre corruption que de jeter du ridicule sur la fête de la Rose, et sur le plaisir pur qu'elle doit faire aux âmes honnêtes et sensibles. (FRERON.)

EXEMPLE CÉLÈBRE D'AMOUR FILIAL.

Les annales japonaises font mention d'un exemple extraordinaire d'amour filial. Une femme était restée veuve avec trois garçons, et ne subsistait que de leur travail. Mais ce travail n'était pas toujours suffisant pour lui procurer le nécessaire. Le spectacle d'une mère qu'ils chérissaient, en proie au besoin, leur fit un jour prendre la plus étrange résolution. On avait publié, depuis peu, que quiconque livrerait à la justice le voleur de certains effets toucherait une somme assez considérable. Les trois frères conviennent entre eux qu'un des trois passera pour ce voleur, et que les deux autres le mèneront au juge. Ils tirent au sort, pour savoir quelle sera la victime de l'amour filial, et le sort tombe sur le plus jeune, qui se laisse lier et conduire comme un criminel. Le magistrat l'interroge; il répond qu'il a volé; on l'envoie en prison, et ceux qui l'ont conduit touchent la somme promise. Leur cœur s'attendrit alors sur le danger de leur frère; ils trouvent le moyen d'entrer dans la prison, et, croyant n'être vus de personne, ils l'embrassent tendrement, et l'arrosent de leurs larmes. Le magistrat qui les aperçoit par hasard, surpris d'un spectacle si nouveau, donne commission à un de ses gens de suivre ces deux délateurs; il lui enjoint expressément de ne les point perdre de vue qu'il n'ait découvert de quoi éclaircir un fait si singulier. Le domestique rapporte qu'ayant vu entrer ces deux jeunes gens dans une maison, il s'en était approché, et les avait entendus raconter à leur mère ce qu'on vient de lire; que la pauvre femme, à ce récit, avait jeté des cris lamentables, et qu'elle avait ordonné à ses enfants de reporter l'argent qu'on leur avait donné, disant qu'elle aimait mieux mourir de faim que de se conserver la vie au prix de la liberté de son cher fils. Le magistrat, pouvant à peine concevoir ce prodige de piété filiale, fait venir aussitôt son prisonnier, l'interroge de nouveau sur ses prétendus vols, le menace même du plus cruel supplice : mais le jeune homme, tout occupé de sa tendresse pour sa mère, reste immobile. « Ah! c'en est trop, lui dit le magistrat en se jetant à son cou ; enfant vertueux, votre conduite m'étonne. » Il va aussitôt faire son rapport à l'empereur, qui, charmé d'une affection si héroïque, voulut voir les trois frères, les combla de caresses, assigna au plus jeune une pension considérable, et une moindre à chacun des deux autres.

APOLOGUE.

Chosroës, roi de Perse, dit le philosophe Sadi, avait un ministre dont il était content et dont il se croyait aimé. Un jour ce ministre vint lui demander à se retirer. Chosroës lui dit : « Pourquoi veux-tu me quitter? J'ai fait tomber sur la rosée de ma bienfaisance, mes esclaves ne distinguent point tes ordres des miens : je t'ai approché de mon cœur, ne t'en éloigne jamais. » Mitranne (c'était le nom du ministre) répondit : « O roi, je t'ai servi avec zèle, et tu m'en as trop récompensé ; mais la nature m'impose aujourd'hui des devoirs sacrés ; laisse-moi les remplir ; j'ai un fils, il n'a que moi pour lui apprendre à te servir un jour comme je t'ai servi. — Je te permets de te retirer, dit Chosroës, mais à une condition : parmi les hommes de bien que tu m'as fait connaître, il n'en est aucun qui soit aussi digne que toi d'éclairer et d'élever l'âme de mon fils ; finis ta carrière par le plus grand service qu'elle puisse rendre aux autres hommes : qu'ils te doivent un bon maître ; je connais la corruption de la cour, il ne faut pas qu'un jeune prince la respire ; prends mon fils, et va l'instruire avec le tien dans la retraite au sein de l'innocence et de la vertu. » Mitranne partit avec les deux enfants, et après cinq ou six années il revint avec eux auprès de Chosroës, qui fut charmé de revoir son fils, mais qui ne le trouva pas égal en mérite au fils de son ancien ministre. Chosroës sentit cette différence avec une douleur amère, et il s'en plaignit à Mitranne. « O roi, lui dit Mitranne, mon fils a fait un meilleur usage que le tien des leçons que j'ai données à l'un et à l'autre ; mes soins ont été également partagés entre eux, mais mon fils savait qu'il aurait besoin des hommes, et je n'ai pu cacher au tien que les hommes auraient besoin de lui. »

ANECDOTES SUR LE DUEL ET LES DUELLISTES.

Le vrai brave consacre son courage à la défense de sa patrie.
Je ne sais où j'ai lu le trait suivant, que je crois être de de Turenne lui-même, avant qu'il fût avancé dans le service. Etant appelé en duel par un autre officier, il répondit : « Je ne sais pas me battre en dépit des lois ; mais je saurai, aussi bien que vous, affronter le danger quand le devoir me le permettra. Il y a un coup de main à faire, très-utile et très honorable pour nous, mais très périlleux : allons demander à notre général la permission de le tenter, et nous verrons qui des deux s'en tirera avec plus d'honneur. » Celui qui avait proposé le duel trouva le projet si périlleux en effet qu'il refusa de soumettre sa valeur à une pareille épreuve. Tel est le genre de courage de la

plupart des duellistes. On en a vu chercher à se faire une réputation de bravoure dans les rencontres particulières, et se mettre au lit le jour d'une bataille.

Il y aurait, après tout, bien peu d'affaires, si tous ceux qui sont témoins de quelque dispute se comportaient comme il serait à souhaiter qu'ils le fissent, d'après l'exemple que nous allons citer.

Un jour, douze personnes avaient dîné ensemble dans une maison; après le repas on proposa de jouer, et l'on fit deux parties différentes, dans l'une desquelles il s'éleva entre deux officiers une dispute suivie de quelques propos assez durs. Les autres personnes qui étaient présentes s'empressèrent de l'apaiser, en leur disant qu'ils avaient tort tous deux. Ceux-ci cependant commençaient à s'échauffer, lorsqu'un autre officier de la compagnie, homme de tête, très-sage et très-sensé, alla à la porte de la salle, ferma la serrure à double tour, et en mit la clef dans sa poche. Ensuite, se tournant vers la compagnie, il dit : « Personne ne sortira d'ici qu'après que ces messieurs se seront accommodés. Il faut que celui qui est auteur de la querelle commence (car c'est lui qui a le premier tort) à faire excuse à l'autre de ce qu'il lui a dit; que celui qui se croit attaqué reçoive l'excuse, et témoigne qu'il est fâché d'avoir relevé avec trop de hauteur l'insulte qu'il croit qu'on lui a faite; et qu'ensuite ces deux messieurs s'embrassent et promettent de ne rien demander davantage. S'ils refusent de le faire, j'en porterai mes plaintes aux maréchaux de France, et je les prierai de donner des ordres pour empêcher un duel entre ces messieurs. » La conduite de cet officier fut fort approuvée. La compagnie engagea les deux militaires à se faire des excuses respectives, et ils s'embrassèrent.

ON NE DOIT PAS JUGER UN JEUNE OFFICIER D'APRÈS UNE PREMIÈRE FAUTE.

Le maréchal de Catinat se plaignait amèrement de la précipitation avec laquelle on jugeait un officier d'après une première faute, et croyait au contraire qu'il était du devoir d'un général de lui fournir les moyens de la réparer. Il raconta souvent à ce propos une histoire qui lui était arrivée, sans qu'on ait jamais pu deviner le nom de celui qui y avait donné lieu.

Un jeune homme très recommandé par toute la cour vint à son armée prendre le commandement d'un régiment. Le maréchal lui dit, à son arrivée, que, pour première preuve de considération, il lui donnerait le lendemain un détachement, et qu'il lui promettait de rencontrer les ennemis. La promesse du maréchal fut accomplie, le détachement trouva les ennemis. Le jeune homme, étonné par le bruit et le sifflement des balles, tint une conduite scandaleuse pour l'armée. Tout le monde en parla; le maréchal fit tout ce qu'il put pendant la journée pour paraître ne pas entendre les différents discours. Quand la nuit fut venue, il envoya chercher ce jeune homme, lui parla de sa faute, et lui dit qu'il fallait opter entre le parti de la réparer ou de se faire capucin le même jour. Le jeune homme ne balança pas : il commanda le lendemain un nouveau détachement, rencontra les ennemis, montra la plus grande valeur, et fut depuis, de l'aveu du maréchal de Catinat, un des meilleurs officiers qu'ait eus le roi : « Il est, ou il sera maréchal de France, » ajoutait-il pour éloigner plus sûrement les soupçons.

TRAIT DE GÉNÉROSITÉ.

Un jeune homme, nommé Robert, attendait sur le rivage, à Marseille, que quelqu'un entrât dans un canot. Un inconnu s'y plaça; mais un instant après il se préparait à en sortir, malgré la présence de Robert, qu'il ne soupçonnait pas d'en être le patron. Il lui dit que, puisque le conducteur de cette barque ne se montre point, il va passer dans une autre. « Monsieur, lui dit le jeune homme, celle-ci est la mienne, voulez-vous sortir du port? — Non, Monsieur, il n'y a plus qu'une heure de jour. Je voulais seulement faire quelques tours dans le bassin, pour profiter de la fraîcheur et de la beauté de la soirée... Mais vous n'avez pas l'air d'un marinier, ni le ton d'un homme de cet état. — Je ne le suis pas en effet; ce n'est que pour gagner de l'argent que je fais ce métier les fêtes et les dimanches. — Quoi! avare à votre âge! cela dépare votre jeunesse et diminue l'intérêt qu'inspire d'abord votre heureuse physionomie. — Ah! Monsieur, si vous saviez pourquoi je désire si fort de gagner de l'argent, vous n'ajouteriez pas à ma peine celle de me croire un caractère si bas. — J'ai pu vous faire du tort, mais vous ne vous êtes point expliqué. Faisons notre promenade, et vous me conterez votre histoire. » L'inconnu s'assied. « Eh bien! poursuit-il, dites-moi quels sont vos chagrins; vous m'avez disposé à y prendre part. — Je n'en ai qu'un, dit le jeune homme, celui d'avoir un père dans les fers sans pouvoir l'en tirer. Il était courtier dans cette ville; il s'était procuré, de ses épargnes et de celles de ma mère dans le commerce des modes, un intérêt sur un vaisseau en charge pour Smyrne; il a voulu veiller lui-même à l'échange de sa pacotille et en faire le choix. Le vaisseau a été pris par un corsaire, et conduit à Tétuan, où mon malheureux père est esclave avec le reste de l'équipage. Il faut deux mille écus pour sa rançon; mais comme il s'était épuisé afin de rendre son entreprise plus importante, nous sommes bien éloignés d'avoir cette somme. Cependant ma mère et mes sœurs travaillent jour et nuit; j'en fais de même chez mon maître, dans l'état de joaillier que j'ai embrassé, et je cherche à mettre à profit, comme vous voyez, les dimanches et les fêtes. Nous nous sommes retranchés jusque sur les besoins de première nécessité; une seule petite chambre forme tout notre logement. Je croyais d'abord aller prendre la place de mon père, et le délivrer en me chargeant de ses fers; j'étais prêt à exécuter ce projet, lorsque ma mère, qui en fut informée, je ne sais comment, m'assura qu'il était aussi impraticable que chimérique, et fit la défense à tous les capitaines du Levant de me prendre sur leur bord. — Et recevez-vous quelquefois des nouvelles de votre père? Savez-vous quel est son patron à Tétuan? quels traitements il y éprouve? — Son patron est intendant des jardins du roi; on le traite avec humanité, et les travaux auxquels on l'emploie ne sont pas au-dessus de ses forces : mais nous ne sommes pas avec lui pour le consoler, pour le soulager; il est éloigné de nous, d'une épouse chérie et de trois enfants qu'il aime toujours avec tendresse. — Quel nom porte-t-il à Tétuan? — Il n'en a point changé; il s'appelle Robert, comme à Marseille. — Robert... chez l'intendant des jardins? — Oui, Monsieur. — Votre malheur me touche; mais, d'après vos sentiments qui le méritent, j'ose vous présager un meilleur sort, et je vous le souhaite bien sincèrement... En jouissant du frais je voulais me livrer à la solitude; ne trouvez donc pas mauvais, mon ami, que je sois tranquille un moment. »

Lorsqu'il fut nuit, Robert eut ordre d'aborder; alors

l'inconnu sort du bateau, lui remet une bourse entre les mains, et, sans lui laisser le temps de le remercier, s'éloigne avec précipitation. Il y avait dans cette bourse huit doubles louis en or et dix écus en argent. Une telle générosité donna au jeune homme la plus haute opinion de celui qui en était capable ; ce fut en vain qu'il fit des vœux pour le rejoindre et lui en rendre grâces.

Six semaines après cette époque, cette famille honnête, qui continuait sans relâche à travailler pour compléter la somme dont il avait besoin, prenait un dîner frugal, composé de pain et d'amandes sèches : elle voit arriver Robert le père, très-proprement vêtu, qui la surprend dans sa douleur et dans sa misère. Qu'on juge de l'étonnement de sa femme et de ses enfants, de leurs transports, de leur joie ! Le bon Robert se jette dans leurs bras et s'épuise en remerciements sur les cinquante louis qu'on lui a comptés en s'embarquant dans le vaisseau, où son passage et sa nourriture étaient acquittés d'avance, sur les habillements qu'on lui a fournis, etc. Il ne sait comment reconnaître tant de zèle et tant d'amour.

Une nouvelle surprise tenait cette famille immobile : ils se regardaient les uns les autres. La mère rompt le silence; elle imagine que c'est son fils qui a tout fait; elle raconte à son mari comment, dès l'origine de son esclavage, son fils a voulu aller prendre sa place, et comment elle l'en avait empêché. « Il fallait six mille francs pour ta rançon : nous en avions, poursuit-elle, un peu plus de la moitié, dont la meilleure partie était le fruit de son travail; il aura trouvé des amis qui l'auront aidé. » Tout à coup, rêveur et taciturne, le père consterné, s'adressant à son fils : « Malheureux, qu'as-tu fait ! comment puis-je te devoir ma délivrance sans la regretter ? Comment pouvait-elle rester un secret pour ta mère sans être achetée au prix de la vertu? A ton âge, fils d'un infortuné, d'un esclave, on ne se procure point naturellement les ressources qu'il fallait. Je frémis de penser que l'amour paternel t'a rendu coupable. Rassure-moi, sois vrai, et mourons tous si tu as pu cesser d'être honnête.

— Tranquillisez-vous, mon père, répondit-il en l'embrassant; votre fils n'est pas indigne de ce titre, ni assez heureux pour avoir pu vous prouver combien il lui est cher. Ce n'est point à moi que vous devez votre liberté ; je connais votre bienfaiteur. Souvenez-vous, ma mère, de cet inconnu qui me donna sa bourse; il m'a fait bien des questions. Je passerai ma vie à le chercher : je le trouverai, et il viendra jouir du spectacle de ses bienfaits. » Ensuite il raconta à son père l'anecdote de l'inconnu, et le rassura ainsi sur ses craintes.

Rendu à sa famille, Robert trouva des amis et des secours. Les succès surpassèrent son attente. Au bout de deux ans, il acquit de l'aisance; ses enfants qu'il avait établis partageaient son bonheur entre lui et sa femme, et il eût été sans mélange si les recherches continuelles du fils avaient pu faire découvrir ce bienfaiteur qui se dérobait avec tant de soin à leur reconnaissance et à leurs vœux. Il le rencontre enfin un dimanche matin se promenant seul sur le port. « Ah! mon bienfaiteur! » C'est tout ce qu'il put prononcer en se jetant à ses pieds, où il tomba sans connaissance. L'inconnu s'empresse de le secourir et de lui demander la cause de son état. « Quoi! Monsieur, pouvez-vous l'ignorer! lui répond le jeune homme. Avez-vous oublié Robert et sa famille infortunée, que vous rendîtes à la vie en lui rendant son père? — Vous vous méprenez, mon ami, je ne vous connais point, et vous ne sauriez me connaître : étranger à Marseille, je n'y suis que depuis peu de jours. — Tout cela peut être; mais souvenez-vous qu'il y a vingt-six mois vous y étiez aussi, rappelez-vous cette promenade dans ce port, l'intérêt que vous prîtes à mon malheur, les questions que vous me fîtes sur les connaissances qui pouvaient vous éclairer et vous donner les lumières nécessaires pour être notre bienfaiteur. Libérateur de mon père, pouvez-vous oublier que vous êtes le sauveur d'une famille entière, et qui ne désire plus rien que votre présence? Ne vous refusez pas à ses vœux, et venez voir les heureux que vous avez faits... Venez... — Je vous l'ai déjà dit, mon ami, vous vous méprenez. — Non, Monsieur, je ne me trompe point, vos traits sont trop profondément gravés dans mon cœur pour que je puisse vous méconnaître... Venez, de grâce. » En même temps il le prenait par le bras, et lui faisait une sorte de violence pour l'entraîner. Une multitude de peuple s'assemblait autour d'eux. Alors l'inconnu d'un ton plus grave et plus ferme : « Monsieur, dit-il, cette scène commence à être fatigante. Quelque ressemblance occasionne votre erreur; rappelez votre raison, et allez dans votre famille profiter de la tranquillité dont vous paraissez avoir besoin. — Quelle cruauté!

s'écrie le jeune homme : bienfaiteur de cette famille, pourquoi altérer par votre résistance le bonheur qu'elle ne doit qu'à vous ? Resterai-je en vain à vos pieds ? Serez-vous assez inflexible pour refuser le tribut que nous réservons depuis si longtemps à votre sensibilité ? Et vous qui êtes ici présents, vous que le trouble et le désordre où vous me voyez doivent attendrir, joignez-vous tous à moi, pour que l'auteur de mon salut vienne contempler lui-même son propre ouvrage. » A ces mots, l'inconnu paraît se faire quelque violence ; mais, comme on s'y attendait le moins, réunissant toutes ses forces, et rappelant son courage pour résister à la séduction de la jouissance délicieuse qui lui est offerte, il s'échappe comme un trait au milieu de la foule, et disparaît.

Cet inconnu le serait encore aujourd'hui, si ses gens d'affaires, ayant trouvé dans ses papiers, à la mort de leur maître, une note de 6,500 livres envoyées à M. Main, de Cadix, n'en eussent pas demandé compte à ce dernier, mais seulement par curiosité, puisque la note était bâtonnée et le papier chiffonné comme ceux que l'on destine au feu. Ce fameux banquier répondit qu'il en avait fait usage pour délivrer un Marseillais, nommé Robert, esclave à Tétuan, conformément aux ordres de Charles de Secondat, baron de Montesquieu, président à mortier au parlement de Bordeaux. On sait que l'illustre Montesquieu aimait à voyager, et qu'il visitait souvent sa sœur, madame d'Héricourt, mariée à Marseille.

HOMMAGE RENDU A LA VERTU.

M. de Garcin, né d'une famille noble, entra fort jeune au service, fut lieutenant et ensuite capitaine de cavalerie. Un heureux mélange des qualités de l'esprit et du cœur qu'exige l'état militaire, avec celles qui caractérisent le chrétien, lui acquit l'estime des officiers et celle même de M. le duc de Vendôme, général de l'armée dans laquelle il servait. Le prince avait beaucoup d'égard pour sa piété. Lorsqu'il donnait des repas aux officiers : « Mesurez vos termes, Messieurs, leur disait-il ; nous avons Châtelard à dîner (nom qu'il portait alors). » Il s'agissait un jour de tenir un conseil de guerre auquel M. de Vendôme voulait que le pieux capitaine assistât, quoiqu'il n'eût pas encore l'âge requis, vingt-cinq ans ; mais on ne le trouvait point :

« Qu'on le cherche bien, dit le prince, il est à prier Dieu au pied de quelque arbre. »

M. de Garcin reçut les ordres sacrés, au séminaire de Grenoble, de M. Allemand de Montmartin, successeur de M. Camus.

On ne peut honorer la vertu sans se faire honneur à soi-même.

LE BON FILS.

Un enfant de très bonne naissance, placé à l'école militaire, se contentait depuis plusieurs jours de la soupe et du pain sec avec de l'eau. Le gouverneur, averti de cette singularité, l'en reprit, attribuant cela à quelque excès de dévotion mal entendue. Le jeune enfant continuait toujours sans découvrir son secret. M. P. D., instruit par le gouverneur de cette persévérance, fit venir le jeune élève, et, après lui avoir doucement représenté combien il était nécessaire d'éviter toute singularité et de se conformer à l'usage de l'école, voyant qu'il ne s'expliquait pas sur les motifs de sa conduite, fut contraint de le menacer, s'il ne se réformait, de le rendre à sa famille. « Hélas! Monsieur, dit alors l'enfant, vous voulez savoir la raison que j'ai d'agir comme je fais; la voici : dans la maison de mon père, je mangeais du pain noir en petite quantité, nous n'avions souvent que de l'eau à y ajouter; ici je mange de bonne soupe, le pain y est bon, blanc et à discrétion; je trouve que je fais grande chère, et je ne puis me résoudre à manger davantage, me souvenant de l'état de mon père et de ma mère. »

M. P. D. et le gouverneur ne pouvaient retenir leurs larmes, en voyant la sensibilité et la fermeté de cet enfant. « Monsieur, reprit M. P. D., si M. votre père a servi, il doit avoir une pension. — Non, répondit l'enfant. Pendant un an il en a sollicité une; le défaut d'argent l'a contraint d'y renoncer. Il a mieux aimé languir que de faire des dettes à Versailles. — Eh bien! dit M. P. D., si le fait est aussi prouvé qu'il paraît vrai dans votre bouche, je vous promets de lui obtenir cinq cents livres de pension. Puisque vos parents sont si peu à leur aise, vraisemblablement ils ne vous ont pas bien garni le gousset; recevez pour vos menus plaisirs ces trois louis que je vous présente de la part du roi; et quant à M. votre père, je lui enverrai d'avance les six mois de la pension que je me suis obligé de lui obtenir. — Monsieur, reprit l'enfant, comment pourrez-vous lui envoyer cet argent? — Ne vous en inquiétez pas, répondit M. P. D., nous en trouverons le moyen. — Ah! Monsieur, puisque vous avez cette facilité, dit l'enfant, remettez-lui aussi les trois louis que vous venez de me donner. Ici j'ai de tout en abondance; cet argent me deviendrait inutile, il fera grand bien à mon père pour ses autres enfants. »

ARTIFICE MALHONNÊTE DE PITHIUS.

Canius, chevalier romain, qui avait de l'enjouement et l'esprit orné, alla passer quelque temps à Syracuse, où son unique affaire, disait-il, était de ne rien faire. Là il parlait souvent d'acheter un petit jardin, où il pût, loin des importuns, recevoir ses amis et se réjouir avec eux. Sur le bruit qui s'en répandit, un certain Pithius lui dit qu'il avait un jardin qui n'était pas à vendre, mais dont il le priait d'user librement. Il l'invita en même temps à y souper le lendemain. Canius accepta.

Pithius, à qui sa fortune attirait beaucoup de considération, fit assembler les pêcheurs pour leur demander de venir le lendemain pêcher devant son jardin, et il leur donna ses ordres. Canius ne manqua pas au rendez-vous. Le repas fut magnifique; quantité de barques faisaient un spectacle charmant en venant à l'envi présenter leur pêche. Les poissons tombaient en foule aux pieds de Pithius. « Eh! dit Canius, qu'est-ce que ceci? tout ce poisson? tant de barques? — Faut-il, reprend Pithius, que cela vous étonne? Tout le poisson de Syracuse est ici. C'est le seul endroit où il y ait de l'eau. Sans ce lieu-ci, les pêcheurs ne sauraient où aller. » Canius ne tient plus contre l'envie d'acheter. D'abord le banquier se défend; à la fin il cède. Canius, plein de son idée, et ne regardant pas à l'argent, prend la maison et les meubles, donne tout ce qu'on en veut avoir et fait son billet. L'affaire est conclue. Il prie ses amis pour le jour suivant. Il arrive de bonne heure, il ne voit pas le moindre bateau. Il s'informe du voisin s'il y a ce jour-là quelque fête pour les pêcheurs. « Aucune que je sache, dit le voisin, mais ordinairement on ne pêche pas ici, et je ne savais hier à quoi attribuer ce que je voyais. » Canius de s'emporter, mais quel remède? Aquilius, dit l'auteur de ce récit, n'avait pas encore publié ses formules contre le dol, où il explique très bien ce que c'est que le dol, en homme qui sait définir. C'est, dit-il, donner à entendre qu'on veut une chose, et en faire une autre. Pithius, par conséquent, et tous les autres qui ont de semblables détours, sont des gens artificieux, sans foi et sans probité.

L'HOMME BIENFAISANT APRÈS SA MORT.

Nous allions à Delphes, Lycas et moi, porter notre offrande à Apollon : déjà nous apercevions la colline sur laquelle le temple, orné de colonnes d'une blancheur éclatante, s'élève du sein d'un bois de lauriers vers la voûte azurée des cieux. Plus loin, nos yeux se perdaient sur la plaine immense des mers. Il était midi; le sable brûlait nos pieds, et à chaque pas que nous faisions il s'élevait une poussière enflammée, qui nous brûlait les yeux et se collait sur nos lèvres desséchées. Nous gravissions ainsi, accablés de langueur; mais bientôt nous hâtâmes le pas, lorsque nous aperçûmes devant nous, sur le bord même du chemin, quelques arbres hauts et touffus; leur ombrage était aussi sombre que la nuit. Saisis d'un frémissement religieux, nous entrâmes dans ce bocage où l'on respirait la plus douce fraîcheur. Ce lieu de délices offrait à la fois tout ce qui pouvait récréer nos sens : ces arbres touffus entouraient un parterre de gazon, arrosé par une source d'eau fraîche; des branches chargées de poires et de pommes dorées s'inclinaient vers le bassin, et les troncs des arbres étaient entrelacés de fertiles buissons, de l'églantier, de la groseille et du mûrier sauvage; la fontaine sortait en bouillonnant du pied d'un tombeau entouré de chèvrefeuille, de saules et de lierre rampant. « O Dieu! m'écriai-je, quel charme on respire en ce lieu! Mon cœur bénit celui dont la main bienfaisante a planté ces doux ombrages; c'est ici peut-être que reposent ses cendres. — Voici, me dit Lycas, voici quelques caractères que j'aperçois entre ces rameaux de chèvrefeuille, sur le bord du tombeau; peut-être nous apprendront-ils quel est celui qui daigna pourvoir au soulagement du voyageur fatigué. » Il souleva les rameaux avec son bâton, et lut ces mots :

« Ici reposent les cendres d'Amynthas. Sa vie entière
« ne fut qu'une suite de bienfaits. Voulant encore faire
« du bien longtemps après sa mort, il conduisit cette source
« en ce lieu, et y planta ces arbres. »

« Que ta cendre soit bénie, homme généreux ! que tous les tiens, que tous ceux que tu laissas après toi soient bénis à jamais ! » En disant ces mots, je vis de loin sous les arbres quelqu'un s'avancer vers nous : c'était une femme jeune et belle, qui venait à la fontaine avec un vase de terre sous son bras. « Je vous salue, dit-elle d'une voix gracieuse : vous êtes étrangers, et vous êtes accablés surtout du long chemin que vous avez fait durant la chaleur du jour. Dites-moi, auriez-vous besoin de quelques rafraîchissements que vous n'avez pas trouvés ici ? — Nous te remercions, lui dis-je, nous te remercions, femme aimable et bienfaisante. Que pourrions-nous désirer encore ? L'eau de cette fontaine est si pure, ces fruits sont si délicieux, ces ombrages si frais ! Nous sommes pénétrés de vénération pour l'homme de bien dont la cendre repose ici ; sa bienfaisance a prévu tous les besoins du voyageur. Tu parais être de cette contrée ; tu l'as connu sans doute ? Ah ! dis-nous, tandis que nous nous reposons à la fraîcheur de l'ombre, dis-nous quel fut cet homme vertueux ! »

Alors elle s'assit, posa son vase de terre à son côté, et s'appuyant dessus, elle reprit avec un sourire gracieux : « Puisque vous désirez savoir quel est l'homme qui repose sous cette tombe, comment il a conduit cette source et comment il a planté ces arbres, je vais vous le raconter.

« Amynthas était le nom de cet homme de bien. Honorer les dieux, être utile aux hommes, c'était pour lui le bonheur le plus doux. Dans toute cette contrée, il n'est pas un berger qui ne révère sa mémoire avec la reconnaissance la plus tendre ; il n'en est pas un qui ne raconte en versant des larmes de joie quelques traits de sa droiture ou de sa bonté. Dans ses derniers jours, il venait souvent s'asseoir ici sur le bord du chemin : d'un air affable et doux, il saluait les passants, et offrait des rafraîchissements au voyageur fatigué. « Eh quoi ! dit-il un jour, si je plantais ici quelques arbres fruitiers ? si sous leur ombrage je conduisais une source fraîche et limpide ? L'eau et l'ombre sont loin de ces lieux ; je soulagerais encore longtemps après moi et l'homme fatigué et celui qui languit aux ardeurs du midi. » Ce dessein fut promptement exécuté ; de ses mains débiles il conduisit ici la source la plus pure, et alentour il planta ces arbres fertiles, dont les fruits mûrissent en différentes saisons. Il n'a pu voir ses arbres, dans toute leur vigueur, étendre au loin leurs branches touffues, et l'extrémité de leurs rameaux, cédant au poids des fruits mûrs, se courber jusque sur le gazon fleuri; mais il leur a vu prendre leur premier accroissement; il s'est promené sous leur ombre naissante. Lorsque les dieux, pour se hâter sans doute de récompenser sa bienfaisance, ont rappelé son âme dans leur sein, nous avons enseveli sa dépouille mortelle dans ces lieux, afin que tous ceux qui se reposeront sous cet ombrage bénissent sa cendre. »

A ce récit, pénétrés de respect, nous bénîmes la cendre de l'homme de bien, et nous dîmes à la bergère : « Cette source nous a paru bien douce, et la fraîcheur de cette ombre nous a récréés, mais bien plus encore le récit que tu viens de nous faire. Que les dieux bénissent tous les instants de ta vie. » Et pleins d'un sentiment religieux, nous portâmes nos pas au temple d'Apollon.

SAINT BASILE ET SAINT GRÉGOIRE DE NAZIANZE, MODÈLE POUR LES ÉTUDIANTS.

Saint Basile et saint Grégoire de Nazianze étaient tous deux sortis de familles fort nobles selon le monde, et encore plus selon Dieu. Ils naquirent presque en même temps, et leur naissance fut le fruit des prières et de la piété de leurs mères, qui, dès ce moment même, les offrirent à Dieu dont elles les avaient reçus. Celle de saint Grégoire le lui présenta dans l'église, et sanctifia ses mains par les livres sacrés qu'elle lui fit toucher.

Ils avaient l'un et l'autre tout ce qui rend les enfants aimables : beauté de corps, agréments dans l'esprit, douceur et politesse dans les manières.

Leur éducation fut telle qu'on peut se l'imaginer dans les familles où la piété était, si l'on peut parler ainsi, héréditaire et domestique, et où pères, mères, frères, sœurs, aïeuls de côté et d'autre, étaient tous des saints et des saintes fort illustres.

Le naturel heureux que Dieu leur avait accordé fut cultivé avec tout le soin possible. Après les études domestiques, on les envoya séparément dans les villes de la Grèce qui avaient le plus de réputation pour les sciences, et ils y prirent les leçons des plus excellents maîtres.

Enfin ils se rejoignirent à Athènes. On sait que cette ville était comme le théâtre et le centre des belles-lettres et de toute érudition. Elle fut aussi comme le berceau de l'amitié fameuse de nos saints, ou du moins elle servit beaucoup à en resserrer les nœuds d'une manière plus étroite. Une aventure assez extraordinaire y donna occasion. Il y avait à Athènes une coutume fort bizarre par rapport aux écoliers nouveaux venus qui s'y rendaient de différentes provinces. On commençait par les introduire dans une assemblée nombreuse de jeunes gens comme eux, et là on leur faisait essuyer mille brocards, mille railleries, mille insolences; après quoi on les menait aux bains publics en cérémonie, à travers la ville, escortés et précédés par tous les jeunes gens qui marchaient deux à deux. Lorsqu'on y était arrivé, toute la troupe s'arrêtait, jetait de grands cris et faisait mine de vouloir enfoncer les portes, comme si on refusait de leur ouvrir. Quand le nouveau venu y avait été admis, il recouvrait sa liberté. Grégoire, qui était arrivé le premier à Athènes, et qui savait combien cette ridicule cérémonie était contraire et coûterait au caractère grave et sérieux de Basile, eut assez de crédit parmi ses compagnons pour l'en dispenser. Ce fut là, dit saint Grégoire de Nazianze dans l'admirable récit qu'il fait lui-même de cette aventure, ce qui commença à allumer en nous cette flamme qui ne s'éteignit jamais, et qui perça nos cœurs d'un trait qui y demeura toujours.

Cette liaison, formée et commencée comme je viens de le dire, se fortifia de plus en plus, surtout lorsque ces deux amis, qui n'avaient rien de secret l'un pour l'autre, eurent reconnu qu'ils avaient tous deux le même but, et cherchaient le même trésor, je veux dire la sagesse et la vertu. Ils vivaient sous le même toit, mangeaient à la même table, avaient les mêmes exercices et les mêmes plaisirs, et n'étaient, à proprement parler, qu'une même âme.

Ces deux saints, et l'on ne peut trop le répéter aux jeunes gens, brillèrent toujours parmi leurs compagnons, par la beauté et la vivacité de leur esprit, par leur assiduité au travail, par les succès extraordinaires qu'ils eurent dans toutes leurs études, par la facilité et la promptitude avec laquelle ils saisirent toutes les sciences qu'on enseignait à Athènes, belles-lettres, poésie, éloquence, philosophie; mais ils se distinguèrent encore plus par une innocence de mœurs qui était alarmée à la vue du moindre danger, et qui craignait jusqu'à l'ombre du mal. Un songe qu'eut saint Grégoire dans sa plus tendre jeunesse, et dont il nous a laissé en vers une élégante description, contribua beaucoup à lui inspirer de tels sentiments. Pendant qu'il dormait, il crut voir deux vierges, du même âge et d'une égale beauté, vêtues d'une manière modeste, et sans aucune de ces parures que recherchent les personnes du siècle; elles avaient les yeux baissés en terre, et le visage recouvert d'un voile qui n'empêchait pas qu'on entrevît la rougeur que répandait sur leurs joues une pudeur virginale. « Leur vue me remplit de joie, car elles paraissaient avoir quelque chose au-dessus de l'humain, et quand je leur demandai qui elles étaient, elles me dirent, l'une qu'elle était la Pureté, et l'autre la Continence, toutes deux les compagnes de Jésus-Christ, et les amies de ceux qui renoncent au mariage pour mener une vie céleste. Après, elles s'envolèrent au ciel, et mes yeux les suivirent le plus loin qu'ils purent. »

Tout cela n'était qu'un songe, mais qui fit un effet très-réel sur son cœur. Il n'oublia jamais cette image si agréable de la chasteté, et il la repassait avec plaisir dans son esprit. Ce fut, comme il le dit lui-même, une étincelle de feu, qui, s'enflammant de plus en plus, l'embrasa d'amour pour une continence parfaite.

Ils avaient un grand besoin, lui et Basile, d'une telle vertu pour se soutenir au milieu des périls d'Athènes, la ville du monde la plus dangereuse pour les mœurs à cause de ce concours extraordinaire de jeunes gens qui s'y rendaient de toutes parts, et dont chacun y apportait ses vices. « Mais, dit saint Grégoire, nous eûmes le bonheur d'éprouver, dans cette ville corrompue, quelque chose de pareil à ce que disent les poëtes d'un fleuve qui conserve la douceur de ses eaux au milieu de l'amertume de celles de la mer, et d'un animal qui subsiste au milieu du feu. Nous n'avions aucun commerce d'amitié avec les méchants. Nous ne connaissions à Athènes que deux chemins : l'un qui nous conduisait à l'église et aux saints docteurs qui y enseignaient, l'autre qui nous menait aux écoles et chez nos maîtres de littérature : pour ceux qui conduisaient aux fêtes mondaines, aux spectacles, aux assemblées, aux festins, nous les ignorions absolument. »

Il semble que des jeunes gens de ce caractère, qui se séparaient de toute société, qui n'avaient aucune part aux plaisirs et aux divertissements de ceux de leur âge, dont la vie pure et innocente était une censure continuelle du déréglement des autres, devaient être en butte à tous leurs compagnons, et devenir l'objet de leur haine, ou du moins de leur mépris et de leur raillerie. Ce fut tout le contraire : rien n'est plus glorieux à la mémoire de ces illustres amis, et, j'ose le dire, ne fait plus d'honneur à la piété même, qu'un tel événement. Il fallait en effet que leur vertu fût bien pure, et leur conduite bien sage et bien mesurée, pour avoir su non-seulement éviter l'envie et la haine, mais s'attirer généralement l'estime, l'amour, le respect de tous leurs compagnons.

C'est ce qui parut d'une manière bien éclatante lorsqu'on apprit qu'ils songeaient à quitter Athènes pour retourner dans leur patrie. La douleur fut universelle, les cris et les plaintes retentirent de toutes parts, les larmes coulèrent de tous les yeux : ils allaient perdre, disaient les Athéniens, tout l'honneur de leur ville et la gloire de leurs écoles.

Je ne sais s'il est possible d'imaginer un modèle plus parfait pour les jeunes gens, que celui que je viens d'exposer à leurs yeux, où l'on trouve réunis tous les traits qui rendent la jeunesse aimable et estimable : noblesse du sang, beauté d'esprit, ardeur incroyable pour l'étude, succès merveilleux dans toutes les sciences, manières polies et honnêtes, modestie étonnante au milieu des louanges, et une piété et une crainte de Dieu que les mauvais exemples ne firent qu'accroître et fortifier.

L'ÉCOLIER GÉNÉREUX.

Un écolier, âgé de dix-sept ans, étudiant en rhétorique au collége d'Harcourt, rencontra dans une promenade un homme couvert des haillons de la misère. L'indigence et les malheurs avaient altéré dans cet infortuné les traits d'un ancien domestique qui l'avait autrefois servi chez ses parents. Il le reconnut à peine, et s'en approcha avec la pitié la plus vive et le plus puissant intérêt. Après l'avoir interrogé sur les causes de son infortune, à laquelle il remarqua que ni les vices ni la paresse n'avaient aucune part, il lui assigna un rendez-vous secret pour le matin au collége d'Harcourt. Il lui donne pour premier secours tout l'argent qu'il possédait alors et la portion de pain destinée à son déjeuner, avec ordre de revenir l'après-dînée pour son goûter. Il le charge de se loger dans une maison honnête, et de lui faire connaître l'hôtesse chez laquelle il aurait choisi son gîte. Il s'excuse sur la modicité des secours qu'il lui procure alors, et l'exhorte à espérer du temps et de sa bonne conduite des jours plus calmes et plus heureux. L'hôtesse, choisie et présentée au jeune homme, reçut pendant huit mois le prix de ses loyers; elle observa les démarches de l'indigent, et rendit témoignage de sa conduite. L'infortuné vécut pendant ce long espace de temps de la portion de pain destinée au déjeuner et au goûter de ce généreux écolier; mais comme elle n'aurait pas suffi, il y ajouta, pour chaque semaine, la modique somme d'argent que ses parents, en récompense de son travail, lui abandonnaient pour les plaisirs et les besoins de son âge. Cependant il en retranchait régulièrement quelque chose, afin d'habiller cet honnête malheureux. Quand il fut assez riche, il employa l'industrie d'un tiers pour acheter à la friperie un habit, et mit son protégé en état de se présenter sans humiliation, pour solliciter quelque emploi.

Cependant l'impatient jeune homme s'agitait et s'intriguait pour lui trouver une place, où il pût, en travaillant, se procurer une vie plus douce et plus aisée. Enfin il eut le bonheur de prévenir le vœu de cet indigent, qui pour dernière ressource voulait s'engager. Il le fit entrer comme domestique dans une maison où sa mère avait quelques liaisons. Cette mère, dînant un jour avec son amie, reconnut ce laquais autrefois à ses gages. La curiosité la porta à lui demander l'histoire de sa vie depuis qu'il avait quitté son service : elle finissait par le récit détaillé de la généreuse sensibilité de son fils. Jusque-là, un profond secret avait été gardé de la part de ce jeune bienfaiteur, qui avait même trompé sous ce rapport la vigilance de son précepteur.

TRAIT DE RECONNAISSANCE.

L'ingratitude est un vice odieux, et malheureusement trop commun : je n'en connais pas qui décèle mieux une âme basse et méprisable. Les animaux les plus féroces l'ont en horreur : il en est qui, à la honte de l'humanité, ont donné des exemples frappants de reconnaissance. L'histoire suivante en fournira une preuve authentique.

Les Espagnols étant assiégés dans Buenos-Ayres par les peuples du canton, le gouverneur avait défendu à tous ceux qui demeuraient dans la ville d'en sortir. Mais craignant que la famine, qui commençait à se faire sentir, ne fît violer cette défense, il mit des gardes de toutes parts, avec ordre de tirer sur tous ceux qui chercheraient à passer l'enceinte désignée. Cette précaution retint les plus affamés, à l'exception d'une femme nommée Maldonata, qui trompa la vigilance de ses gardes. Cette femme, après avoir erré dans les champs déserts, découvrit une caverne qui lui parut une retraite sûre contre tous les dangers : mais elle y trouva une lionne dont la vue la saisit de frayeur. Cependant les caresses de cet animal la rassurèrent un peu ; elle reconnut même que ces caresses étaient intéressées : la lionne était sur le point de mettre bas, et semblait demander un service que Maldonata ne craignit pas de lui rendre. Lorsqu'elle fut heureusement délivrée, sa reconnaissance ne se borna pas à des témoignages présents ; elle sortit pour chercher sa nourriture ; et depuis ce jour elle ne manqua pas d'apporter aux pieds de sa libératrice une provision qu'elle partageait avec elle. Ces soins durèrent aussi longtemps que ses petits lionceaux la retinrent dans la caverne. Lorsqu'elle les en eut retirés, Maldonata cessa de la voir, et fut réduite à chercher sa subsistance elle-même ; mais elle ne put sortir souvent sans rencontrer les Indiens, qui la firent esclave. Le Ciel permit qu'elle fût reprise par les Espagnols, qui la ramenèrent à Buenos-Ayres. Le gouverneur en était sorti ; un autre Espagnol qui commandait en son absence, homme dur jusqu'à la cruauté, savait que cette femme avait violé une loi capitale ; il ne la crut pas assez punie par ses infortunes. Il donna ordre qu'elle fût liée en pleine campagne pour y mourir de faim, qui était le mal dont elle avait voulu se garantir par la fuite, ou pour être dévorée par quelque bête féroce. Deux jours après, il voulut savoir ce qu'elle était devenue ; quelques soldats, qu'il chargea de cet ordre, furent surpris de la trouver pleine de vie, quoique environnée de tigres et de lions qui n'osaient s'approcher d'elle, parce qu'une lionne qui était à ses pieds avec plusieurs lionceaux semblait la défendre. A la vue des soldats, la lionne se retira un peu, comme pour leur laisser la liberté de délier sa bienfaitrice. Maldonata leur raconta l'aventure de cet animal, qu'elle avait reconnu au premier moment : et lorsque, après lui avoir ôté ses liens, ils se disposaient à la reconduire à Buenos-Ayres, elle la caressa beaucoup en paraissant regretter de la voir partir. Le rapport qu'ils en firent au commandant lui fit comprendre qu'il ne pouvait, sans paraître plus féroce que les lions mêmes, se dispenser de faire grâce à une femme dont le Ciel avait pris si visiblement la défense.

ANECDOTE ANGLAISE.

Il se passa, dit-on, en Angleterre une scène assez plaisante entre un honnête cordonnier et un gentilhomme aspirant à être nommé député au parlement. Celui-ci, d'un air fort humble, entra dans la boutique de l'artisan, qui lui demanda d'un ton fort brusque de quelle affaire il s'agissait : « De me rendre un petit service, répondit le gentilhomme ; il ne me manque plus qu'une voix pour être élu, et je vous prie de m'accorder la vôtre. — Oh bien! si cela est, reprit le cordonnier, en lui présentant une escabelle, asseyez-vous là, causons ensemble, et voyons un peu quel homme vous êtes... Vous buvez de la bière, n'est-ce pas? En voilà un pot déjà entamé, nous le finirons de compagnie. Allons, prenez mon verre, buvez à ma santé, je boirai ensuite à la vôtre. — Qu'à cela ne tienne... » reprit le gentilhomme. En même temps il boit, en faisant un peu la grimace. « Vous fumerez, car je fume, moi, poursuivit l'artisan. — Eh! mais!... comme vous voudrez, » repartit le candidat, en dévorant son dépit... D'un air assez gauche il allume sa pipe à celle de son nouveau camarade, et les voilà tous deux en train de politiquer tout à leur aise. Enfin, le protecteur, fort content d'avoir fait passer son protégé par toutes sortes d'humiliations, le congédie sans façon. « Sortez sur-le-champ de chez moi, et ne comptez pas sur mon suffrage; je me respecte trop pour le donner à un homme qui se respecte si peu, et qui cherche à s'élever par tant de bassesses. »

COURAGE DANS L'ADVERSITÉ.

Il y a plus de courage à supporter la vie qu'à se l'ôter. Cette vérité est confirmée par plusieurs exemples, et notamment par celui d'un homme dont il est parlé dans un livre italien, imprimé depuis peu. Après avoir rendu compte à son intime ami des revers terribles qu'il venait d'essuyer. « Eh bien! ajouta-t-il, qu'auriez-vous fait à ma place, dans de telles extrémités? — Qui, moi? répondit le confident, je me serais donné la mort. — J'ai fait plus, reprit l'autre froidement, j'ai vécu. »

HISTOIRE D'UN REVENANT.

La frayeur est ingénieuse à se créer des fantômes : on s'imagine voir, on dit qu'on a vu; l'histoire vole de bouche en bouche; souvent on la brode, et plus elle est absurde, plus il semble qu'on prenne plaisir à l'adopter. Les hommes faibles ou superstitieux ne manquent pas de s'en faire une égide. Combien de fables l'ignorance et la crédulité n'ont-elles pas fait parvenir jusqu'à nous !

Vordac, dans ses Mémoires, raconte qu'étant à Plaisance, ville d'Italie, il alla dans une hôtellerie dont le maître avait perdu sa mère la nuit précédente.

Cet homme ayant envoyé un de ses domestiques pour chercher quelques linges dans la chambre de la défunte, celui-ci revint hors d'haleine, en criant qu'il avait vu sa dame, qu'elle était revenue et couchée dans son lit. Un autre valet fit l'intrépide, y alla, et confirma la même chose.

Le maître du logis voulut y aller à son tour, et se fit accompagner de sa servante; un moment après il descendit, et cria à ceux qui logeaient chez lui : « Oui, Messieurs, ma pauvre mère, Étienne Hane, je l'ai vue; mais je n'ai pas eu le courage de lui parler. »

Vordac prit un flambeau, et adressant la parole à un ecclésiastique qui était de la compagnie : « Allons, Monsieur! — Je le veux bien, répond l'abbé, pourvu que vous passiez le premier. » Toute la maison voulut être de la partie. On les suivit, on entra dans la chambre, on tira les rideaux du lit. Vordac aperçut la figure d'une vieille femme noire et ridée, assez bien coiffée, et qui faisait des grimaces ridicules.

On dit au maître de la maison d'approcher pour voir si c'était sa mère. « Oui, c'est elle. Ah! ma pauvre mère! » Les valets crièrent de même que c'était leur maîtresse.

Vordac dit alors à l'ecclésiastique : « Vous êtes prêtre, interrogez l'esprit. » Le prêtre s'avança, interrogea la morte, et lui jeta de l'eau bénite sur le visage. L'esprit, se sentant mouillé, sauta sur la tête de l'abbé et le mordit; alors tout le monde s'enfuit.

L'esprit et l'ecclésiastique se débattant ensemble, la coiffure tomba, et Vordac vit que c'était un singe.

Ce singe, ayant souvent vu sa maîtresse se coiffer d'une certaine manière, avait mis sa coiffure, et s'était ensuite couché sur le lit où elle se reposait.

Tel est, plus ou moins, le fond de toutes les histoires des prétendus revenants; le dénouement est à peu près le même. Si on avait la force de les réduire toutes à leur juste valeur, les femmes, les enfants et les cinq sixièmes des hommes seraient exempts des frayeurs puériles qui consument la moitié de leur vie.

TRAITS DE BIENFAISANCE.

Le roi Louis XVI et son auguste épouse, peu de temps avant de monter sur le trône, se promenaient dans le parc de Versailles, libres du faste importun qui sans cesse assiége les grands : ils aperçurent une jeune fille qui portait une écuelle avec des cuillers d'étain. « Que portes-tu là? dit la princesse. — Madame, c'est la soupe pour mon père et ma mère qui travaillent là-bas aux champs. — Et avec quoi est-elle faite? — Avec de l'eau, Madame, et des racines. — Quoi! sans viande? — Oh! Madame, bien heureux quand nous avons du pain. — Eh bien! porte ce louis à ton père, pour vous faire à tous de meilleure soupe. » Et elle dit au prince : « Voyons ce qu'elle deviendra. » Ils la suivirent en effet; et, considérant de loin le bonhomme courbé sous le poids de son travail, qui, dès que sa fille lui a remis le louis et lui a fait part de cette heureuse rencontre, tombe à genoux avec sa femme et ses enfants, et lève les mains vers le ciel : « Ah! voyez-vous, mon ami, s'écrie la princesse, ils prient pour nous. Quel plaisir on goûte à faire du bien! Votre cœur ne vous dit-il rien à un pareil spectacle? — Mettez votre main là, dit le prince, en portant à son cœur celle de son épouse. — Oh! votre cœur bat bien fort, vous êtes sensible, et je suis contente de vous »

— Madame de Saint-J..., épouse du juge de C..., reçut en l'absence de son mari, une pauvre paysanne dont le procès devait être jugé le lendemain; et de ce procès dépendait sa modique fortune. Le père de la paysanne s'était approprié quelques terrains qui ne lui appartenaient pas; et cette infortunée, qui ignorait cette faute punissable, jouissait, comme héritière, de ce bien mal acquis. Sa famille était nombreuse, et la perte de ses terrains les réduisait tous à la mendicité. Ses larmes touchèrent madame de Saint-J...; elle fut d'autant plus sensible à la douleur de cette pauvre femme, qu'elle vit de la délicatesse et de la probité dans sa façon de penser. Elle gémissait plus encore de la coupable cupidité de son père que de la perte qu'elle allait faire. « Consolez-vous, lui dit madame de Saint-J...; quand votre procès sera jugé, venez me trouver; mais que ce soit en particulier : j'aurai alors quelque chose à vous dire qui ne doit être su que de vous et de moi. » Après avoir congédié la paysanne, madame de Saint-J... alla chez M. de P..., qui était son parrain, et qui lui avait donné en se mariant un contrat de deux cents livres de rentes, pour être employées uniquement à ses menus plaisirs. « De grâce, mon cher parrain, lui dit-elle, donnez-moi le fonds de ce contrat; je veux m'acheter un bijou dont je suis enchantée, que je ne puis demander à mon mari, et que je ne veux pas même obtenir de vos bontés pour moi : vous m'avez donné ce contrat, rachetez-le-moi, cela me suffit. » M. de P... questionna en vain sa filleule sur le bijou en question; elle éluda toujours de le satisfaire avec le ton de la gaieté. M. de P... était avare, et profita du désir de madame de Saint-J...; il ne voulut racheter le contrat que pour trois mille livres. Madame de Saint-J... accepta avec empressement, et se priva, comme on le voit, de deux cents livres de rente et de cent pistoles d'argent qui devaient lui revenir sur son contrat; mais, satisfaite d'avoir une somme dont elle voulait faire un digne usage, elle revient chez elle et attend avec impatience la décision du procès. La paysanne le perdit, et revint le lendemain, tout en pleurs, trouver madame de Saint-J... Étant entrées toutes deux dans le cabinet, la bienfaisante épouse du juge le plus intègre remit à la paysanne désolée les trois mille livres qu'elle avait eues de son parrain. « Prenez cette somme, ma chère amie, lui dit-elle; employez-la à racheter le bien que vous venez de perdre, si on veut vous le vendre, ou un autre de même valeur. Vous n'aurez rien perdu, et vous me ferez gagner à moi un jour de bonheur. Allez, allez, ne me refusez pas : ce que je vous donne m'enrichit pour l'autre monde, et ne peut appauvrir, dans celui-ci, une femme prudente qui n'attache aucun prix aux bagatelles dont elle se pare. »

SAINVAL ET GERVAIS, ANECDOTE FRANÇAISE.

Les nœuds d'une tendre amitié unissaient les jeunes Sainval et Gervais : mêmes goûts, mêmes amusements. Occupés de ces douces affections dont l'âme est susceptible, ils passaient les jours les plus heureux. Un matin qu'ils étaient ensemble dans un bois à cueillir des noisettes, Gervais aperçut un nid d'oiseaux. Embrasser l'arbre, grimper sur la branche, fut l'ouvrage d'un instant; il satisfait son envie, et le voilà possesseur de quatre oiseaux que l'inexpérience rendait encore timides. Pendant qu'il cherchait les moyens de descendre sans les faire périr, un loup affamé vient droit à Sainval, qui jette un cri; Gervais voit le danger, et quoique persuadé qu'il ne risque rien sur l'arbre, il se laisse glisser pour secourir son ami. Il saisit un caillou : le loup furieux s'élance sur Sainval; Gervais le prévient, enfonce son bras dans la gueule de l'animal, et le tient en respect en serrant fortement sa langue, tandis que Sainval perce de son couteau le loup qui expire.

Sainval témoigne, par ses caresses, sa reconnaissance à son ami. Tous deux traînent leur proie à la ville. On s'assemble de toutes parts pour apprendre leur aventure. Le récit détaillé qu'ils en font arrache des larmes de sentiment à tous les spectateurs. Gervais se dérobe bientôt aux applaudissements qu'on donne à sa bravoure, retourne au bois chercher ses oiseaux, les retrouve, et joue autour de la cage qui les renferme.

TRAIT D'HÉROÏSME.

Jean de Chourses, comte de Malicorne, chevalier des ordres du roi, gouverneur de Poitou, était fort attaché à Henri III, roi de France, et ce monarque l'honorait de son amitié. Les rebelles de Poitiers se saisirent de sa personne, le traînèrent dans les rues de cette ville, en lui portant à chaque pas leurs hallebardes à la gorge, pour l'intimider et l'obliger de manquer de fidélité au roi. « Je n'ai jamais commis de lâcheté, le serment que vous voulez que je fasse en serait une, leur répondit-il; vous pouvez m'ôter la vie, mais vous ne m'ôterez jamais l'honneur. »

LA FORCE DU SENTIMENT.

Ce n'est pas ici un roman; c'est un fait vrai, et je vais l'offrir dans toute sa simplicité.

Un homme, nommé Jacques, exerçait une profession vile, s'il est quelque profession qui puisse humilier; il avait une femme et quatre enfants, son travail lui fournissait à peine de quoi procurer la subsistance à cette malheureuse famille : il goûtait cependant le vrai bonheur; son cœur s'ouvrait à la joie quand il les voyait contents et qu'ils chantaient avec lui. Il employait les jours et les nuits à son travail ingrat. On dirait que la fortune est un mauvais génie, qui se plaît à persécuter les cœurs honnêtes, à les déchirer, à les percer des traits les plus sensibles.

Jacques, malgré tous ses soins, ses veilles, son obstination à combattre son triste sort, se vit accablé de la plus affreuse misère : sa femme, ses enfants tombèrent dans le besoin; ils gémirent, ils demandèrent du pain. Jacques pleura avec eux, il sentit l'horreur de leur situation; il oubliait en quelque sorte que lui-même avait faim, pour se remplir des cris et de l'état horrible de sa famille: il implora l'assistance de ses voisins. Il est inutile de dire que la plupart dédaignèrent même de le regarder. Qu'est-ce sur la terre qu'un malheureux! Il demanda l'aumône avec larmes, on ne l'écouta pas, et l'on ne vit point ses pleurs; ou si quelqu'un, à qui il arrivait par hasard d'avoir une légère émotion d'humanité, s'arrêtait pour lui donner du secours, c'était un si faible soulagement, que sa femme et ses enfants ne faisaient que reculer leur fin de très-peu d'instants. Ce malheureux, au désespoir, court égaré dans les rues; il rencontre un de ses camarades de la même profession, et à peu près aussi indigent que lui. Celui-ci est frappé de la douleur où il voit Jacques; il lui en demande le sujet: « Je suis perdu, répond le pauvre homme, ma femme, mes enfants n'ont pas mangé depuis hier midi, et... et je ne sais où je vais... Ils vont mourir. — Mon ami, lui dit l'autre, pénétré de sa situation, voilà deux sous, c'est tout ce que je possède; si tu voulais gagner quelque argent, je t'enseignerais bien un moyen. — Je ferai tout, répond Jacques avec vivacité, hors ce qui est contre l'honneur et la religion. — Eh bien! poursuivit son camarade, va à tel endroit, chez telle personne; elle apprend à saigner; et si tu peux te résoudre à te faire saigner, elle te donnera quelque argent. »

Jacques vole chez la personne indiquée, on le saigne d'un bras, il est payé. Il apprend la même chose dans un autre endroit; il y court, et se fait encore saigner de l'autre bras. Cet homme si respectable et si à plaindre, transporté de joie, achète du pain, retourne précipitamment chez lui, le partage entre sa femme et ses enfants. Ils le voient changer de couleur : il s'assied, le sang coule de ses bras. « Mon mari, mon père, qu'avez-vous ? vous vous êtes fait saigner ! — Ma chère femme, mes chers enfants, leur répondit-il avec un profond soupir et en les tenant embrassés étroitement, c'était... c'était pour vous donner du pain. » Alors ces infortunés l'inondent de leurs larmes, ils le pressent réciproquement contre leur cœur... O hommes ! quel spectacle !

Puisse ce trait de sensibilité réveiller l'humanité assoupie dans le fond des cœurs ! puisse-t-il être une voix qui crie aux oreilles endurcies de ces riches dénaturés, qui, tandis qu'ils se rassasient des mets les plus abondants et les plus superflus, laissent leurs semblables, des hommes, des familles entières mourir de faim !

TRAIT D'HUMANITÉ.

Un jeune homme fut arrêté dans une petite rue auprès d'une place marchande ; on lui demande la bourse ou la vie. Un cœur courageux et sensible distingue bientôt la voix du malheureux que la misère entraîne au crime, de celle du scélérat que la méchanceté y porte. Le jeune homme sent qu'il a un infortuné à sauver. « Que demandes-tu, misérable, que demandes-tu ? dit-il d'un ton imposant à son agresseur. — Rien, Monsieur, lui répond une voix sanglotante ; je ne vous demande rien. — Qui es-tu ? que fais-tu ? — Je suis un pauvre garçon cordonnier, hors d'état de nourrir ma femme et quatre enfants. — Je ne sais... mais dis-tu vrai ? (Il sentait bien que ce malheureux ne disait que trop la vérité.) Où demeures-tu ? — Dans telle rue, chez un boulanger. — Voyons, allons ! » Le cordonnier, subjugué par un ascendant impérieux, mène le jeune homme à sa demeure, comme il l'aurait conduit jusqu'au fond d'un cachot. On arrive chez le boulanger : il n'y avait qu'une femme dans la boutique. « Madame, connaissez-vous cet homme ? — Oui, Monsieur, c'est un garçon cordonnier qui demeure au cinquième étage, et qui a bien de la peine à soutenir sa nombreuse famille. — Comment le laissez-vous manquer de pain ? — Monsieur, nous sommes des jeunes gens nouvellement établis; nous ne pouvons pas faire de grosses avances, et mon mari ne veut pas que je fasse à cet homme plus de vingt-quatre sous de crédit. — Donnez-lui deux pains... Prends ces pains et monte chez toi. » Le cordonnier obéit, aussi agité que quand il allait commettre un crime, mais d'un trouble bien différent. Ils entrent; la femme et les enfants se jettent sur la subsistance qui leur est offerte. Le jeune homme en a trop vu; il sort et laisse deux louis à la boulangère, avec ordre de fournir du pain à cette famille suivant ses besoins. Quelques jours après, il revient voir les enfants auxquels il a donné une seconde vie, et dit à leur père de le suivre. Il conduisit son pauvre client dans une boutique toute montée et bien assortie des meubles, des outils et des matières nécessaires pour exercer sa profession. « Serais-tu content et honnête homme si cette boutique était à toi? — Ah! Monsieur! mais, hélas!... — Quoi! — Je n'ai pas la maîtrise, et elle coûte... — Mène-moi chez les jurés syndics. » La maîtrise est achetée, et le cordonnier installé dans sa boutique.

L'auteur d'un si beau trait d'humanité était un jeune homme d'environ vingt-sept ans. On rapporte que l'établissement de cet artisan lui a coûté trois à quatre mille livres. Il ne s'est point fait connaître, et l'on a fait d'inutiles recherches pour le découvrir.

ANECDOTE.

Jacques Amyot, fils d'un cordonnier de Melun, s'étant échappé fort jeune de la maison de son père, s'égara et tomba malade en chemin. Un gentilhomme, qui le vit étendu dans un champ, en eut pitié et le mit en croupe derrière lui : il l'emmena à Orléans, où il le mit à l'hôpital. Comme sa maladie ne venait que de lassitude, il fut bientôt guéri : on le congédia, et on lui donna douze sous. Ce fut en reconnaissance de cette charité, qu'étant devenu grand-aumônier de France et évêque d'Auxerre, il légua douze cents écus à cet hôpital d'Orléans. Il y a bien peu d'hommes qui conservent dans l'opulence et l'élévation une âme assez ferme pour ne pas chercher à faire oublier eux-mêmes l'état où ils sont nés.

ANECDOTE ITALIENNE.

Charles, duc de Calabre, en Italie, rendait journellement la justice à Naples, assisté de ses ministres et de ses conseillers, qu'il assemblait dans son palais; et dans la crainte que les gardes ne fissent pas entrer les pauvres, il avait fait placer dans le tribunal même une sonnette, dont le cordon pendait hors de la première enceinte. Un vieux cheval, abandonné de son maître, vient se gratter contre le mur, et fait sonner. « Qu'on ouvre, dit le prince, et faites entrer qui que ce soit. — Ce n'est que le cheval du seigneur Capèce, » dit le garde en entrant : et toute l'assemblée d'éclater... « Vous riez, dit le prince... Sachez que l'exacte justice étend ses soins jusque sur les animaux... Qu'on appelle Capèce... Qu'est-ce? un cheval que vous laissez errer? lui demanda le duc. — Ah! mon prince! reprit le cavalier, ç'a été un fier animal dans son temps; il a fait vingt campagnes sous moi; mais enfin il est hors de service, et je ne suis pas d'avis de le nourrir en pure perte. — Le roi mon père vous a cependant bien récompensé. — Il est vrai, j'en ai été comblé de bienfaits. — Et vous ne daignez pas nourrir ce généreux animal, qui eut tant de part à vos services! Allez de ce pas lui donner une place dans vos écuries, qu'il soit traité à l'égal de vos autres animaux domestiques, sans quoi je ne vous tiens plus vous-même comme loyal chevalier, et je vous retire mes bonnes grâces. »

ANECDOTE TURQUE.

La justice se rend, parmi les Perses, très promptement et sans procureurs ni avocats. Un commissaire, étant un jour en fonction, rencontra un bourgeois qui venait de la boucherie, et s'en retournait chez lui. Il lui demanda ce qu'il portait. « C'est, répondit le bourgeois en colère, de la viande que je viens d'acheter chez tel boucher. » Le commissaire, frappé de la réponse et du ton du bourgeois, voulut savoir le sujet de son mécontentement : il s'informa si la viande était trop chère. « Sans doute, répondit le bourgeois, vous avez beau fixer le prix, les bouchers s'en moquent; ils exigent le triple de la taxe, encore ne donnent-ils pas le poids. Il manque à ce morceau au moins deux à trois onces. — Mène-moi, dit le commissaire, à l'endroit où tu l'as prise. » Le commissaire, y étant arrivé, ordonna au boucher de peser le morceau, et il s'y trouva effectivement quatre à cinq onces de moins. Le commissaire alors adressa ces paroles au bourgeois : « Quelle justice demandes-tu de cet homme? que veux-tu exiger de lui? — Je demande, dit le bourgeois, autant d'onces de sa chair qu'il m'en a retranché du morceau qu'il m'a vendu. — Tu les auras, repartit le commissaire, et tu les couperas toi-même; mais si tu en coupes plus ou moins, tu seras puni. » Le bourgeois, étonné de la sagesse de ce jugement, disparut comme un éclair.

AVENTURE SINGULIÈRE, ÉCRITE PAR M***
A UN DE SES AMIS.

Je vais te confier, cher ami, un secret affreux que je ne puis dire qu'à toi. La noce de Mlle de Vildac avec le jeune Sainville s'est faite hier; comme voisin, j'ai été obligé de m'y trouver. Tu connais M. de Vildac; il a une physionomie sinistre dont je me suis toujours défié. Je l'observai hier, au milieu de toutes ces fêtes; bien loin de prendre part au bonheur de son gendre et de sa fille, il semblait que la joie des autres fût un fardeau pour lui. Quand l'heure de se retirer fut venue, on m'a conduit dans l'appartement qui est au-dessous de la grande tour. A peine commençais-je à m'endormir, que j'ai été éveillé par un bruit sourd au-dessus de ma tête. J'ai prêté l'oreille, et j'ai entendu quelqu'un qui traînait des chaînes et qui descendait lentement les degrés. En même temps une porte de ma chambre s'est ouverte; le bruit des chaînes a redoublé; celui qui les portait s'est avancé vers la cheminée; il a rapproché quelques tisons à demi éteints, et il a dit d'une voix sépulcrale : « Ah! qu'il y a longtemps que je ne me suis chauffé! » Je te l'avoue, cher ami, j'étais effrayé. J'ai saisi mon épée pour pouvoir me défendre; j'ai entr'ouvert doucement mes rideaux. A la lueur que produisaient les tisons, j'ai aperçu un vieillard décharné et à moitié nu, une tête chauve, une barbe blanche. Il approchait ses mains tremblantes des charbons. Cette vue m'a ému. Pendant que je le considérais, le bois a produit de la flamme : il a tourné les yeux du côté de la porte par laquelle il était entré; il a fixé le plancher et s'est livré à une douleur extraordinaire. Un instant après, s'étant jeté à genoux, il a frappé la terre avec le front. J'entendais qu'il disait en sanglotant : « Mon Dieu! ô mon Dieu!.. » Dans ce moment mes rideaux ont fait du bruit, il s'est retourné avec effroi. « Y a-t-il quelqu'un? a-t-il dit, y a-t-il quelqu'un dans ce lit? — Oui, lui ai-je répondu en ouvrant tout à fait les rideaux. Mais qui êtes-vous? » Ses pleurs l'ont empêché de parler : il m'a fait signe de la main que la voix lui manquait. Enfin il s'est calmé. « Je suis le plus malheureux des hommes, m'a-t-il dit; je ne devrais peut-être pas vous en dire davantage; mais il y a tant d'années que je n'ai vu personne, que le plaisir de parler à un de mes semblables m'entraîne. Ne craignez rien, venez vous asseoir auprès de cette cheminée : ayez pitié de moi, vous adoucirez mes maux en m'écoutant. » La frayeur que j'avais eue a fait place à un mouvement de compassion : je suis allé m'asseoir auprès de lui; cette marque de confiance l'a touché : il a pris ma main, il l'a mouillée de larmes. « Homme généreux, m'a-t-il dit, commencez par satisfaire ma curiosité; dites-moi pourquoi vous logez dans cet appartement qu'on n'habite jamais? Que veut dire le fracas des boîtes que j'ai entendu ce matin? que s'est-il passé aujourd'hui d'extraordinaire dans le château? » Quand je lui ai appris le mariage de la fille de Vildac, il a étendu les bras vers le ciel. « Vildac a une fille! elle est mariée!... Grand Dieu! faites qu'elle soit heureuse! faites surtout que son cœur ignore le crime! Apprenez enfin qui je suis... Vous parlez au père de Vildac.... Le cruel Vildac! Mais ai-je droit de m'en plaindre? serait-ce à moi de l'accuser? — Quoi! me suis-je écrié avec étonnement, Vildac est votre fils! et ce monstre vous retient ici! vous ne parlez à personne ! il vous a chargé de chaînes!

— Voilà, m'a-t-il répondu, ce que peut produire un vil intérêt. Le cœur dur et farouche de mon malheureux fils n'a jamais connu aucun sentiment. Insensible à l'amitié, il s'est rendu sourd au cri de la nature, et c'est pour s'emparer de mes biens qu'il m'a chargé de fers.

« Il était allé un jour chez un seigneur voisin qui avait perdu son père : il le trouva entouré de ses vassaux, occupé à recevoir des rentes et à vendre ses récoltes. Cette vue fit un effet affreux sur l'esprit de Vildac. La soif de jouir de son patrimoine le dévorait depuis longtemps : je remarquai à son retour qu'il avait l'air plus sombre et plus rêveur qu'à l'ordinaire. Quinze jours après, trois hommes masqués m'enlevèrent pendant la nuit : après m'avoir dépouillé de tout, ils me conduisirent dans cette tour. J'ignore comment Vildac s'y est pris pour répandre le bruit de ma mort; mais j'ai compris par le bruit des cloches et par quelques chants funèbres qu'on célébrait mon enterrement. L'idée de cette cérémonie m'a plongé dans une douleur profonde. J'ai inutilement demandé, comme une grâce, qu'il me fût permis de parler un moment à Vildac; ceux qui m'apportent du pain me regardent sans doute comme un criminel condamné à périr dans cette tour. Il y a environ vingt ans que j'y suis. Je me suis aperçu ce matin qu'en m'apportant à manger, on avait mal fermé ma porte. J'ai attendu la nuit pour en profiter. Je ne cherche pas à m'échapper, mais la liberté de faire quelques pas de plus est quelque chose pour un prisonnier. — Non, me suis-je écrié, vous quitterez cette indigne demeure; le Ciel m'a destiné à être votre libérateur; sortons, tout est endormi. Je serai votre défenseur, votre appui, votre génie. — Ah! m'a-t-il dit après un moment de silence, ce genre de solitude a bien changé mes principes et mes idées. Tout n'est qu'opinion : à présent que je suis fait à ce que ma position a de plus dur, pourquoi la quitterais-je pour une autre? Qu'irais-je faire dans le monde? Le sort en est jeté, je mourrai dans cette tour. — Y songez-vous? nous n'avons qu'un moment; la nuit s'avance, ne perdons pas de temps, venez. — Votre zèle me touche; mais j'ai si peu de jours à vivre, que la liberté me tente peu. Irais-je, pour en jouir, déshonorer mon fils? — C'est lui qui s'est déshonoré. — Eh! que m'a fait ma fille? Cette jeune innocente est dans les bras de son époux, et j'irais les couvrir d'infamie! Ah! plutôt que ne puis-je la voir, l'arroser de mes larmes, la serrer dans mes bras! Mais je m'attendris inutilement, je ne la verrai jamais. Adieu, le jour va paraître; on pourrait nous entendre, je vais rentrer dans ma prison... — Non, lui ai-je dit en l'arrêtant, je ne le souffrirai pas; l'esclavage affaiblit votre âme; c'est à moi à vous prêter du courage. Nous examinerons après s'il faut vous faire connaître : commençons par sortir. Je vous offre mon château, mon crédit, ma fortune. On ignorera qui vous êtes, on cachera, s'il le faut, le crime de Vildac à toute la terre. Que craignez-vous? — Rien : je suis pénétré de reconnaissance; je vous admire... mais tout est inutile : je ne saurais vous suivre. — Eh bien! choisissez : je vous laisse ici; je vais trouver le gouverneur de la province; je lui dirai qui vous êtes; nous viendrons à main armée vous arracher à la barbarie de votre fils. — Gardez-vous d'abuser de mon secret; laissez-moi mourir ici; je suis un monstre indigne du jour... Il est un crime qu'il faut que j'expie, le plus infâme, le plus horrible!... Tournez les yeux, voyez ce sang dont il reste des traces sur le plancher et sur les murailles, ce sang est celui de mon père, et c'est moi qui l'ai assassiné! J'ai voulu, comme Vildac... Ah! je le vois encore! il me tend ses bras ensanglantés!... Il veut m'arrêter... Il tombe... O image affreuse! ô désespoir! »

En même temps le vieillard s'était jeté à terre, il s'arrachait les cheveux... Il était dans des convulsions effrayantes : je voyais qu'il n'osait plus se tourner vers moi; je demeurais immobile. Après quelques moments de silence, nous avons cru entendre du bruit : le jour commençait à paraître, il s'est levé : « Vous êtes pénétré d'horreur, m'a-t-il dit : adieu, fuyez-moi, je remonte dans ma tour, et c'est pour n'en sortir jamais. » Je suis resté sans voix et sans mouvement; tout me donnait de la terreur dans ce château; j'en suis sorti aussitôt. Je me prépare à présent à aller habiter une autre de mes terres; je ne saurais ni voir Vildac, ni demeurer ici. O mon ami, comment est-il possible que l'humanité produise des monstres et des forfaits pareils? Mais pourtant admirons le repentir de ce vieillard qui se condamne à mourir dans une tour pour expier son crime.

LES SUITES DE L'INDISCRÉTION.

L'indiscrétion d'une personne a souvent entraîné la ruine de plusieurs familles, semé la division entre les amis les plus intimes, et fait commettre des crimes atroces.

Wilkins, seigneur anglais, eut le malheur d'être disgracié de son roi, qui l'envoya dans l'île de Jersey. Là, sans amis, il menait la vie la plus languissante et la plus affreuse. Vingt fois il avait été près de se percer de son épée, et vingt fois cette réflexion, que la vie est un présent du Ciel dont l'homme lui doit compte, avait retenu son bras.

Avant de se rendre au lieu de son exil, il avait prié un de ses amis de se charger de l'éducation d'un fils unique, gage précieux de la tendresse de deux époux injustement malheureux. Milord Gervais (c'est le nom de cet ami) mourut. Cet accident détermina Wilkins à repasser secrètement à Londres, afin d'arranger ses affaires, retirer ses fonds et ramener son fils. Milord Taley lui offrit sa maison, et Wilkins s'y rendit de manière à ne pas être reconnu.

Ses affaires étaient terminées, le soleil ne devait pas le lendemain éclairer ses pas dans la capitale. Il se félicitait du succès de son voyage. Le jeune duc de Cercey entre, considère Wilkins, et le reconnaît. Ce dernier avoue qu'il est à Londres incognito, et qu'il n'y est venu que pour ramasser les débris de sa fortune. Il demande le secret ; le duc le lui promet, babille un instant et sort... Un de ses amis le rencontre, et lui demande des nouvelles... Le secret pèse au duc, il veut en partager le poids... Il manque au devoir le plus essentiel de la société... L'ami du duc était un des plus grands ennemis de Wilkins. Il profite de l'occasion pour lui arracher la vie. Il court le déclarer au ministère, qui fait arrêter Wilkins, son fils et son généreux hôte... Wilkins paie de sa tête sa désobéissance ; l'exil est la récompense de celui qui s'est acquitté des devoirs de l'hospitalité, et le jeune Wilkins partage le même sort.

Telles furent les suites de l'indiscrétion du duc de Cercey ; il sentit vivement la faute qu'il avait commise, mais elle était irréparable : les marques de douleur qu'il donna firent succéder la compassion à l'indignation qu'on avait d'abord conçue contre lui ; on le plaignit de ne pas joindre aux qualités qui le faisaient aimer, l'art, le grand art de se taire.

LA FIDÉLITÉ MAL RÉCOMPENSÉE.

M. P*** avait un chien nommé Muphty, qu'il aimait beaucoup. Un jour qu'il devait recevoir une somme de douze cents livres à la campagne, il monte à cheval, et Muphty ne manque pas de l'accompagner. Cet animal est témoin de tout, il voit que M. P*** compte et recompte de l'argent qu'il renferme dans un sac avec grand soin, et qu'il remonte à cheval d'un air satisfait.

Muphty prend part à la joie de son maître, il s'agite, il saute autour de lui, et jappe pour le féliciter. Vers le milieu du chemin, M. P*** est obligé de mettre pied à terre ; il attache son cheval à un arbre. En s'éloignant, il se rappelle que son argent est resté sur le cheval et que le premier venu pourrait s'en emparer ; il va prudemment prendre le sac, le pose à côté de lui au pied d'un buisson : ensuite il n'y pense plus et se dispose à partir.

Muphty, qui observait tous ses mouvements et qui le suivait pas à pas, s'aperçoit de cette distraction ; il court au sac, essaie de le soulever ou de le traîner avec ses dents; ce poids était trop lourd, il retourne à son maître, s'accroche à ses habits pour l'empêcher de monter à cheval : il crie, il mord. M. P*** n'y fait aucune attention, repousse son chien et part.

Le chien s'étonne de ce que ses avis ne sont pas mieux écoutés : il se jette au-devant du cheval pour l'empêcher d'avancer, il aboie jusqu'à ce que la voix lui manque; enfin son zèle l'emporte; il se jette sur le cheval, et le mord en cinq ou six endroits.

C'est alors que M. P*** commence à craindre que son chien ne soit enragé. Dans certains esprits les soupçons se changent bientôt en certitude. On traverse un ruisseau; Muphty, quoique tout haletant, continue de crier et de mordre, et, dans l'excès de son zèle, il ne songe pas à se désaltérer. « Ah! mon malheur est donc certain, s'écrie M. P***, mon chien est enragé! s'il allait se jeter sur quelqu'un!... Il faut le tuer... Un chien qui m'était si fidèle!... Mais si j'attends, il pourrait bien me mordre moi-même. Allons, c'est un devoir... » Il prend un pistolet, vise et lâche le coup en détournant les yeux; le chien tombe, se débat, se tourne vers son maître, et semble lui reprocher son ingratitude.

M. P*** s'éloigne en frémissant : il se retourne, et Muphty agite sa queue en le regardant, comme pour lui dire un dernier adieu. M. P***, au désespoir, est tenté de descendre pour chercher quelque remède au coup qu'il a porté; un reste de frayeur l'arrête : il continue tristement sa route, livré à des regrets, à des remords, et poursuivi de l'image de Muphty mourant; il ne sait comment expier ce trait de barbarie, il donnerait tout pour qu'il fût possible de le réparer, et il maudit mille fois son voyage. Tout à coup cette idée lui rappelle celle de son sac; il voit qu'il ne l'a plus : il se souvient de l'endroit où il l'a laissé : c'est pour lui un trait de lumière; voilà l'explication des cris et de la colère du malheureux Muphty. Il retourne à toute bride chercher son argent, en déplorant son injustice; une trace de sang qu'il aperçoit le long du chemin le fait frissonner, et met le comble à sa douleur; il arrive au pied du buisson, et qu'y trouve-t-il? Muphty expirant, qui s'était traîné jusque-là, pour veiller du moins sur le bien de son malheureux maître, et pour le servir jusqu'au dernier instant.

LES CRIMES PUNIS L'UN PAR L'AUTRE.

Trois hommes voyageaient ensemble; ils rencontrèrent un trésor, et le partagèrent; ils continuèrent leur route en s'entretenant de l'usage qu'ils feraient de leurs richesses. Les vivres qu'ils avaient portés étaient consommés; ils convinrent qu'un d'eux irait en chercher à la ville, et que le plus jeune se chargerait de cette commission : il partit.

Il se disait en chemin : « Me voilà riche; mais je le serais bien davantage si j'avais été seul quand le trésor s'est présenté; ces deux hommes m'ont enlevé mes richesses, ne pourrais-je pas les reprendre? Cela me serait facile; je n'aurais qu'à empoisonner les vivres que je vais acheter; à mon retour je dirais que j'ai dîné à la ville. Mes compagnons mangeraient sans défiance, et ils mourraient; je n'ai que le tiers du trésor, et j'aurais tout. »

Cependant les deux autres voyageurs disaient : « Nous avions bien affaire que ce jeune homme vînt s'associer avec nous; nous avons été obligés de partager le trésor avec lui; sa part aurait augmenté les nôtres, et nous serions véritablement riches : il va venir, nous avons de bons poignards. »

Le jeune homme revint avec des vivres empoisonnés; ses compagnons l'assassinèrent; ils mangèrent, ils moururent, et le trésor n'appartint à personne.

LE PRIX DE LA FIDÉLITÉ.

Un roi de Perse eut le génie de se douter que ses flatteurs pouvaient mentir; il résolut de s'éloigner quelque temps de sa cour, et voulut parcourir les ...mes et les provinces sans être connu, curieux d'observ... on peuple dans sa simplicité naturelle, et de le voir a... ir et parler en liberté. Dans ce dessein, il ne prit, pour l'accompagner, que celui de ses courtisans qu'il c... naissait le plus sincère. Ils parcoururent ensemble plusieurs villages. Le prince vit les simples habitants dansant et folâtrant, et se livrant avec une naïve joie à mille amusements innocents; il fut charmé de trouver si loin de sa cour des plaisirs si faciles et si tranquilles. Un jour qu'il avait gagné un grand appétit à une longue promenade, il entra, pour dîner, dans une de ces humbles chaumières, et il trouva que la nourriture grossière qu'on lui offrait flattait plus agréablement son goût que tous les mets délicats dont on chargeait sa table.

Traversant un autre jour une prairie émaillée de fleurs, et qu'arrosait un petit ruisseau, il aperçut, sous l'ombre d'un ormeau, un jeune berger jouant de la flûte, près de son troupeau qui paissait; il lui demanda son nom, et apprit qu'il s'appelait Alibée, que ses parents demeuraient dans le hameau voisin. Ce jeune homme avait une figure belle, sans être efféminée; il était plein de vivacité, sans étourderie ni pétulance; il ne se croyait supérieur en beauté ni en esprit aux autres bergers du canton; sans éducation, ses idées s'étaient étendues et cultivées d'elles-mêmes. Le roi eut un entretien avec lui, et fut charmé de sa conversation; il apprit de sa franchise bien des choses qui intéressaient l'état de son peuple, et que ne lui avaient jamais dites ses courtisans : il souriait quelquefois en voyant la simplicité ingénue de ce jeune homme, qui disait librement sa pensée sans ménager personne. « Je vois bien, dit le monarque, en se tournant du côté de son confident, que la nature n'est pas moins belle et ne plaît pas moins dans les dernières conditions de la vie, que dans les rangs les plus élevés; jamais prince ne me parut plus aimable que ce jeune berger qui vit avec son troupeau : quel père ne se trouverait pas heureux d'avoir un fils d'une aussi belle figure et d'une âme aussi sensible? Je suis sûr qu'une éducation savante perfectionnera singulièrement son esprit et développera mille talents qui me seront utiles. » En conséquence, le monarque emmène avec lui Alibée, résolu de le faire instruire dans toutes les sciences et dans tous les arts agréables qui peuvent orner l'esprit.

A sa première entrée à la cour, Alibée fut ébloui de son éclat, et tous ces objets brillants si nouveaux pour lui, ce changement de fortune si subit et si imprévu firent quelque effet sur son âme et sur son caractère; au lieu de sa houlette, de sa flûte et de ses habits de berger, il se vit revêtu d'une robe de pourpre brodée en or, et portant un turban enrichi de diamants. Bientôt ses idées s'étendirent, et son esprit se remplit de connaissances; il devint en peu de temps capable des affaires les plus sérieuses; il mérita toute la confiance de son maître, qui l'affectionnait comme son élève, et qui, lui trouvant surtout un goût exquis pour tout ce qui était curieux et magnifique, lui donna une des charges les plus considérables de la Perse, celle de gardien des bijoux et des effets précieux de son palais.

Tant que le prince vécut, Alibée jouit d'une faveur qui ne faisait qu'augmenter de jour en jour; cependant, à mesure qu'il avançait en âge, l'idée de sa retraite et de la tranquillité de son premier état commençait à lui revenir plus souvent, et il le regrettait quelquefois. « O jours heureux, jours innocents, s'écriait-il, jours où j'ai goûté une joie pure, sans aucun mélange de peines et d'alarmes! jours les plus doux de ma vie! Celui qui m'a privé de vous, pour me donner toutes les richesses que je possède, m'a dépouillé de tout mon bien. Je ne vous retrouve point dans son palais: heureux, mille fois heureux ceux qui n'ont jamais connu les misères de la cour des rois! Ici pourtant tous mes vœux sont prévenus et satisfaits; je n'ai pas le temps de désirer; tous mes sens sont agréablement flattés, et mon amour-propre jouit des respects de tout un peuple et des égards d'un grand roi; et cependant toutes ces jouissances multipliées n'ont pas la douceur d'un seul des sentiments que j'éprouvais lorsque, le matin d'un beau jour, au lever de l'aurore, j'entrais dans la prairie, suivi de mon chien fidèle et de mon troupeau: que serait-ce donc si je ressemblais à quelques-uns de ces courtisans que je vois pâles et rongés d'une ambition que rien ne peut satisfaire? »

Alibée, si peu sensible aux plaisirs de la cour des rois, ne fut pas longtemps à en essuyer les disgrâces. Le vieux monarque qui l'aimait descendit dans la tombe et fit place à son fils. Aussitôt des envieux entreprirent de le perdre dans l'esprit du nouveau roi: ils lui insinuèrent qu'Alibée avait abusé de la confiance que son père lui accordait; qu'il avait amassé des richesses immenses et détourné quantité d'effets précieux confiés à sa garde. Le roi était trop jeune pour n'être pas crédule; il avait d'ailleurs la vanité de croire qu'il pouvait réformer bien des choses dans ce qu'avait fait son père.

Pour avoir un prétexte de lui ôter sa place, il ordonne à Alibée, par le conseil des courtisans, de lui apporter le cimeterre, garni de diamants, que le roi son père avait coutume de porter dans les batailles. Alibée l'apporte et le présente au roi; mais il était dégarni de ses pierreries. Le monarque le crut aussitôt coupable de ce vol; mais Alibée prouva qu'elles avaient été ôtées par l'ordre même de son père, et avant qu'il fût encore en possession de sa charge.

Les courtisans, honteux de ce mauvais succès, n'en furent que plus ardents à poursuivre l'homme de bien qu'ils voulaient perdre; ils conseillèrent au roi de se faire représenter, dans le délai de quinze jours, un répertoire de tous les effets dont il avait été établi gardien.

Le délai expiré, le roi voulut être présent lui-même à l'ouverture du dépôt. Alibée l'ouvre devant lui, et lui représente tous les bijoux qui lui avaient été confiés; chaque chose était rangée par ordre et conservée avec soin. Le roi, surpris de tant d'exactitude et de fidélité, lançait déjà des regards d'indignation sur les accusateurs, lorsqu'ils lui montrèrent, au bout de la galerie, une porte de fer, fermée avec trois grosses serrures. « C'est sous cette porte, lui dirent-ils, qu'Alibée a enfermé les trésors qu'il a volés à votre père. » Le roi devint furieux, et ordonna que la porte fût ouverte sur-le-champ. Alibée se jette à ses pieds, et le conjure de ne pas lui ôter le seul bien dont il fît cas sur la terre. « Il n'est pas juste, lui dit-il, de me dépouiller, dans un moment, de tout ce que je possède, après avoir tant d'années servi fidèlement votre père. Prenez tout ce qu'il m'a donné, mais laissez-moi ce que je possède ici. » Les courtisans triomphaient dans le secret de leur âme, et cette résistance ne fit qu'augmenter les soupçons du roi, qui le menaça plein de colère, et le força d'obéir. Alibée prend donc les clefs, et ouvre cette porte mystérieuse.

Quelle fut la surprise de ses ennemis et du roi, lorsqu'ils n'aperçurent qu'une houlette, une flûte et des habits de berger! C'étaient ceux qu'avait autrefois portés Alibée, et qu'il visitait quelquefois, pour entretenir le souvenir et l'amour de sa première condition. « Grand roi, dit-il, voyez les restes de mon premier bonheur : ce trésor va m'enrichir quand vous m'aurez dépouillé de tout ce que vous pouvez m'ôter : voilà les richesses solides qui ne peuvent jamais manquer; elles suffiront toujours au bonheur de l'homme qui sait aimer l'innocence et se contenter du nécessaire, sans se tourmenter follement pour les biens frivoles, qui n'ajoutent pas un sentiment de plus à la félicité réelle. O vous, instruments simples et chers d'une vie heureuse, je ne veux que vous, c'est avec vous que je suis résolu de vivre et mourir. Grand roi, je vous remets sans regrets tout ce que m'a donné votre père, je ne garde que ce qui m'appartenait avant qu'il me fît venir à sa cour. » Le roi eut peine à revenir de sa surprise; il demeura bien convaincu de l'innocence d'Alibée, et son indignation retomba sur les courtisans qui l'avaient trompé. « Sortez, imposteurs, leur dit-il, et fuyez de ma présence. » Aussitôt il fit Alibée son premier ministre et le chargea de toutes les affaires les plus secrètes et les plus importantes. Alibée mourut premier ministre et pauvre; il ne souffrit jamais qu'on punît aucun de ses ennemis; il ne laissa à ses parents que le bien nécessaire pour les nourrir dans la condition de berger, qu'il regarda toujours comme la plus heureuse et la plus sûre.

PETIT ÉVÉNEMENT QUI FAIT HONNEUR AU MAÎTRE ET A SES DISCIPLES.

Le fils de M. D***, rue des Fourreurs, à Paris, était pensionnaire chez M. Achard; il lui prit envie de voyager, et, pour y parvenir, il ne vit rien de mieux que de s'engager. On le fit partir pour la ville d'Eu, en Caux, où le régiment était en garnison; mais, ayant appris que l'argent est le nerf de la guerre, et ne possédant pas un sou, il écrivit à son père, qui, irrité contre lui, ne daigna pas lui faire réponse; il s'adresse à ses anciens camarades, qu'il regrettait sans doute, et leur expose sa misère : leurs petits cœurs s'émeuvent, leurs têtes se montent, ils se fouillent, mettent en commun tout ce qu'ils possèdent, et parviennent à former une somme de soixante livres. On en charge le plus âgé, qui ploie le trésor dans une papillotte, l'insère dans une lettre, et le présente à la poste pour l'affranchir. Le commis s'aperçoit que la lettre contient de l'argent, la refuse et demande trois livres pour le port de l'argent. L'écolier pris au dépourvu, ne voulant point entamer les deniers publics, reprend la lettre, retourne chez M. Achard, vend ce qu'il a, se procure, par ce moyen violent, cinq petits écus, part à pied pour la ville d'Eu, et remet le dépôt aux mains de celui même à qui il était destiné. Ce départ inquiéta fort le père de l'enfant, surtout quand il apprit la commission qu'il avait acceptée. Mais il revint, après avoir rempli des obligations qu'il regardait comme sacrées; il reprit ses fonctions avec toute la modestie d'un cœur satisfait, et probablement convaincu de bonne heure qu'il est plus doux de donner que de recevoir.

JEAN ET MARIE, HISTOIRE FRANÇAISE.

Un marchand s'étant embarqué pour les Indes avec sa femme, il y gagna beaucoup d'argent, et, au bout de quelques années, il fit ses arrangements pour revenir en France, où il était né et où il avait toute sa famille : il emmenait avec lui sa femme et deux enfants, un garçon et une fille ; le garçon, âgé de quatre ans, se nommait Jean, et la fille, qui n'en avait que trois, s'appelait Marie. Quand ils furent à moitié chemin, il s'éleva une tempête violente, et le pilote dit qu'ils étaient en grand danger, parce que le vent les poussait vers des îles où sans doute leur vaisseau se briserait. Le pauvre marchand, ayant appris cela, prit une grande planche, et lia fortement dessus sa femme et ses deux enfants ; il voulut s'y attacher aussi, mais il n'en eut pas le temps, car le vaisseau, ayant touché contre un rocher, s'ouvrit en deux, et tous ceux qui étaient dedans tombèrent dans la mer. La planche sur laquelle étaient la femme et les deux enfants se soutint sur la mer comme un petit bateau, et le vent les poussa vers une île. Alors la femme détacha les cordes, et avança dans cette île avec ses deux enfants.

La première chose qu'elle fit quand elle fut en lieu de sûreté, fut de se mettre à genoux, pour remercier Dieu de l'avoir sauvée ; elle était pourtant bien affligée d'avoir perdu son mari, qui était un si bon homme : elle pensait aussi qu'elle et ses enfants mourraient de faim dans cette île, ou qu'ils seraient mangés par les bêtes sauvages. Elle marcha quelque temps dans ces tristes pensées ; elle aperçut plusieurs arbres chargés de fruits : elle prit un bâton et en fit tomber, qu'elle donna à ses petits enfants ; elle en mangea elle-même : elle avança ensuite plus loin pour voir si elle ne découvrirait point quelque cabane, mais elle reconnut qu'elle était dans une île déserte. Elle trouva dans son chemin un grand arbre qui était creux ; et elle résolut de s'y retirer pendant la nuit. Elle y coucha donc avec ses enfants, et le lendemain elle avança encore autant qu'ils purent marcher ; elle découvrit en marchant des nids d'oiseaux dont elle prit les œufs, et voyant qu'elle ne trouvait dans cette île ni hommes ni bêtes malfaisantes, elle résolut de se soumettre à la volonté du Ciel, et de faire son possible pour bien élever ses enfants. Elle avait sauvé du naufrage un évangile et un livre de prières : elle s'en servit pour leur apprendre à lire et pour leur enseigner à connaître Dieu. Quelquefois son fils lui disait : « Ma mère, où est donc papa? Pourquoi nous a-t-il fait quitter notre maison pour venir dans cette île? Est-ce qu'il ne viendra pas nous chercher? — Mes enfants, leur répondait cette pauvre femme en fondant en larmes, votre père est allé dans le ciel; mais vous avez un autre père qui est Dieu : il est ici, quoique vous ne le voyiez pas : c'est lui qui nous envoie des fruits et des œufs, et il aura soin de nous tant que nous l'aimerons de tout notre cœur, et que nous le servirons fidèlement. » Quand ces enfants surent lire, ils s'occupaient avec plaisir de tout ce que contenaient leurs livres, et ils en parlaient toute la journée; ils étaient d'ailleurs d'un excellent caractère, et d'une soumission sans bornes aux moindres volontés de leur mère.

Au bout de deux ans elle tomba malade, et comme elle connut qu'elle allait mourir, elle conçut la plus grande inquiétude sur ses pauvres enfants; mais à la fin elle pensa que Dieu qui est bon en prendrait soin; cette pensée consolante la rassura. Elle était couchée dans le creux de son arbre, et ayant appelé ses enfants, elle leur dit : « Je vais bientôt mourir, mes chers enfants, et vous n'aurez plus de mère. Souvenez-vous pourtant que vous ne resterez pas tout seuls, et que Dieu verra tout ce que vous ferez; ne manquez jamais à le prier matin et soir. Mon cher Jean, ayez bien soin de votre sœur Marie; ne la grondez pas, ne la battez jamais; vous êtes plus grand et plus fort qu'elle, vous irez lui chercher des œufs et des fruits. » Elle voulait dire aussi quelque chose à Marie, mais elle n'en eut pas le temps, elle rendit le dernier soupir entre leurs bras.

Ces malheureux orphelins ne comprenaient pas ce que leur mère avait voulu leur dire : ils ne savaient ce que c'était que de mourir; ils crurent qu'elle dormait, et ils n'osaient faire du bruit, crainte de la réveiller. Jean alla chercher des fruits, et ayant soupé, ils se couchèrent à côté de l'arbre, et s'endormirent tous les deux. Le lendemain matin ils furent fort étonnés de ce que leur mère dormait encore, et la tirèrent par le bras; mais comme ils virent qu'elle ne leur répondait point, ils crurent qu'elle était fâchée contre eux, et se mirent à pleurer; ensuite ils lui demandèrent pardon, et lui promirent d'être plus sages. Ils eurent beau faire, la pauvre femme ne leur répondit point. Ils restèrent là pendant plusieurs jours, jusqu'à ce que le corps commençât à se corrompre. Un matin, Marie, jetant de grands cris, dit à Jean : « Ah ! mon frère ! voilà des vers qui mangent notre pauvre maman ; il faut les arracher : venez m'aider. » Jean approcha ; mais le corps sentait si mauvais, qu'ils ne purent rester auprès, et furent contraints d'aller chercher un autre arbre pour y coucher.

Ces deux enfants obéirent exactement à leur mère, et jamais ils ne manquèrent à prier Dieu ; ils lisaient si souvent leurs livres qu'ils les savaient par cœur : quand ils avaient lu, ils se promenaient ou bien ils s'asseyaient sur l'herbe, et Jean disait à sa sœur : « Je me souviens, quand j'étais bien petit, d'avoir été dans un pays où il y avait de grandes maisons et beaucoup d'hommes ; j'avais une nourrice, et vous aussi, et mon père avait un grand nombre de valets : nous avions aussi de belles robes : tout d'un coup papa nous a mis dans une maison qui allait sur l'eau, et puis nous a attachés à une planche et a été au fond de la mer, d'où il n'est jamais revenu. — Cela est bien singulier, répondit Marie ; mais enfin puisque cela est arrivé, c'est que Dieu l'a voulu ; car vous savez bien, mon frère, qu'il est tout-puissant. »

Jean et Marie restèrent onze ans dans cette île. Un jour qu'ils étaient assis au bord de la mer, ils aperçurent dans une barque plusieurs hommes noirs. D'abord Marie eut peur, et voulait se sauver ; mais Jean la retint et lui dit : « Restons, ma sœur ; ne savez-vous pas bien que Dieu est ici présent, et qu'il empêchera ces hommes de nous faire du mal ? » Ces hommes noirs, étant descendus à terre, furent surpris de voir ces enfants qui étaient d'une autre couleur qu'eux ; ils les environnèrent et leur parlèrent, mais ce fut inutilement, le frère et la sœur n'entendaient pas leur langage. Jean mena ces sauvages à l'endroit où étaient les os de sa mère, et leur conta comment elle était morte tout d'un coup. Ils ne l'entendirent pas non plus. Enfin les noirs leur montrèrent leur petit bateau et leur firent signe d'y entrer. « Je n'oserais, dit Marie, ces gens-là me font peur. » Jean lui répondit : « Rassurez-vous, ma sœur, mon père avait des domestiques de la même couleur que ces hommes ; peut-être qu'il est revenu de son voyage, et qu'il les envoie pour nous chercher. »

Ils entrèrent donc dans la barque, qui les conduisit dans une île peu éloignée de celle qu'ils venaient de quitter, et qui avait des sauvages pour habitants. Ils y furent fort bien reçus : le roi ne pouvait se lasser de regarder Marie, et il mettait souvent la main sur son cœur pour lui prouver qu'il l'aimait. Marie et Jean eurent bientôt appris la langue de ces sauvages, et ils connurent qu'ils faisaient la guerre à des peuples qui demeuraient dans les îles voisines, qu'ils mangeaient leurs prisonniers, et qu'ils adoraient un grand vilain singe qui avait plusieurs sauvages pour le servir, en sorte qu'ils se repentaient beaucoup d'être venus demeurer chez cette affreuse nation. Cependant le roi voulait absolument épouser Marie, qui disait à son frère : « J'aimerais mieux mourir que d'être la femme de cet homme-là. — C'est parce qu'il est bien laid que vous ne voudriez pas l'épouser ? — Non, mon frère, c'est parce qu'il est méchant ; ne voyez-vous pas qu'il ne connaît pas Dieu, et qu'au lieu de le prier il se met à genoux devant ce vilain singe ? D'ailleurs notre livre dit qu'il faut pardonner à ses ennemis et leur faire du bien ; et vous voyez qu'au lieu de cela ce méchant homme fait mourir ses prisonniers et les mange.

— Il me prend une pensée, dit Jean ; si nous pouvions tuer ce vilain animal, ils verraient bien que ce n'est pas un dieu. — Faisons mieux, reprit Marie ; notre livre nous enseigne que Dieu accorde toujours les choses qu'on lui demande de bon cœur ; mettons-nous à genoux, prions-le de tuer lui-même le singe, alors on ne s'en prendra point à nous, et on ne nous fera point mourir. »

Jean trouva ce que sa sœur lui disait fort raisonnable ; ils se mirent donc tous deux à genoux, et dirent tout haut : « Seigneur, qui pouvez tout ce que vous voulez, ayez, s'il vous plaît, la bonté de tuer ce singe, afin que ces pauvres gens connaissent que c'est vous qu'il faut adorer, et non pas lui. » Ils étaient encore à genoux, lorsqu'ils entendirent jeter de grands cris ; ils s'informèrent de ce qui y donnait lieu, et ils apprirent que le grand singe, en sautant d'un arbre à l'autre, s'était cassé la jambe, et qu'on croyait qu'il en mourrait. Les sauvages qui en avaient soin, et qui étaient comme ses prêtres, dirent au roi, lorsqu'il fut mort, que Marie et son frère étaient cause du malheur qui était arrivé, et qu'ils ne pourraient être heureux qu'après que ces deux blancs auraient adoré leur dieu. Aussitôt on décida qu'on ferait un sacrifice au nouveau singe qu'on venait de choisir ; que les deux blancs y assisteraient, et qu'après la cérémonie Marie épouserait leur roi ; que s'ils refusaient de le faire, on les brûlerait tout vifs avec leurs livres, dont ils se servaient pour faire des enchantements. Marie apprit cette résolution; et comme les prêtres lui disaient que c'était elle qui avait fait mourir leur singe, elle répondit : « Si je l'avais fait mourir, n'est-il pas vrai que je serais plus puissante que lui? Je serais donc bien stupide d'adorer quelqu'un qui ne serait pas au-dessus de moi; le plus faible doit se soumettre au plus puissant, et par conséquent je mériterais plutôt les adorations du singe, que lui les miennes; cependant je ne veux pas vous tromper; ce n'est pas moi qui lui ai ôté la vie, mais notre Dieu, qui est le maître de toutes les créatures, et sans la permission duquel vous ne pourriez ôter un seul de mes cheveux. » Ce discours irrita les sauvages; ils attachèrent Marie et son frère à des poteaux, et se préparaient à les brûler, lorsqu'on leur apprit qu'un grand nombre de leurs ennemis venaient d'aborder dans l'île. Ils coururent pour les combattre et furent vaincus. Les sauvages qui étaient vainqueurs brisèrent les chaînes des deux enfants blancs, et les emmenèrent dans leur île, où ils devinrent esclaves du roi. Ils travaillaient depuis le matin jusqu'au soir, et disaient : « Il faut servir fidèlement notre maître pour l'amour de Dieu, et croire que c'est le Seigneur que nous servons, car notre livre dit expressément qu'il faut en agir ainsi. »

Cependant ces nouveaux sauvages faisaient souvent la guerre, et, comme leurs voisins, ils mangeaient leurs prisonniers. Un jour ils en prirent un grand nombre, car ils étaient fort vaillants. Il se trouva parmi ces prisonniers un homme blanc, et comme il était fort maigre, les sauvages résolurent de l'engraisser avant de le manger. Ils l'enchaînèrent dans une cabane, et chargèrent Marie de pourvoir à ses besoins. Comme elle savait qu'il devait être bientôt mangé, elle déplorait son sort; en le regardant tristement, elle dit : « Mon Dieu, mon Dieu, ayez pitié de lui ! » Cet homme blanc, qui avait été fort étonné en voyant une fille de la même couleur que lui, le fut bien davantage, quand il l'entendit parler sa langue et invoquer un seul Dieu. « Qui vous a appris à parler français, lui dit-il, et à connaître le vrai Dieu ? — Je ne savais pas le nom de la langue que je parle, lui répondit Marie; c'était la langue de ma mère, et elle me l'a apprise : quant à Dieu, nous avons deux livres qui en parlent, et nous le prions tous les jours. — Ah ciel! reprit cet homme, en levant les mains et les yeux au ciel... serait-il possible? Mais, ma fille, pourriez-vous me montrer les livres dont vous me parlez? — Je ne les ai pas, mais je vais chercher mon frère qui les garde, et il vous les montrera. » En même temps elle sortit et revint bientôt avec Jean qui les apporta. L'homme blanc les ouvrit avec émotion, et ayant lu sur le premier feuillet : *Ce livre appartient à Jean Maurice*, il s'écria : « Ah! mes chers enfants, est-ce vous que je revois? Venez embrasser votre père, et puissiez-vous me donner des nouvelles de votre mère! » Jean et Marie à ces paroles se jetèrent dans ses bras en versant des larmes de joie. A la fin, Jean reprenant la parole dit : « Je sens aux transports de mon cœur que vous êtes mon père; cependant je ne conçois pas comment cela peut être, car ma mère m'a dit que vous étiez tombé dans le fond de la mer, et je sais à présent qu'il n'est pas possible d'y vivre. — Je tombai effectivement dans la mer quand notre vaisseau s'entr'ouvrit, reprit Jean Maurice; mais m'étant saisi d'une planche j'abordai heureusement dans une île, et je vous crus perdus. » Alors Jean lui raconta tout ce dont il put se souvenir, et son père pleura beaucoup quand il apprit la mort de sa femme. Marie pleurait aussi, mais c'était pour un autre sujet. « Hélas! s'écria-t-elle, à quoi sert d'avoir retrouvé notre père, puisqu'il doit être tué et mangé dans peu de jours! — Il faudra briser ses chaînes, reprit Jean, et nous nous sauverons tous les trois dans la forêt. — Et qu'y ferons-nous, mes pauvres enfants? répliqua Maurice; les sauvages nous reprendront, ou bien il faudra mourir de faim. — Laissez-moi faire, dit Marie, je sais un moyen infaillible de vous sauver. »

Elle sortit en finissant ces paroles, et alla trouver le roi. Lorsqu'elle fut entrée dans sa cabane, elle se jeta à ses pieds, et lui dit : « Seigneur, j'ai une grande grâce à vous demander, voulez-vous me promettre de me l'accorder? — Je vous le jure, reprit le roi, car je suis fort content de votre service. — Eh bien! vous saurez que cet homme blanc dont vous m'avez ordonné de prendre soin est mon père et celui de Jean; vous avez résolu de le manger, et je viens vous représenter qu'il est vieux et maigre, et qu'en conséquence il ne sera pas fort bon, au lieu que je suis jeune et grasse; ainsi j'espère que vous voudrez bien me manger à sa place; je ne vous demande que huit jours, pour avoir le plaisir de le voir avant de mourir. — En vérité, reprit le roi, vous êtes une si bonne fille que je ne voudrais pas pour toutes choses vous faire mourir; vous vivrez et votre père aussi. Je vous avertis même qu'il vient ici tous les ans un vaisseau plein d'hommes blancs auxquels nous vendons nos prisonniers; il arrivera bientôt, et je vous donnerai la permission de vous en aller. »

Marie remercia beaucoup le roi, et dans son cœur elle rendait grâces à Dieu qui lui avait inspiré d'avoir compassion d'elle. Elle courut porter ces bonnes nouvelles à son père, et quelques jours après, le vaisseau dont le roi lui avait parlé étant arrivé, elle s'embarqua avec son père et son frère. Ils abordèrent dans une grande île habitée par des Espagnols. Le gouverneur, ayant appris l'histoire de Marie, dit en lui-même : « Cette fille n'a pas un sou, et elle est bien brûlée du soleil; mais elle est si bonne et si vertueuse qu'elle pourra rendre son mari plus heureux que si elle était riche et belle. » Il pria Maurice de lui donner sa fille en mariage : il s'unit avec elle et fit épouser une de ses parentes à Jean; en sorte qu'ils vécurent tous fort heureux dans cette île, admirant la sagesse de la Providence, qui n'avait permis que Marie fût esclave que pour lui donner occasion de sauver la vie à son père.

HISTOIRE D'ANDROCLÈS ET D'UN LION.

Appion, surnommé Plistonice, était très-versé dans la littérature et dans la connaissance de toutes les parties de l'histoire grecque; on connaît et on estime le recueil complet qu'il a publié de toutes les merveilles d'Égypte, et de toutes celles que renferment ses Annales. L'étalage affecté d'érudition et l'air de jactance de l'historien le font soupçonner d'un peu d'exagération dans ses récits, lorsqu'il cite ses lectures ou ses conversations. On ne peut cependant porter le même jugement sur le trait dont il fait mention au cinquième livre de ses Mémoires de l'Égypte, puisque le narrateur assure qu'il ne l'a lu ni ouï raconter nulle part, mais qu'à Rome lui-même il en a été témoin.

On donnait au peuple, dit Appion, dans le grand cirque, le spectacle d'un combat de bêtes dans le plus grand appareil : comme je me trouvais à Rome, j'y courus. Les barrières levées, l'arène se couvre d'une foule d'animaux frémissants, monstres affreux, tous d'une hauteur et d'une férocité extraordinaires. On vit surtout bondir des lions d'une grandeur prodigieuse; un seul fixa tous les regards; une taille énorme, des élancements vigoureux, des muscles enflés et roidis, une crinière flottante et hérissée, un rugissement sourd et terrible faisaient frémir tous les rangs des spectateurs. Parmi les malheureux condamnés à disputer leur vie contre la rage de ces animaux affamés, parut un certain Androclès, autrefois esclave d'un proconsul. Dès que le lion l'aperçoit, dit l'écrivain, il s'arrête tout à coup frappé d'étonnement : il s'avance d'un air adouci, comme s'il eût connu ce misérable; il l'approche en agitant la queue d'une manière soumise, comme le chien qui cherche à flatter : il presse le corps de l'esclave à demi mort de frayeur, et lèche doucement ses pieds et ses mains. Les caresses de l'horrible animal rappellent Androclès à la vie; ses yeux éteints s'entr'ouvrent peu à peu; ils rencontrent ceux du lion. Alors, comme dans un renouvellement de connaissance, vous eussiez vu l'homme et le lion se donner les marques de la joie la plus vive et du plus tendre attachement. Rome entière, à ce spectacle, poussa des cris d'admiration, et César ayant demandé l'esclave : « Pourquoi, lui dit-il, es-tu le seul que la fureur de ce monstre ait épargné? — Daignez m'écouter, seigneur, dit Androclès; voici mon aventure. Pendant que mon maître gouvernait l'Afrique en qualité de proconsul, les traitements cruels et injustes que j'en essuyais tous les jours me forcèrent enfin de prendre la fuite; et pour échapper aux poursuites d'un maître qui commandait en ce pays, j'allai chercher une solitude inaccessible parmi les sables et les déserts, résolu de me donner la mort de quelque manière si je venais à manquer de nourriture. Les ardeurs intolérables du soleil, au milieu de sa carrière brûlante, me firent chercher un asile. Je trouvai un antre profond et ténébreux. Je m'y cachai : à peine y étais-je entré que je vis arriver ce lion; il s'appuyait douloureusement sur une patte ensanglantée. La violence de ses tourments lui arrachait des rugissements et des cris affreux. La vue du monstre rentrant dans son repaire me glaça d'abord d'horreur; mais dès qu'il m'eut aperçu, je le vis s'avancer avec douceur : il approche, me présente sa patte, me montre sa blessure, et semble me demander du secours. J'arrachai une grosse épine enfoncée entre ses griffes; j'osai même en presser la plaie, et en exprimer tout le sang corrompu : enfin, pleinement remis de sa frayeur, je parvins à la purifier et à la dessécher. Alors l'animal, soulagé par mes soins et ne souffrant plus, se couche, met sa patte entre mes mains, et s'endort paisiblement. Depuis ce jour, nous avons continué de vivre ensemble pendant trois ans dans cette caverne. Le lion s'était chargé de la nourriture ; il m'apportait exactement les meilleurs morceaux des proies qu'il avait déchirées ; n'ayant point de feu, je les faisais rôtir aux plus grandes ardeurs du soleil. Cependant la société de cet animal et ce genre de vie commençant à m'ennuyer, je choisis l'instant où il était allé chasser ; je m'éloignai de la caverne, et après trois jours de marche, je tombai entre les mains des soldats. Ramené d'Afrique à Rome, je parus devant mon maître, qui sur-le-champ me condamna à être dévoré ; et je pense que ce lion, qui sans doute fut pris aussi, me témoigne actuellement sa reconnaissance. » Tel est le discours qu'Appion met dans la bouche d'Androclès ; sur-le-champ on l'écrit, on en fait part au peuple ; ses cris redoublés obtinrent la vie de l'esclave, et lui firent donner le lion. On voyait Androclès, continue l'auteur, tenant son libérateur, attaché à une simple courroie, marcher au milieu de Rome. Le peuple enchanté le couvrit de fleurs et le combla de largesses, en s'écriant : « Voilà le lion qui a donné l'hospitalité à un homme, et voilà l'homme qui a guéri un lion. »

LE BON FILS.

M. D***, allant rejoindre son régiment, il y a dix à douze ans, s'occupa, pendant sa route, à faire quelques recrues dont il avait besoin pour compléter sa compagnie. Il trouva plusieurs hommes dans une petite ville où il demeura une semaine. La veille de son départ, il se présenta encore un jeune homme de la plus haute taille et de la figure la plus intéressante ; il avait un air de candeur et d'honnêteté qui prévenait en sa faveur. M. D*** ne put s'empêcher, à la première vue, de souhaiter d'avoir cet homme dans sa compagnie. Il le vit trembler en demandant qu'on l'engageât : il prit ce mouvement pour l'effet de la timidité, et peut-être de l'inquiétude que peut avoir un jeune homme qui sent le prix de la liberté, et qui ne la vend pas sans regret. Il lui fit part de ses soupçons en tâchant de le rassurer. « Ah ! Monsieur, lui répondit le jeune homme, n'attribuez pas mon désordre à d'indignes motifs ; il ne vient que de la crainte d'être refusé; vous ne voudrez peut-être pas de moi, et mon malheur serait affreux. » Il lui échappa quelques larmes en achevant ces mots. L'officier ne manqua pas de l'assurer qu'il serait enchanté de le satisfaire, et lui demanda vite quelles étaient ses conditions. « Je ne vous les propose qu'en tremblant, répondit le jeune homme; elles vous dégoûteront peut-être. Je suis jeune, vous voyez ma taille, j'ai de la force, je me sens toutes les dispositions nécessaires pour servir; mais la circonstance malheureuse dans laquelle je me trouve me force à me mettre à un prix que vous trouverez sans doute exorbitant; je ne puis rien en diminuer; croyez que, sans des raisons trop pressantes, je ne vendrais point mon service; mais la nécessité m'impose une loi rigoureuse : je ne puis vous suivre à moins de cinq cents livres, et vous me percez le cœur si vous me refusez. — Cinq cents livres! reprit l'officier, la somme est considérable, je l'avoue; mais vous me convenez, je vous crois de la bonne volonté, je ne marchanderai pas avec vous; je vais vous compter votre argent; signez, et tenez-vous prêt à partir demain avec moi. »

Le jeune homme parut pénétré de la facilité de M. D***. Il signa gaiement son engagement et reçut les cinq cents livres avec autant de reconnaissance que s'il les avait eues en pur don; il pria son capitaine de lui permettre d'aller remplir un devoir sacré, et lui promit de revenir à l'instant. M. D*** crut remarquer quelque chose d'extraordinaire dans ce jeune homme : curieux de s'éclaircir, il le suivit sans affectation; il le vit voler à la prison de la ville, frapper avec une vivacité singulière à la porte, et se précipiter dedans aussitôt qu'elle fut ouverte; il l'entendit dire au geôlier : « Voilà la somme pour laquelle mon père a été arrêté; je la dépose entre vos mains : conduisez-moi vers lui, et que j'aie le plaisir de briser ses fers. » L'officier s'arrête un moment, pour lui donner le temps d'arriver seul auprès de son père, et s'y rend ensuite après lui. Il voit ce jeune homme dans les bras d'un vieillard qu'il couvre de ses caresses et de ses larmes, à qui il apprend qu'il vient d'engager sa liberté pour lui procurer la sienne. Le prisonnier l'embrasse de nouveau. L'officier attendri s'avance : « Consolez-vous, dit-il au vieillard; je ne vous enlèverai point votre fils, je veux partager le mérite de son action; il est libre ainsi que vous, et je ne regrette pas une somme dont il a fait un si noble usage ; voilà son engagement, et je le lui remets. » Le père et le fils tombent à ses pieds : le dernier refuse la liberté qu'on lui rend ; il conjure le capitaine de lui permettre de le suivre ; son père n'a plus besoin de lui, il ne pourrait que lui être à charge. L'officier ne peut le refuser ; le jeune homme a servi le temps ordinaire ; il a toujours épargné sur sa paie quelques petits secours qu'il a fait passer à son père, et lorsqu'il a eu le droit de demander son congé, il en a profité pour aller servir ce vieillard, qu'il nourrit longtemps encore du travail de ses mains.

LE CADET GÉNÉREUX.

Un marchand de Londres avait deux fils : l'aîné, d'un mauvais cœur et d'un caractère dur, haïssait son jeune frère, qui était plus aimable que lui et d'un naturel doux et paisible ; il n'était pas de mauvais traitements qu'il ne lui fît essuyer dès que l'occasion s'en présentait, et les remontrances et les réprimandes du père ne purent le faire changer de conduite. Le père avait une fortune considérable dans le commerce ; se sentant déjà vieux, il fit son testament ; et, par un partage des plus étranges, lui qui connaissait ses deux enfants, qui aimait le cadet et blâmait la dureté de l'aîné, il laissa à l'aîné tout son bien, avec tout ce qu'il avait de fonds et de vaisseaux, le priant seulement de continuer le négoce et d'aider son jeune frère : il mourut quelque temps après. Dès que l'aîné se vit seul maître, il ne dissimula plus sa haine, et chassa de la maison son malheureux frère, l'exposant à la merci du sort, sans lui donner aucun secours. Tant d'inhumanité remplit le cœur du jeune homme d'indignation et d'amertume ; il était découragé. « Si mon frère me traite ainsi, disait-il en pleurant, que dois-je donc attendre des étrangers ? » Il fallait vivre, et la nécessité lui rendit le courage. Comme il était un peu au fait du commerce, il quitte Londres, et s'adresse à un négociant d'une ville voisine, à qui il offre ses services ; l'autre les accepte, et le reçoit dans sa maison. Après quelques années d'épreuve, il lui reconnut tant de prudence, tant de vertu et tant d'exactitude dans ses comptes, qu'il lui donna sa fille en mariage, et en mourant il lui laissa tous ses biens. Après la mort du beau-père, le gendre se trouvant assez riche, et n'étant point de ces ambitieux insatiables que la fureur d'amasser n'abandonne qu'au bord du tombeau, plus jaloux de vivre en paix et de jouir de lui-même, acheta dans une province éloignée de la capitale une belle terre avec son château, s'y retira avec son épouse, et y vécut content avec honneur et bonne renommée.

Il est une Providence qui punit toujours les cœurs barbares. L'aîné, depuis la mort du père, avait continué le commerce, multiplié les entreprises, et longtemps tout réussit au gré de ses vœux : mais il vint une année fatale ; ses pertes s'accumulèrent ; une tempête engloutit tous ses vaisseaux lorsqu'ils revenaient avec une riche cargaison. Dans le même temps, plusieurs marchands qui avaient entre les mains ce qu'il lui restait d'argent, firent banqueroute, et pour comble d'infortune le feu prit à sa maison, consuma tout ce qu'il avait d'effets, et le réduisit à la mendicité.

Dans cet horrible état il ne lui restait d'autre ressource, pour ne pas périr de faim, que d'errer dans le pays, implorant l'assistance des âmes charitables que le récit de ses malheurs pouvait attendrir ; il mangeait le pain de la charité publique dans les larmes et les remords.

« Où en serais-je à présent, se disait-il en soupirant, si tous les hommes étaient aussi durs que moi ? Ah ! s'ils savaient comme j'ai traité mon frère, ils me repousseraient avec horreur. Mon frère ! mon frère ! s'écriait-il quelquefois dans le chemin, où es-tu ? Tu me maudis sans doute, et tu éprouves peut-être en ce moment les horreurs de la faim ! Que ne peux-tu me rencontrer et me voir ! tu serais vengé. Que ne puis-je en t'embrassant rompre avec toi ce morceau de pain qu'une mère pauvre et généreuse vient de me donner par la main de son jeune enfant ! je serais consolé... Hélas ! si le hasard m'offrait à ses yeux, il ne reconnaîtrait jamais son aîné sous les lambeaux de la misère ; il devrait pourtant espérer de m'y trouver, s'il croit qu'il soit un Dieu vengeur. »

Un jour qu'il avait fait plusieurs lieues ayant à peine trouvé ce qu'il lui fallait pour se soutenir, il aperçut de loin un homme bien mis, se promenant dans une prairie voisine d'un joli château dont il paraissait le seigneur ; il s'avance, il l'aborde, lui expose ses malheurs, ses besoins, et le conjure de lui accorder quelque secours. « D'où êtes-vous ? lui demanda l'étranger, et comment s'est fait cet enchaînement de revers qui vous a réduit à l'état où vous êtes? » L'autre lui raconta son histoire en détail, ne supprimant que l'article de ses mauvais traitements envers son frère. Dans l'effusion de son récit, il fut tenté plus d'une fois de lui révéler tout et d'avouer qu'il avait bien mérité ses malheurs ; mais la crainte et le besoin le retinrent ; il craignait d'éteindre, par cet aveu, la pitié qu'il voulait inspirer à ce seigneur ; il en dit pourtant assez pour être reconnu de quiconque connaissait sa famille. L'étranger, sans lui faire part de sa découverte, l'emmène au château, et ordonne à ses gens de le bien traiter et de lui préparer un logement pour la nuit. Le soir il raconte à sa femme l'aventure qui vient de lui arriver, et lui communique son dessein. Le pauvre dormit d'un sommeil profond et paisible toute la nuit ; et le matin, à son réveil, sa première pensée fut : « Que cet homme est bienfaisant ! s'il n'est pas né riche, il méritait de le devenir... » Quelques heures après, le maître l'envoie chercher. Quand il fut en sa présence, il le fixa quelque temps avec attendrissement, et lui demanda s'il ne le connaissait pas. « Non, répondit le pauvre. — Eh quoi ! s'écria-t-il en pleurant, je suis ton frère ! » En même temps il s'élance à son cou, et l'étreint tendrement dans ses bras. L'aîné, frappé d'étonnement, de confusion, de repentir, de reconnaissance et de joie, tombe à ses genoux, en s'écriant : « Mon frère ! » Il les embrasse et les arrose de ses larmes, en lui demandant pardon. « Il y a longtemps, lui répond son frère, que je t'ai pardonné ; oublie le passé : tu es riche, car je le suis ; vivons ensemble et aimons-nous. — Oui, mon frère, je t'aimerai, lui répondit l'aîné d'une voix étouffée par les sanglots, mais je ne me pardonnerai jamais ; je me souviendrai toujours de la manière dont je t'ai traité, et que c'est toi qui me sauves la vie. »

LA DETTE DE L'HUMANITÉ.

Un jeune peintre, arrivé à Modène et manquant de tout, pria un gagne-petit de lui trouver un gîte à peu de frais, et pour l'amour de Dieu ; l'artisan lui offrit la moitié du sien. On cherche en vain de l'ouvrage pour cet étranger ; son hôte ne se décourage point, il le défraie et le console. Le peintre tombe malade ; l'autre se lève plus matin et se couche plus tard, pour gagner davantage, et fournit en conséquence aux besoins du malade, qui avait écrit à sa famille... L'artisan le veilla pendant tout le temps de sa maladie, qui fut assez longue, et pourvut à toutes les dépenses nécessaires. Quelques jours après la guérison, l'étranger reçut de ses parents une somme assez considérable, et courut chez l'artisan pour le payer. « Non, Monsieur, lui répondit son généreux bienfaiteur, c'est une dette que vous avez contractée envers le premier honnête homme que vous trouverez dans l'infortune : je devais ce bienfait à un autre, je viens de m'acquitter ; n'oubliez pas d'en faire autant dès que l'occasion s'en présentera. »

LE LION ET L'ÉPAGNEUL.

Pour voir à la Tour de Londres les bêtes féroces, il fallait donner de l'argent à leur maître, ou apporter un chien ou un chat qui pût leur servir de nourriture. Quelqu'un prit dans une rue un épagneul noir, qui était très-joli ; étant venu voir un énorme lion, il jeta dans sa cage le petit chien. Aussitôt la frayeur s'empare du pauvre animal ; il tremble de tous ses membres, se couche humblement, rampe, prend l'attitude la plus capable de fléchir le courroux naturel au lion, et d'émouvoir ses dures entrailles. Cette bête féroce le tourne, le retourne, le flaire sans lui faire le moindre mal. Le maître jette au lion un morceau de viande ; il refuse de le manger, en regardant fixement le chien, comme s'il voulait l'inviter à le goûter avant lui. L'épagneul revient de sa frayeur, il s'approche de cette viande, en mange, et dans l'instant le lion s'avance pour la partager avec lui. Ce fut alors qu'on vit naître entre eux une étroite amitié. Le lion, comme transformé en un animal doux et caressant, donnait à l'épagneul des marques de la plus vive tendresse, et l'épagneul à son tour témoignait au lion la plus extrême confiance. La personne qui avait perdu ce petit chien vint quelque temps après pour le réclamer. Le maître du lion la presse vivement de ne pas rompre la chaîne de l'amitié qui unit si étroitement ces deux animaux ; elle résiste à ses sollicitations. « Puisque cela est ainsi, répliqua le maître du lion, prenez vous-même votre chien ; car, si je m'en chargeais, cette commission deviendrait pour moi trop dangereuse. » Le propriétaire de l'épagneul vit bien qu'il fallait en faire le sacrifice. Au bout d'une année, le chien tomba malade et mourut ; le lion s'imagina pendant quelque temps qu'il dormait ; il voulut l'éveiller ; et l'ayant inutilement remué avec ses pattes, il s'aperçut alors que l'épagneul était mort. Sa crinière se hérisse, ses yeux étincellent, sa tête se redresse, sa douleur éclate avec fureur ; transporté de rage, tantôt il s'élance d'un bout de sa cage à l'autre ; tantôt il en mord les barreaux pour les briser ; quelquefois il considère, d'un œil consterné, le corps mort de son tendre ami, et pousse des rugissements épouvantables. Il était si terrible, qu'il faisait sauter par ses coups de larges morceaux de plancher ; on voulut écarter de lui l'objet de sa profonde douleur, mais ce fut inutilement, et il garda le petit chien avec grand soin ; il ne mangeait pas même ce qu'on lui donnait. Pour calmer ses transports furieux, le maître alors jeta des chiens vivants dans sa cage ; il les mit en pièces ; enfin il se coucha et mit sur son sein le corps de son ami, seul et unique compagnon qu'il eût sur la terre ; il resta dans cette situation pendant cinq jours, sans vouloir prendre de nourriture ; rien ne put modérer l'excès de sa tristesse ; il languit, et tomba dans une si grande faiblesse qu'il en mourut. On le trouva la tête affectueusement penchée sur le corps de l'épagneul. Le maître pleura la mort de ces deux inséparables amis, et les fit mettre dans une même fosse. L'histoire nous présente-t-elle un exemple d'amitié plus parfait ? Quel modèle à proposer ! il est la honte de ces hommes dont le seul intérêt forme et rompt les liens qui les unissent.

TRAIT DE GÉNÉROSITÉ.

Le célèbre Maupertuis, qui accompagnait le roi de Prusse à la guerre, fut fait prisonnier à la bataille de Molwitz, et conduit à Vienne. Le grand-duc de Toscane, depuis empereur, voulut voir un homme qui avait une si grande réputation ; il le traita avec estime, et lui demanda s'il ne regrettait pas quelqu'un des effets que les hussards lui avaient enlevés.

Maupertuis, après s'être longtemps fait presser, avoua qu'il avait voulu sauver une excellente montre de Graham, dont il se servait pour ses observations astronomiques. Le grand-duc, qui en avait une du même horloger, mais enrichie de diamants, dit au mathématicien français : « C'est une plaisanterie que les hussards ont voulu faire : ils m'ont rapporté votre montre ; la voilà, je vous la rends. »

TRAIT DE JUSTICE.

L'empereur, se promenant seul dans les rues de Vienne, vêtu comme un simple particulier, rencontra une jeune personne, tout éplorée, qui portait un paquet sous son bras. « Qu'avez-vous? lui dit-il affectueusement; où allez-vous? ne pourrais-je calmer votre douleur? que portez-vous? — Je porte des hardes de ma malheureuse mère, répondit la jeune personne au prince qui lui était inconnu; je vais les vendre; c'est, ajouta-t-elle d'une voix entrecoupée, notre dernière ressource. Ah! si mon père, qui versa tant de fois son sang pour la patrie, vivait encore, ou s'il avait obtenu la récompense due à ses services, vous ne me verriez pas dans cet état. — Si l'empereur, lui répondit le monarque attendri, avait connu vos malheurs, il les aurait adoucis; vous auriez dû lui présenter un mémoire, et employer quelqu'un qui lui eût exposé vos besoins. — Je l'ai fait, répliqua-t-elle, mais inutilement; le seigneur à qui je m'étais adressée m'a dit qu'il n'avait jamais pu rien obtenir. — On vous a déguisé la vérité, ajouta le prince, en dissimulant la peine qu'un tel aveu lui faisait; je puis vous assurer qu'on ne lui aura pas dit un mot de votre situation, et qu'il aime trop la justice pour laisser périr la veuve et la fille d'un officier qui l'a bien servi. Faites un mémoire, apportez-le-moi demain au château, en tel endroit, à telle heure; si tout ce que vous dites est vrai, je vous ferai parler à l'empereur, et vous en obtiendrez justice. » La jeune personne, en essuyant ses pleurs, prodiguait des remerciements à l'inconnu, lorsqu'il ajouta : « Il ne faut cependant pas vendre les hardes de votre mère; combien comptiez-vous en avoir? — Six ducats, dit-elle. — Permettez que je vous en prête douze, jusqu'à ce que nous ayons vu le succès de nos soins. » A ces mots, la jeune fille vole chez elle, remet à sa mère les douze ducats avec les hardes, et lui fait part des espérances qu'un seigneur inconnu vient de lui donner; elle le dépeint, et des parents qui l'écoutaient reconnaissent l'empereur dans tout ce qu'elle en dit. Désespérée d'avoir parlé si librement, elle ne peut se résoudre à aller le lendemain au château; ses parents l'y entraînent; elle y arrive tremblante, voit son souverain dans son bienfaiteur, et s'évanouit. Cependant le prince, qui avait demandé, la veille, le nom de son père et celui du régiment dans lequel il avait servi, avait pris des informations, et avait trouvé que tout ce qu'elle lui avait dit était vrai. Lorsqu'elle eut repris ses sens, l'empereur la fit entrer avec ses parents dans son cabinet, et lui dit de la manière la plus obligeante : « Voilà, Mademoiselle, pour madame votre mère, le brevet d'une pension égale aux appointements qu'avait monsieur votre père, dont la moitié sera reversible sur vous, si vous avez le malheur de la perdre : je suis fâché de n'avoir pas appris plus tôt votre situation, j'aurais adouci votre sort. » Depuis cette époque, ce prince fixa un jour par semaine, où tout le monde était admis à son audience.

ANECDOTE SUR LES EFFETS DE L'ÉLOQUENCE DE MASSILLON.

Massillon dut moins à des syllogismes qu'à des mouvements les prodiges que l'antiquité doit envier à l'éloquence moderne. Lorsqu'il peint le petit nombre des élus, un frémissement agite ses nombreux auditeurs; la crainte resserre leur cœur, décolore leur visage, défigure leurs traits; un saisissement de frayeur s'empare de plus de trois mille hommes, qui se lèvent tous par un mouvement involontaire. Cette anecdote a été transcrite dans presque tous les ouvrages modernes qui traitent de l'éloquence; mais il est un trait qui ne fait pas moins d'honneur à Massillon, et qui n'est pas assez connu.

Le fameux Rollin conduit les pensionnaires du collége de Beauvais à Saint-Leu, où l'orateur devait prêcher sur la *sainteté du chrétien;* ces enfants, en écoutant ce nouveau Chrysostome, les yeux tantôt baissés, tantôt fixés sur le ministre de la divine parole, oublient la légèreté que semble excuser leur âge parce qu'elle le caractérise; ils retournent à leur école dans un silence profond, qui étonne et inquiète tous les passants; plusieurs de ces élèves se condamnent à des mortifications dont on est obligé d'adoucir la rigueur. Si Massillon n'eût parlé qu'à leur esprit, aurait-il fait cette impression sur leurs cœurs?

LA PROBITÉ RÉCOMPENSÉE.

Perrin avait reçu le jour en Bretagne, dans un village auprès de Vitré. Né pauvre et ayant perdu son père et sa mère avant de pouvoir en bégayer les noms, il dut sa subsistance à la charité publique : il apprit à lire et à écrire;

son éducation ne s'étendit pas plus loin. A l'âge de quinze ans, il servit dans une petite ferme, où on lui confia le soin des troupeaux. Lucette, une jeune paysanne du voisinage, fut, dans le même temps, chargée de ceux de son père; elle les conduisait dans les pâturages, où elle voyait souvent Perrin, qui lui rendait tous les petits services qu'on peut rendre à son âge et dans sa situation. L'habitude de se voir, leurs occupations, leur bonté mutuelle, leurs soins officieux les attachèrent l'un à l'autre. Perrin se proposa de demander Lucette en mariage à son père. Lucette y consentit, mais elle ne voulut pas être présente à cette visite. Elle devait aller le lendemain à la ville : elle pria Perrin de choisir cet instant, et de venir le soir au-devant d'elle, pour lui apprendre comment il aurait été reçu.

Le jeune homme, au temps marqué, vola chez le père de Lucette, et lui déclara avec franchise qu'il aimait sa fille et qu'il voudrait bien l'épouser. « Tu aimes ma fille! interrompit brusquement le vieillard; tu voudrais l'épouser! Y songes-tu, Perrin? comment feras-tu? As-tu des habits à lui donner, une maison pour la recevoir, et du bien pour la nourrir? Tu sers, tu n'as rien; Lucette n'est pas assez riche pour fournir à ton entretien et au sien. Perrin, ce n'est pas ainsi qu'on se met en ménage. — J'ai des bras, je suis fort, on ne manque jamais de travail quand on l'aime; et que ne ferais-je pas quand il s'agira de soutenir Lucette! jusqu'à présent j'ai gagné cent écus tous les ans, j'en ai amassé vingt, ils feront les frais de la noce : j'en travaillerai davantage : mes épargnes augmenteront; je pourrai prendre une petite ferme : les plus riches habitants de notre village ont commencé comme moi, pourquoi ne réussirais-je pas comme eux? — Eh bien! tu es jeune, tu peux attendre encore; deviens riche, et ma fille est à toi; mais jusqu'à ce moment ne m'en parle pas. »

Perrin ne put obtenir d'autre réponse. Il courut chercher Lucette, il la rencontra bientôt; il était triste; elle lut sur son visage la nouvelle qu'il venait lui annoncer. « Mon père t'a donc refusé? — Ah! Lucette, que je suis malheureux d'être né si pauvre! mais je n'ai pas perdu toute espérance, ma situation peut changer : ton mari n'aurait rien épargné pour te procurer de l'aisance, ferais-je moins pour devenir ton mari? »

En parlant ainsi, ils étaient toujours sur la route de Vitré, la nuit qui s'avançait les pressait de regagner leurs maisons; ils allaient fort vite. Perrin fait un faux pas, et tombe; en se relevant, ses mains cherchent ce qui a causé sa chute; c'était un sac assez pesant; il le ramasse. Curieux de savoir ce qu'il contient, il entre avec Lucette dans un champ où brûlaient encore des racines, auxquelles les laboureurs avaient mis le feu pendant le jour; et à la clarté qu'elles répandent, il ouvre le sac, et y trouve de l'or. « Que vois-je! s'écria Lucette. Ah! Perrin, tu es devenu riche. — Quoi! Lucette, le Ciel, favorable à nos désirs, m'aurait-il envoyé de quoi satisfaire ton père, et nous rendre heureux? » Cette idée verse la joie dans leurs âmes; ils contemplent avidement leur trésor : puis ils se mettent en chemin pour aller sur-le-champ le montrer au vieillard; ils étaient près de sa maison, lorsque Perrin s'arrête. « Nous n'attendons notre bonheur que de cet or, dit-il à Lucette, mais est-il à nous? Sans doute il appartient à quelque voyageur? la foire de Vitré vient de finir; un marchand, en retournant chez lui, l'a vraisemblablement perdu; dans ce moment, où nous nous livrons à la joie, il est peut-être en proie au désespoir le plus affreux. — Ah! Perrin! ta réflexion est terrible. Le malheureux gémit sans doute, pouvons-nous jouir de son bien? Le hasard nous l'a fait trouver, mais le retenir est un vol. — Tu me fais frémir!...... Nous allions le porter à ton père, il nous aurait rendus heureux... Mais peut-on l'être du malheur d'autrui? Allons voir M. le recteur (c'est le nom que les Bretons donnent à leurs curés) : il a toujours eu mille bontés pour moi, il m'a placé dans la ferme, et je ne dois rien faire sans le consulter. »

Le recteur était chez lui; Perrin lui remit le sac qu'il avait trouvé, et avoua qu'il l'avait regardé d'abord comme un présent du Ciel; il ne cacha pas son amitié pour Lucette et l'obstacle que sa pauvreté mettait à leur union. Le pasteur l'écoute avec bonté; il les regarde l'un et l'autre; leur procédé l'attendrit; il voit toute l'ardeur de leur tendresse, et admire la probité qui lui est encore supérieure; il applaudit à leur action. « Perrin, conserve toujours les mêmes sentiments, le Ciel te bénira; nous retrouverons le maître de cet or, il récompensera ta probité; j'y joindrai quelques-unes de mes épargnes; tu épouseras Lucette, je me charge d'obtenir l'aveu de son père : vous méritez d'être l'un à l'autre. Si l'argent que tu déposes entre mes mains n'est point réclamé, c'est un bien qui appartient aux pauvres; tu l'es : je croirai suivre l'ordre du Ciel en te le rendant, il en a déjà disposé en ta faveur. »

Les deux jeunes gens se retirèrent satisfaits d'avoir fait leur devoir, et remplis des douces espérances qu'on leur donnait. Le recteur fit crier dans sa paroisse le sac qu'on avait perdu; il le fit ensuite afficher à Vitré et dans tous les villages voisins. Plusieurs hommes avides se présentèrent; mais aucun n'indiqua la somme, ni l'espèce de monnaie, ni le sac qui la contenait.

Pendant ce temps, le recteur n'oublia pas qu'il avait promis à Perrin de s'occuper de son bonheur; il lui fit avoir une petite ferme, la monta des bestiaux et des instruments nécessaires au labourage, et, deux mois après, il le maria avec Lucette. Les deux époux, au comble de leurs vœux, remercièrent avec ardeur le Ciel et le recteur. Perrin était laborieux, Lucette s'occupait de son ménage; ils étaient exacts à payer le propriétaire de leur ferme; ils vivaient médiocrement du surplus, et se trouvaient heureux.

L'or perdu ne fut point réclamé pendant deux ans; le recteur ne jugea pas qu'il fallût attendre davantage; il le porta au couple vertueux qu'il avait uni. « Mes enfants, leur dit-il, jouissez du bienfait de la Providence, et n'en abusez pas; ces douze mille livres sont actuellement sans produit, vous pouvez en faire usage; si par hasard vous en découvrez le maître, vous devez sans doute les lui rendre : faites-en un emploi qui, les changeant seulement de nature, n'en diminue point la valeur. » Perrin suivit ce conseil : il se proposa d'acquérir la ferme qu'il tenait à bail; elle était à vendre; on l'estimait un peu plus de douze mille livres; mais, en payant comptant, on pouvait espérer de l'avoir à ce prix : cet argent, qu'ils ne regardaient que comme un dépôt, ne pouvait être mieux placé, et si le maître se retrouvait un jour, il n'aurait pas à se plaindre.

Le recteur approuva ce projet; l'acquisition fut bientôt faite; le fermier, devenu propriétaire, donna une plus grande valeur à son terrain; ses champs, mieux cultivés, devinrent plus fertiles : il vécut dans cette douce aisance qu'il avait eu l'ambition de procurer à Lucette. Deux enfants bénirent successivement leur union, ils prenaient plaisir à se voir revivre dans ces tendres gages de leur amour. En revenant des champs, Perrin trouvait sa femme qui venait au-devant de lui et lui présentait ses enfants; il es embrassait l'un et l'autre; l'un essuyait la sueur dont son front était couvert, l'autre essayait de le soulager du poids du hoyau qu'il portait. Perrin souriait de ses faibles efforts, et rendait grâces au Ciel, qui lui avait donné une épouse tendre et des enfants qui lui ressemblaient.

Quelques années après, le vieux recteur mourut; Perrin et Lucette le pleurèrent; ils songeaient avec attendrissement à ce qu'ils lui devaient. Cet événement les fit réfléchir sur eux-mêmes. « Nous mourrons aussi, disaient-ils; notre ferme restera à nos enfants, elle n'est pas à nous; si celui à qui elle appartient revenait, il en serait privé pour toujours; nous emporterions le bien d'autrui au tombeau. » Ils ne pouvaient soutenir cette idée : leur délicatesse leur fit écrire une déclaration, qu'ils déposèrent entre les mains du nouveau recteur, et qu'ils firent signer par les plus notables habitants du village : cette précaution, qu'ils jugeaient nécessaire pour assurer une restitution à laquelle ils croyaient leurs enfants obligés, les tranquillisa.

Il y avait dix ans qu'ils étaient établis. Perrin, après un travail pénible, revenait un jour dîner avec son épouse; il vit passer sur la grande route deux hommes dans une voiture qui versa à quelques pas de lui; il courut porter du secours, et il offrit les chevaux de sa charrue pour transporter les malles; il pria les voyageurs de venir se reposer chez lui : ils n'étaient point blessés. « Ce lieu m'est bien funeste, s'écria l'un d'eux; je n'y puis passer sans éprouver des malheurs : j'ai fait, il y a douze ans, une perte assez considérable : je revenais de la foire de Vitré, j'emportais douze mille francs en or, que j'ai perdus. — Comment, lui dit Perrin, qui l'écoutait avec attention, avez-vous négligé de faire des recherches pour les retrouver? — Cela ne me fut pas possible; je me rendais à Lorient, où je devais m'embarquer pour les Indes; le temps pressait; le vaisseau, prêt à mettre à la voile, ne m'aurait pas attendu; je ne pus faire de perquisitions, sans doute inutiles, qui, en retardant mon départ, m'auraient apporté un préjudice beaucoup plus grand que la perte que j'avais faite. »

Ce discours fit tressaillir Perrin; il s'empresse davantage auprès du voyageur; il le conjure d'accepter l'asile qu'il lui offre. Sa maison était la plus prochaine et la plus propre habitation du village : on cède à ses instances; il marche le premier pour montrer le chemin ; il rencontre bientôt sa femme, qui, selon l'usage, venait au-devant de lui ; il lui dit d'aller promptement préparer un dîner pour ses hôtes : en attendant le repas, il leur présente des rafraîchissements, et fait tomber la conversation sur la perte dont l'un s'est plaint ; il ne doute point que ce ne soit à lui qu'il doit une restitution. Il va chercher le nouveau recteur, l'informe de ce qu'il vient d'apprendre, l'invite à partager le dîner de ses hôtes et à leur tenir compagnie. Celui-ci l'accompagne et ne cesse d'admirer la joie que ce bon paysan a d'une découverte qui doit le ruiner.

On dîne : les voyageurs satisfaits ne savent comment reconnaître l'accueil que leur fait Perrin ; ils admirent son petit ménage, son bon cœur, sa franchise, l'air ouvert de Lucette, sa candeur, son activité ; ils caressent les enfants ; Perrin, après le repas, leur montre sa maison, son potager, sa bergerie, ses bestiaux, les entretient de ses champs et de leur produit. « Tout cela vous appartient, dit-il ensuite au premier voyageur ; l'or que vous avez perdu est tombé entre mes mains ; voyant qu'il n'était pas réclamé, j'en ai acheté cette ferme, dans le dessein de la remettre un jour à celui qui y a de véritables droits ; elle est à vous : si j'étais mort avant de vous trouver, M. le recteur a un écrit qui constate votre propriété. »

L'étranger, surpris, lit l'écrit qu'il lui remet : il regarde Perrin, Lucette et ses enfants : « Où suis-je ? s'écrie-t-il enfin, et que viens-je d'entendre ? quel procédé ! quelle vertu ! quelle noblesse, et dans quel état les trouvé-je ! Avez-vous quelque autre bien que cette ferme ? ajouta-t-il. — Non ; mais si vous ne la vendez pas, vous aurez besoin d'un fermier, et j'espère que vous me donnerez la préférence. — Votre probité mérite une autre récompense : il y a douze ans que j'ai perdu la somme que vous avez trouvée ; depuis ce temps, Dieu a béni mon commerce : il s'est étendu, il a prospéré ; je ne me suis pas longtemps aperçu de ma perte ; cette restitution aujourd'hui ne me rendrait pas plus riche : vous méritez cette petite fortune ; la Providence vous en a fait présent, ce serait l'offenser que de vous l'ôter ; conservez-la, je vous la donne ; vous pouvez la garder, je ne la réclamerai point ; quel homme eût agi comme vous ! »

Il déchira aussitôt l'écrit qu'il tenait dans ses mains. « Une si belle action, ajouta-t-il, ne doit point être ignoré; il n'est pas besoin de nouvel acte pour assurer ma cession, votre propriété est celle de vos enfants; je le ferai cependant écrire, pour perpétuer le souvenir de vos sentiments et de votre honnêteté. »

Perrin et Lucette tombèrent aux pieds du voyageur; il les releva et les embrassa. Un notaire, qui fut mandé, écrivit cet acte, le plus beau qu'il eût rédigé de sa vie. Perrin versait des larmes de tendresse et de joie. « Mes enfants, s'écria-t-il, baisez la main de votre bienfaiteur; Lucette, ce bien est à nous, et nous pouvons en jouir sans trouble et sans remords. »

DU COURAGE DE L'AMITIÉ.

Deux matelots, l'un Espagnol et l'autre Français, étaient dans les fers à Alger; le premier s'appelait Antonio, Roger était le nom de son compagnon d'esclavage. Le hasard voulut qu'ils fussent employés aux mêmes travaux. L'amitié est la consolation des malheureux; Antonio et Roger en éprouvèrent toutes les douceurs; ils se communiquèrent leurs peines et leurs regrets; ils parlaient ensemble de leur famille, de leur patrie, de la joie qu'ils ressentiraient si jamais ils étaient libres; ils pleuraient enfin dans le sein l'un de l'autre, et cet adoucissement leur suffisait pour porter leurs chaînes avec plus de courage et pour soutenir les fatigues auxquelles ils étaient condamnés.

Ils travaillaient à la construction d'un chemin qui traversait une montagne. L'Espagnol un jour s'arrête, laisse tomber languissamment ses bras, et jette un long regard sur la mer : « Mon ami, dit-il à Roger avec un profond soupir, tous mes vœux sont au bout de cette vaste étendue d'eau : que ne puis-je la franchir avec toi? Je crois toujours voir ma femme et mes enfants qui me tendent les bras du rivage de Cadix, ou qui donnent des larmes à ma mort. » Antonio était absorbé dans cette image accablante; chaque fois qu'il revenait à la montagne, il promenait sa vue mélancolique sur cet immense espace qui le séparait de son pays; il éprouvait les mêmes regrets.

Un jour, il embrasse avec transport son camarade. « J'aperçois un vaisseau, mon ami; tiens, regarde, ne le vois-tu pas comme moi? Il n'abordera pas ici, parce qu'on évite les parages barbaresques; mais demain, si tu veux, Roger, nos maux finiront, nous serons libres. Oui, demain ce navire passera à environ deux lieues du rivage, et alors du haut de ces rochers nous nous précipiterons dans la mer, et nous atteindrons le vaisseau, ou nous périrons; la mort n'est-elle pas préférable à une cruelle servitude? — Si tu peux te sauver, répond Roger, je supporterai avec plus de résignation mon malheureux sort; tu n'ignores pas, Antonio, combien tu m'es cher; cette amitié, qui m'attache à toi, ne finira qu'avec ma vie; je ne te demande qu'une seule grâce, mon ami : va trouver mon père..... si le chagrin de ma perte et sa vieillesse ne l'ont pas fait mourir, dis-lui.... — Que j'aille trouver ton père, mon cher Roger! eh! que prétends-tu faire? me serait-il possible d'être heureux, de vivre un seul instant si je te laissais dans les fers?..... Mais, Antonio, je ne sais pas nager, et tu le sais, toi. — Je sais t'aimer, repart l'Espagnol en fondant en larmes, serrant avec chaleur Roger contre sa poitrine; mes jours sont les tiens, nous nous sauverons tous deux; va, l'amitié me donnera des forces, tu te tiendras attaché à cette ceinture. — Il est inutile, Antonio, d'y penser; je ne saurais m'exposer à faire périr mon ami; cette idée seule m'inspire de l'horreur; cette ceinture m'échapperait, ou je t'entraînerais avec moi; je serais la cause de ta perte. — Eh bien! Roger, nous..... Mais pourquoi ces craintes? Je te l'ai dit : l'amitié soutiendra mon courage; je t'aime trop pour qu'elle ne fasse pas des miracles; cesse de combattre mon dessein, je l'ai résolu; je m'aperçois que les monstres qui nous gardent nous épient; il y a de nos compagnons mêmes qui seraient assez lâches pour nous trahir. Adieu! j'entends la cloche qui nous rappelle, il faut nous séparer; adieu, mon cher Roger, à demain. »

Ils sont renfermés dans leur bagne. Antonio était rempli de son projet : il se voyait déjà franchissant la Méditerranée, libre et dans le sein de ses compatriotes : il était dans les bras de sa femme et de ses enfants. Roger se présentait un tableau bien différent : son ami, victime de sa générosité, emporté avec lui au fond de la mer, périssant enfin, quand peut-être, en ne s'occupant que de sa seule conservation, il eût pu se sauver et être rendu à une famille qui, selon les apparences, gémissait et souffrait de son esclavage. « Non, se disait dans son cœur l'infortuné Français, je ne céderai point aux sollicitations d'Antonio; je ne lui causerai point la mort pour prix de cette amitié si généreuse qu'il m'a vouée : il sera libre, mon malheureux père apprendra du moins que je vis encore, que je l'aime toujours : hélas! je devais être l'appui de sa vieillesse, le consoler; je lui étais nécessaire; peut-être, dans ce moment, expire-t-il dans l'indigence, en désirant de voir et d'embrasser son fils... Allons, qu'Antonio soit heureux, je mourrai avec moins de douleur. »

On ne vint point le lendemain, à l'heure ordinaire, tirer les esclaves de la prison. L'Espagnol était dévoré d'impatience, et Roger ne savait s'il devait se réjouir ou s'affliger de ce contre-temps. Enfin on les rend à leurs travaux; ils ne pouvaient se parler; leur maître, ce jour-là, les avait accompagnés. Antonio se contentait de regarder Roger et de soupirer; quelquefois il lui montrait des yeux la mer, et ne pouvait à cet aspect contenir des mouvements qui étaient près de lui échapper. Le soir arrive, ils se trouvent seuls : « Saisissons le moment, s'écrie l'Espagnol, en s'adressant à son compagnon, viens. — Non, mon ami, jamais je ne pourrai me résoudre à exposer ta vie; adieu! adieu!..... Antonio, je t'embrasse pour la dernière fois; sauve-toi, je t'en conjure; ne perds pas de temps, souviens-toi toujours de notre amitié : je te prie seulement de me rendre le service que tu m'as promis à l'égard de mon père : il doit être bien vieux, bien à plaindre; va le consoler; s'il avait besoin de quelques secours.... mon ami....»

A ces mots Roger tomba dans les bras d'Antonio, en versant un torrent de pleurs; son âme était déchirée. « Tu pleures, Roger; ce ne sont pas des pleurs qu'il faut, c'est du courage; une minute de plus, nous sommes perdus; peut-être ne retrouverons-nous jamais l'occasion. »

Le Français se jette aux genoux de l'Espagnol, veut encore lui faire des représentations, lui montrer les risques infaillibles qu'il court, s'il s'obstine à vouloir le sauver avec lui; Antonio le regarde tendrement, l'embrasse, gagne le sommet d'un rocher, s'élance avec lui dans la mer. Ils vont d'abord au fond, reviennent ensuite au-dessus des flots. Antonio s'arme de toutes ses forces, nage en retenant Roger, qui semble s'opposer aux efforts de son ami, et craindre de l'entraîner dans sa chute.

Les personnes qui étaient dans le vaisseau restaient frappées d'un spectacle qu'elles ne pouvaient distinguer; elles croyaient qu'un monstre marin s'approchait du navire. Un nouvel objet détourne leur curiosité; on aperçoit une chaloupe qui s'empressait de quitter le rivage et de poursuivre avec précipitation ce qu'on avait pris pour quelque poisson monstrueux ; c'étaient des soldats préposés à la garde des esclaves, qui brûlaient de reprendre Antonio et Roger. Celui-ci les voit venir, et en même temps il jette les yeux sur son ami qui commençait à s'affaiblir, il fait un effort et se détache d'Antonio, en lui disant : « On nous poursuit, sauve-toi, et laisse-moi périr, je retarde ta course. » A peine a-t-il dit ces mots qu'il tombe au fond de la mer. Un nouveau transport d'amitié ranime l'Espagnol ; il s'élance vers le Français, le reprend au moment où il périssait, et tous les deux disparaissent.

La chaloupe, incertaine de quel côté poursuivre sa route, s'était arrêtée, tandis qu'une barque, détachée du navire, allait reconnaître ce qu'on n'avait fait qu'entrevoir ; les flots recommencent à s'agiter ; on distingue enfin deux hommes, dont l'un, qui tenait l'autre embrassé, s'efforçait de nager vers la barque. On fait force de rames pour voler à leur secours. Antonio est près de laisser échapper Roger ; il entend qu'on lui crie de cette barque, il serre son ami, fait de nouveaux efforts, et saisit d'une main défaillante un des bords de la barque. Il est près de retomber, on les retient tous deux ; les forces d'Antonio étaient épuisées, il n'a que le temps de s'écrier : « Qu'on porte du secours à mon ami, je me meurs, » et toutes les horreurs de la mort se répandent sur son visage. Roger, qui était évanoui, ouvre les yeux, lève la tête, et voit Antonio étendu à ses côtés, et ne donnant plus aucun signe de vie ; il s'élance sur son corps, l'embrasse, l'inonde de ses larmes, pousse mille cris. « Mon ami, mon bienfaiteur, c'est moi qui suis ton assassin ! mon cher Antonio, tu ne m'entends plus ; c'est donc là la récompense de m'avoir sauvé la vie ? Ah ! qu'on se hâte de me l'ôter, cette vie malheureuse : je ne puis plus la supporter, j'ai perdu mon ami. »

Le Ciel, qui sans doute est touché des larmes des hommes lorsqu'elles sont sincères, semble donner une marque signalée de sa bonté en faveur d'un sentiment si rare. Antonio jette un soupir, Roger pousse un cri de joie ; on se réunit à lui pour donner du secours au malheureux Espagnol ; enfin il lève un œil mourant ; ses premiers regards cherchent à se fixer sur le Français ; à peine l'a-t-il aperçu, qu'il s'écrie : « J'ai pu sauver mon cher Roger ! »

La barque arrive au vaisseau ; ces deux hommes inspirent une sorte de respect à l'équipage, tant la vertu a de droit sur tous les cœurs ! ils excitent un intérêt puissant; tous se disputent le plaisir de les obliger. Roger arriva en France, courut dans les bras de son père, qui pensa expirer d'un excès de joie, et fut nommé gondolier de Versailles. L'Espagnol, à qui on avait offert un poste très-avantageux pour un homme de son état, aima mieux rejoindre sa femme et ses enfants ; mais l'absence ne diminua rien de son amitié; il demeura en correspondance de lettres avec Roger. Ces lettres sont des chefs-d'œuvre de naïveté et de sentiment : on pourra un jour les rendre publiques, pour l'honneur d'un sentiment qui a produit tant d'actions héroïques.

LETTRE DE M. LE COMTE DE T*** CONCERNANT LA FAMILLE DES FLEURIOT, CONNUS EN LORRAINE SOUS LE NOM DE VALDAJOU.

A une lieue et demie de Plombières, et dans la partie des Vosges qui touche la Franche-Comté, un vallon assez spacieux, formé par plusieurs gorges réunies, montre un aspect riant, où l'on reconnaît une culture assidue et dirigée avec industrie.

Une seule famille, partagée en quatre ou cinq habitations, élevée dans les mêmes principes, reconnaissant un chef dans le plus ancien et le plus éclairé de ses membres, s'occupe sans cesse du bien public, de l'éducation de ses enfants, du soulagement des malheureux et de l'agriculture.

Cette famille, dont le nom est Fleuriot, est plus connue encore sous celui de Valdajou, nom que portent le pays et le hameau qu'elle habite.

Depuis très longtemps les chefs de cette famille ont exercé principalement la partie de chirurgie qui sert à réparer les fractures et les luxations des os. Leurs succès continuels leur ont mérité la réputation d'habileté; une grande piété, une charité immense leur ont bien justement acquis celle de gens vertueux.

Une modestie singulière, une tendresse vraiment fraternelle règnent dans cette heureuse famille, qui est maintenant assez nombreuse et assez éloignée de sa souche commune, pour ne plus contracter d'alliances étrangères.

Le feu duc Léopold, touché des vertus constantes des

Fleuriot, et reconnaissant que, dans tous leurs actes, ils avaient sans cesse mérité la couronne civique, et avaient prouvé la noblesse de leur âme par leurs bienfaits et leur désintéressement, Léopold voulut les anoblir.

Les familles s'assemblèrent, et les chefs, d'une voix unanime, remercièrent leur souverain de la grâce qu'il voulait leur faire, et se dispensèrent de l'accepter... « Nos enfants, dirent-ils dans leur réponse également sage et soumise, nos enfants ne penseront peut-être pas comme nous : enivrés de leur noblesse, ils se dispenseront de servir les pauvres; ils dédaigneront de cultiver nos héritages; la bénédiction de Dieu ne se répandra plus sur leurs travaux ; ils se désuniront, ils cesseront d'être heureux. » Ils refusèrent donc les lettres de noblesse qu'on leur offrait, et celle de leur âme n'a jamais dégénéré.

Le succès presque prodigieux des cures opérées par les Fleuriot a souvent excité l'envie et la jalousie de leurs voisins.

La première fois que j'allai à Plombières, je m'informai particulièrement de cette famille. Je commandais alors dans cette partie de la Lorraine; il me fut aisé d'approfondir les détails que je voulais connaître.

Les uns me parlèrent des Fleuriot avec autant d'amour que d'admiration; un très petit nombre de gens, que je croyais devoir être les plus éclairés, voulut jeter un vernis de superstition et d'ignorance sur la manière avec laquelle les Fleuriot en usaient dans leurs opérations. Je crus cependant les rapports qui leur étaient les plus favorables; je me fis un honneur et un devoir d'examiner les faits par moi-même, pour me mettre en droit de les dévoiler.

Une étude assez suivie que j'ai faite, dès ma jeunesse, de l'anatomie, me mettait à la portée de distinguer la science réelle d'avec le prestige.

Je fus au Valdajou, sans faire annoncer mon arrivée; un habit uni, un seul domestique qui me suivait, tout ne leur annonça que l'abord d'un étranger arrivé par hasard au milieu de leurs habitations.

Tout m'édifia, tout m'attendrit en entrant dans une de leurs premières maisons; je me refuse avec peine au plaisir de décrire la propreté et l'ordre qui y régnaient, l'honnêteté de ceux qui l'habitaient; j'y reconnus tous les traits les plus simples et les plus touchants de la véritable hospitalité. Mon but était de connaître le degré d'instruction où les plus habiles étaient parvenus dans un art fondé sur une science exacte et réelle. Après m'être rafraîchi, et avoir admiré tout ce qui était du ressort de l'économie rurale et du gouvernement intérieur de la famille, je demandai s'ils avaient quelques livres. Ils me dirent que leurs livres étaient rassemblés dans une maison peu distante qu'occupait un des anciens chefs de la famille. Ils m'y conduisirent ; j'y fus reçu par un homme âgé, respectable, et qui, sous un air rustique, me montra des mœurs douces et polies. Il me fut facile d'entrer en matière avec lui ; je lui demandai quels principes de son art il avait étudiés. Il me répondit : « Les bons livres, la nature et l'expérience ont été les seuls maîtres de mes pères ; je n'en ai pas eu d'autres, et cette tradition passera à mes enfants. » Il m'ouvrit alors un grand cabinet simplement orné, mais riche par ce qu'il contenait. J'y trouvai les meilleurs livres de chirurgie, anciens et modernes, qui soient connus ; j'y trouvai des squelettes d'hommes et de femmes, de quatre ou cinq âges différents ; des squelettes démontés, dont les pièces, confondues ensemble, pouvaient être rejointes et montées par une main experte ; j'y trouvai des mannequins artistement faits, qui offraient une myologie complète.

« C'est ici, me dit-il, que nous nous formons à la science nécessaire pour soulager nos frères ; nous apprenons en même temps à nos enfants à lire et à connaître ce qu'ils lisent. Ceux qui ont de la disposition connaissent ces os, ces muscles, avant l'âge de dix ans ; ils savent les démonter et replacer chaque pièce. Voici une grande armoire où toutes les espèces de bandages et de ligatures, propres aux différentes parties, sont étiquetées, et où leur usage est défini. Nous leur apprenons de bonne heure à joindre la pratique à la théorie : la plupart de ces chèvres que vous voyez, nos chiens même en sont souvent les victimes : l'espèce de cruauté que nous exerçons sur ces animaux en éteint le germe dans le cœur de nos enfants, que nous excitons à devenir sensibles à leurs plaintes et à les soulager ; bientôt ils apprennent à les guérir : voilà toutes les leçons que j'ai reçues, celles que nous donnons à nos enfants, et la bénédiction de Dieu se répand sur nos soins. »

Je ne pus exprimer le respect et l'attendrissement dont je me sentis saisi : j'embrassai ce vertueux vieillard ; je me fis connaître, et le priai de me dire si je pouvais lui être utile, à lui ou à quelqu'un de sa famille.

Il étendit la main vers les habitations, les champs et les jardins qui les entouraient : « Ce que vous voyez, me dit-il, suffit à nos besoins; la Providence a béni nos soins, et nous avons même de quoi soulager les malheureux; ce qu'on nous offrirait au delà de nos petits frais nécessaires nous serait inutile; il nous deviendrait peut-être nuisible, en excitant la cupidité de nos enfants. Mais, Monsieur, ajouta-t-il, vous avez le bonheur d'être grand officier de Stanislas, notre cher et auguste souverain; daignez lui dire que toutes nos familles élèvent leurs vœux au ciel pour la conservation de ses jours précieux, et que les Fleuriot ne cesseront jamais de travailler à se rendre utiles aux malheureux, pour mériter d'être comptés dans le nombre des meilleurs sujets du plus bienfaisant de tous les souverains. »

ORAISON FUNÈBRE D'UN PAYSAN.

Ce ne sont pas toujours les grands surchargés d'honneurs et de titres, ni les riches, fiers de leur opulence, qui laissent à leur mort le plus grand vide dans la société et les regrets les plus cuisants à effacer; ce sont ces âmes paisibles, tendres, douces, honnêtes, qui savent secourir sans faire valoir leurs services; ces hommes officieux qui savent obliger sans avilir le plus noble des sentiments par la plus lâche des passions, l'intérêt; ce sont ces hommes utiles, par qui les autres existent et qu'on dédaigne, qui méritent à leur mort les regrets des cœurs sensibles; et tel fut celui qui fixa l'attention publique dans le village où je me trouvais par hasard il y a quelques jours. Je fus fort étonné de voir tous les habitants de ce village, les yeux baignés de larmes, l'air triste et consterné, entrer silencieusement dans l'église. Ce spectacle me frappa; je les suivis. Je vis, au milieu d'un temple lugubre, le cadavre d'un vieillard habillé en paysan, dont les cheveux blancs et l'air encore respectable annonçaient la candeur. Quand tous les assistants furent placés, le ministre du lieu monta en chaire, et prononça cette courte oraison funèbre que je gravai dans ma mémoire.

« Mes chers concitoyens, l'homme que vous voyez n'était rien moins que riche, et cependant il a été, pendant près de quatre-vingt-dix années, le bienfaiteur de ses semblables : il était fils d'un laboureur; dans la plus tendre jeunesse, ses faibles mains s'essayèrent à conduire sa charrue; ses jambes n'eurent pas plutôt acquis la force nécessaire, qu'on le vit suivre son père dans les sillons qu'il traçait. Aussitôt que son corps eut pris son développement, et qu'il put se flatter d'être assez instruit, il se chargea du travail de son père, afin que celui-ci se reposât. Depuis ce jour, le soleil l'a toujours trouvé dans les champs ou dans les jardins, occupé à labourer, ou à semer, ou à planter, ou à voir recueillir aux autres la récompense de son industrie. Il a défriché, pour les autres, plus de deux mille arpents d'un terrain ingrat, qui paraissait voué à la stérilité, qui rapporte maintenant, et, sans lui, continuera de rapporter dorénavant, parce qu'il l'a mis en valeur. C'est lui qui a planté la vigne qu'on voit avec tant de surprise dans ce canton; c'est lui qui a planté ces arbres fruitiers qui ornent et enrichissent ce village. Ce ne fut pas par avarice qu'il fut infatigable, je vous l'ai dit : ce n'était pas pour lui qu'il semait et qu'il labourait, c'était par amour pour le travail, et pour obliger les hommes, même ceux qui le désobligeaient, qu'il ne cessa de travailler. Il avait deux principes dont il ne se départit jamais : le premier, que l'homme est fait pour travailler; le second, que Dieu bénit le travail de l'homme, ne fût-ce que par l'intérieure satisfaction de l'homme voué au travail. Il se maria vers la fin du printemps de son âge; il eut une femme qu'il aima plus que lui-même, des enfants qu'il chérit autant que son épouse : son sort, ni sa situation gênée ne l'inquiétaient point; c'était le sort de sa femme et de vingt enfants : il les éleva au travail et à la vertu, et eut soin, à mesure qu'ils sortaient de l'adolescence, de les marier à des femmes honnêtes et laborieuses; c'était lui qui, la joie peinte sur le front, les conduisait au pied des autels. Tous ces petits-fils ont été élevés sur les genoux de leur grand-père, et vous savez, chers auditeurs, qu'il n'est aucun d'eux qui ne donne les plus belles espérances. Les jours de réjouissance, il était le premier à faire annoncer le moment des divertissements, et sa voix, ses gestes, ses regards respiraient, inspiraient la gaieté. Vous vous souvenez tous de sa candeur, du bon sens et du jugement qui caractérisaient ses propos : il aimait l'ordre par un sentiment intérieur; il ne refusait ses services à personne; il s'affectait des calamités publiques, des malheurs particuliers; il aimait sa patrie, et son cœur ne cessait de faire des souhaits pour sa prospérité ; il haïssait les méchants et vivait avec eux comme s'ils eussent été gens de bien ; ils le trompaient ; il ne l'ignorait pas, et leur laissait l'avilissante satisfaction de croire qu'il ne s'apercevait pas qu'on abusait indignement de sa bonne foi : ils le trompaient encore, il gardait le silence, et restait, en apparence, aussi paisible qu'il le pouvait. Ce fut ainsi que, déçu de ses espérances, il parvint à la vieillesse ; ses jambes tremblaient sous le poids de son corps ; il gravissait les montagnes, pour conduire ses petits-fils et leur donner des instructions d'après sa longue expérience. Sa mémoire le servait fidèlement, et il se rappelait à propos les observations utiles qu'il avait eu occasion de faire pendant le cours de sa longue vie. Il était l'arbitre des gens de bien ; sa probité ne fut jamais suspectée, même par ceux qu'il condamnait. La veille de sa mort, il rassembla sa postérité, et dit : « Mes enfants, je vais me réunir à celui qui est la source de tout bien, je le posséderai perpétuellement ; je meurs sans chagrin et sans regret. Que mon enterrement ne vous occupe pas ; ne vous détournez pas des travaux plus pressants ; continuez les opérations de la journée, et portez-moi en terre après le coucher du soleil. »

« Mes chers auditeurs, mes amis, mes enfants, dit le pasteur en terminant cette oraison funèbre, avant de confier à la terre ces cheveux blancs qui ont été si longtemps l'objet de votre juste vénération, considérez la dureté de ses mains, considérez les marques honorables de son travail. » Alors le ministre, descendant de la chaire, souleva une des mains du cadavre, et cette main, d'un volume considérable, semblait invulnérable à la pointe des ronces ou au tranchant du caillou ; il la baisa respectueusement, et toute l'assemblée en fit autant. Des enfants le portèrent en terre, étendu sur trois bottes de paille, et l'on plaça sur sa tombe un plantoir, une bêche et un soc.

JEANNOT ET COLIN.

Toutes les grandeurs de ce monde ne valent pas un bon ami.

Jeannot et Colin apprenaient à lire chez le magister du même village. Jeannot était fils d'un marchand de mulets, et Colin devait le jour à un brave laboureur. Ces deux jeunes enfants s'aimaient beaucoup, et ils avaient ensemble les petites familiarités dont on se ressouvient toujours avec agrément quand on se rencontre ensuite dans le monde.

Le temps de leurs études était sur le point de finir, quand un tailleur apporta à Jeannot un habit de velours de diverses couleurs, avec une veste de Lyon de fort bon goût; le tout était accompagné d'une lettre à monsieur de la Jeannotière. Colin admira l'habit, et ne fut point jaloux; mais Jeannot prit un air de supériorité qui affligea Colin. Dès ce moment, Jeannot n'étudia plus, se regarda au miroir, et méprisa tout le monde. Quelque temps après, un valet de chambre arrive en poste, et rapporte une seconde lettre à monsieur le marquis de la Jeannotière; c'était un ordre de monsieur son père, de faire venir monsieur son fils à Paris. Jeannot monta en chaise en tendant la main à Colin, avec un sourire de protection assez noble. Colin sentit son néant et pleura. Jeannot partit dans toute la pompe de sa gloire.

Il faut savoir que M. Jeannot père, à force d'intrigues, avait acquis assez rapidement des biens immenses dans les entreprises; bientôt on ne l'appela que monsieur de la Jeannotière; il y avait même déjà six mois qu'il avait acheté un marquisat lorsqu'il retira de l'école monsieur le marquis son fils, pour le mettre à Paris dans le beau monde.

Colin, toujours tendre, écrivit une lettre de compliments à son ancien camarade; le petit marquis ne lui fit pas de réponse : Colin en fut malade de douleur.

Monsieur de la Jeannotière voulut donner une éducation brillante à son fils; mais madame la marquise ne voulut pas qu'il apprît le latin, parce qu'on ne jouait la comédie et l'opéra qu'en français : elle empêcha aussi qu'on ne lui apprît la géographie, parce que, disait-elle, les postillons sauraient bien trouver, sans qu'il s'en embarrassât, le chemin de ses terres. Après avoir examiné de cette manière toutes les sciences utiles, il fut décidé que le jeune marquis apprendrait à danser.

On imagine bien qu'éloigné de toutes les études qui doivent occuper un jeune homme, il fut bientôt conduit par l'oisiveté dans le libertinage. Il dépensa des sommes immenses à rechercher de faux plaisirs, pendant que ses parents s'épuisaient encore davantage à vivre en grands seigneurs.

Une jeune veuve de qualité, qui n'avait qu'une fortune

médiocre, voulut bien se résoudre à mettre en sûreté les grands biens de monsieur et de madame de la Jeannotière, en se les appropriant et en épousant le jeune marquis. Une vieille voisine proposa le mariage. Les parents, éblouis de la splendeur de cette alliance, acceptèrent avec joie la proposition. Tout était déjà prêt pour les noces, et le jeune marquis, aux genoux de sa belle, recevait déjà les compliments de leurs amis communs, lorsqu'un valet de chambre de sa mère arriva tout effaré. « Voici bien d'autres nouvelles, dit-il; des huissiers déménagent la maison de monsieur et de madame; tout est saisi par des créanciers : on parle de prise de corps, et je vais faire mes diligences pour être payé de mes gages. — Voyons un peu, dit le marquis, ce que c'est que ça. — Oui, ajouta la veuve, allez punir ces coquins, allez vite. » Il y court; il arrive à la maison : son père était déjà emprisonné, tous les domestiques avaient fui chacun de son côté, en emportant tout ce qu'ils avaient pu; sa mère était seule, sans secours, sans consolation, noyée dans les larmes; il ne lui restait rien que le souvenir de sa fortune et de ses folles dépenses.

Après que le fils eut longtemps pleuré avec la mère, il lui dit enfin : « Ne nous désespérons pas, cette jeune veuve m'aime éperdument! elle est plus généreuse encore que riche, je réponds d'elle; je vais la chercher, et je vous l'amène. » Il retourne donc chez sa maîtresse. « Quoi! c'est vous, lui dit-elle, monsieur de la Jeannotière? que venez-vous faire ici? Abandonne-t-on ainsi sa mère? Allez chez cette pauvre femme, et dites-lui que je lui veux toujours du bien; j'ai besoin d'une femme de chambre; je lui donnerai la préférence. »

Le marquis, stupéfait, la rage dans le cœur, alla chez ceux qu'il avait vus venir le plus familièrement dans la maison de son père; ils le reçurent tous avec une politesse étudiée, et en ne lui donnant que de vagues espérances. Il apprit mieux à connaître le monde dans une demi-journée que dans tout le reste de sa vie.

Comme il était plongé dans l'accablement du désespoir, il vit avancer une chaise roulante à l'antique, espèce de tombereau couvert avec des rideaux de cuir, suivie de quatre charrettes énormes, toutes chargées. Il y avait dans la chaise un jeune homme grossièrement vêtu; c'était un visage rond et frais, qui respirait la douceur et la gaieté : sa petite femme, brune et assez grossièrement agréable, était cahotée à côté de lui. La voiture n'allait pas comme le char d'un petit-maître. Le voyageur eut tout le temps de contempler le marquis immobile, abîmé dans sa douleur. « Eh! mon Dieu, s'écria-t-il, je crois que c'est là Jeannot. » A ce nom le marquis lève les yeux; la voiture s'arrête. C'est Jeannot lui-même, c'est Jeannot! le petit homme rebondi ne fait qu'un saut, et court embrasser son ancien camarade. Jeannot reconnut Colin, la honte et les pleurs couvrirent son visage. « Tu m'as abandonné, lui dit Colin, mais tu as beau être grand seigneur, je t'aimerai toujours. » Jeannot, confus et attendri, lui conta en sanglotant une partie de son histoire. « Viens dans l'hôtellerie où je loge me conter le reste, » lui dit Colin.

Ils vont tous trois à pied, suivis du bagage... « Qu'est-ce donc que tout cet attirail?.. Vous appartient-il? — Oui, tout est à moi et à ma femme; nous arrivons du pays, je suis à la tête d'une bonne manufacture de fer étamé et de cuivre; j'ai épousé la fille d'un riche négociant en ustensiles nécessaires aux grands et aux petits; nous travaillons beaucoup; Dieu nous bénit; nous n'avons point changé d'état, nous sommes heureux; nous aiderons notre ami Jeannot. Ne sois plus marquis; toutes les grandeurs de ce monde ne valent pas un bon ami. Tu reviendras avec moi au pays; je t'apprendrai le métier, il n'est pas bien difficile; je te mettrai de part, et nous vivrons gaiement dans le coin de la terre où nous sommes nés. »

Jeannot, éperdu, se sentait partagé entre la douleur et la joie, la tendresse et la honte, et il se disait tout bas : « Tous mes amis du bel air m'ont trahi, et Colin, que j'ai méprisé, vient seul à mon secours : quelle instruction! » La bonté d'âme de Colin développa dans le cœur de Jeannot le germe d'un bon naturel, que le monde n'avait pas encore étouffé; il sentit qu'il ne pouvait abandonner son père et sa mère. « Nous aurons soin de ta mère, dit Colin, et quant à ton bonhomme de père qui est en prison, j'entends un peu les affaires, et je me charge des siennes. » Il vint effectivement à bout de le tirer des mains de ses créanciers. Jeannot retourna dans sa patrie avec ses parents, qui reprirent leur première profession : il épousa une sœur de Colin, laquelle étant de même humeur que le frère, le rendit très-heureux; et Jeannot le père, et Jeannot la mère, et Jeannot le fils virent que le bonheur n'est point dans la vanité.

TRAIT CONSOLANT POUR L'HUMANITÉ.

Un jeune aspirant à l'état ecclésiastique, né pauvre et sans moyens, obligé de faire un voyage qui devait décider de son sort, et ne sachant comment l'entreprendre, crut devoir s'adresser à l'administration de l'hôpital de Poitiers: il pensait peut-être que, les hôpitaux étant destinés au soulagement de tous ceux qui souffrent, les administrateurs, par leur économie, peuvent chercher à se mettre en état de faire du bien indistinctement lorsque l'occasion s'en présente, parce que c'est toujours remplir le but de leur établissement. Comme cet infortuné exposait ses besoins à l'un des administrateurs, il entendit la voix d'un soldat malade et languissant dans un lit voisin, qui lui dit : « Monsieur l'abbé, j'ai vingt-une livres, en voilà dix-huit qui peuvent vous aider ; si je guéris, je trouverai bien le moyen de rejoindre mon régiment ; un peu de malaise est bientôt passé, et le bien que l'on fait donne de la force et du courage. » Il est bien fâcheux que l'on n'ait pas conservé le nom de ce soldat. C'est dans la classe obscure des citoyens que l'on trouve le plus souvent des cœurs sensibles : et dans ceux-là la bienfaisance est peut-être la plus touchante et la plus respectable.

L'ENFANT GATÉ.

Une dame d'esprit avait un fils, et craignait si fort de le rendre malade en le contredisant, qu'il était devenu un petit tyran, et entrait en fureur à la moindre résistance qu'on osait faire à ses volontés les plus bizarres. Le mari de cette dame, ses parents, ses amis lui représentaient qu'elle perdait ce fils chéri : tout était inutile. Un jour qu'elle était dans sa chambre, elle entendit son fils qui pleurait dans la cour : il s'égratignait le visage de rage, parce qu'un domestique lui refusait une chose qu'il voulait. « Vous êtes bien impertinent, dit-elle à ce valet, de ne pas donner à cet enfant ce qu'il vous demande ; obéissez-lui tout à l'heure. — Par ma foi, Madame, lui répondit le valet, il pourrait crier jusqu'à demain, qu'il ne l'aurait pas. » A ces mots la dame devient furieuse et prête à tomber en convulsions ; elle court, en passant dans une salle où était son mari avec quelques-uns de ses amis, elle le prie de la suivre, et de mettre dehors l'impudent qui lui résiste. Le mari, qui était aussi faible pour sa femme qu'elle l'était pour son fils, la suit en levant les épaules, et la compagnie se met à la fenêtre pour voir de quoi il était question. « Insolent, dit-il au valet, comment avez-vous la hardiesse de désobéir à Madame, en refusant à l'enfant ce qu'il vous demande? — En vérité, Monsieur, dit le valet, Madame n'a qu'à le lui donner elle-même; il y a un quart d'heure qu'il a vu la lune dans un seau d'eau, et il veut que je la lui donne. » A ces paroles, la compagnie et le mari ne purent retenir de grands éclats de rire; la dame elle-même, malgré sa colère, ne put s'empêcher de rire aussi, et fut si honteuse de cette scène, qu'elle se corrigea et parvint à faire un aimable enfant de ce petit être maussade et volontaire. Bien des mères auraient besoin d'une pareille aventure.

LA PASSION DU JEU.

On m'a montré quelqu'un dont la physionomie, quoique altérée, annonçait un grand caractère. Celui qui me le fit remarquer m'en parla en ces termes: « Regardez bien, me dit-il, vous avez sous les yeux un phénomène de force et de faiblesse; cet homme, qui se survit à lui-même, a cultivé jusqu'à trente ans avec le plus grand succès les sciences et les lettres; un pas de plus, il en doublait les bornes. Étant tombé dans un cercle de joueurs, il prit le goût du jeu, qui bientôt se convertit en rage : malgré mes prières et mes larmes, il perdit en peu de temps tout ce qu'il possédait.

Comme il avait de la force, il fut sans désespoir. « C'en est fait, dit-il, j'ai joué mon reste hier au soir, je suis ruiné. » Je fis pour lui ce qu'il aurait fait pour moi. Je voulus le consoler: « Vous souffrez, lui dis-je.—Je souffre, mais je ne suis pas triste, parce que je sais me résigner. Adieu, je ne vous reverrai plus; respectez mes malheurs, et surtout ma volonté, le seul bien qui me reste. »

L'année révolue, je reçois un billet et de l'argent. Je cours chez mon ami, je le trouve assis au milieu de ses livres, et dans l'attitude d'un homme absorbé par de profondes méditations. Je l'embrasse, je le félicite sur son nouvel état, il venait d'hériter. « Je me flatte, lui dis-je, que désormais vous saurez jouir et que... — Je ne jouerai pas davantage, me répliqua-t-il froidement.—Quel triomphe pour la philosophie et pour les lettres! — Elles n'y gagneront rien :

je ne lis plus, je ne pense plus, je n'ai plus de désirs. »

Il tomba dans un morne silence ; un instant après, ses yeux se ranimèrent, je les vis briller de leur ancien feu ; j'écoutai. « Le ressort de mon âme s'est brisé, mon ami ; tandis que je luttais contre un penchant plus fort que moi, j'ai tenté de substituer d'autres passions à ma passion fatale ; celle-ci renaissait toujours, ou plutôt elle ne m'a pas laissé un instant de relâche : finissons, je n'ai plus la force de parler ni d'entendre. »

En me quittant, il me serra la main et me regarda d'un œil sec, car il n'avait plus de larmes. Maintenant il me connait à peine ; depuis vingt ans il languit dans la même inertie. »

TRAIT DE LA JEUNESSE DE TURENNE.

Le vicomte de Turenne était d'une complexion très-délicate dans son enfance, et sa constitution fut toujours faible jusqu'à l'âge de douze ans, ce qui fit dire à son père qu'il ne serait jamais en état de soutenir les travaux de la guerre. Le jeune héros, pour le forcer à penser différemment, prit, à l'âge de dix-huit ans, la résolution de passer une nuit sur le rempart de Sedan. Le chevalier Vassignac, son gouverneur, après l'avoir longtemps cherché, le trouva sur l'affût d'un canon, où il s'était endormi. Il s'attacha beaucoup à la lecture de l'histoire, et surtout à celle des grands hommes qui s'étaient distingués par les vertus et les talents militaires. Il fut frappé du caractère d'Alexandre le Grand ; le génie de ce conquérant plut au jeune vicomte, que son ambition aurait peut-être porté aux entreprises les plus éclatantes, s'il eût vécu dans ces temps où la valeur seule autorisait les hommes à troubler la paix de l'univers. Il prenait plaisir à lire Quinte-Curce, et à raconter aux autres les faits héroïques qu'il avait lus. Pendant ces récits, on voyait son génie s'animer, ses yeux étinceler, et alors son imagination échauffée forçait la difficulté naturelle qu'il avait à parler. Un officier s'avisa un jour de lui dire que l'histoire de Quinte-Curce n'était qu'un roman ; le jeune prince en fut vivement piqué. La duchesse de Bouillon, pour se divertir, fit signe à l'officier de le contredire ; la dispute s'échauffa, le héros naissant se mit en colère, quitta brusquement la compagnie, et fit appeler secrètement en duel l'officier, qui accepta la proposition pour amuser la duchesse de Bouillon, charmée de voir dans son fils des marques d'un courage précoce. Le lendemain, le vicomte sortit de la ville sous prétexte d'aller à la chasse; étant arrivé au lieu du rendez-vous, il y trouva une table dressée. Comme il rêvait à ce que signifiait cet appareil, la duchesse de Bouillon parut avec l'officier, et dit à son fils qu'elle venait servir de second à celui contre qui il voulait se battre. Les chasseurs se rassemblèrent; on servit le déjeuner, la paix fut faite, et le duel se changea en partie de chasse.

PLAISIRS SIMPLES, VRAIS PLAISIRS.

Je parle du plaisir; c'est dans le cœur des enfants qu'il en faut chercher la fleur, et quelquefois au sein de la médiocrité, qui se dégoûte rarement des choses naturelles.

La dernière nuit que j'étudiai les joueurs acheva de me dévoiler leur triste caractère; j'en fus puni. Ce sont des furieux, me disais-je; qu'ils se ruinent, qu'ils s'égorgent. Consterné de cette indifférence, craignant d'avoir perdu ma sensibilité, j'abandonnai cet air contagieux.

Le jour luisait à peine, j'étais seul, le silence de la nature ne m'inspirait plus rien. Je m'éloignai de la ville vers le milieu de la journée; j'aperçus un hameau sur les confins duquel une vaste prairie m'offrait les pauvres et les riches mêlés et confondus ensemble; ils célébraient l'hymen de la vertu.

Le seigneur venait de marier une fille, la plus belle du canton, et aussi la plus honnête, car ses rivales, ou plutôt ses compagnes, l'avaient proclamée telle d'une voix unanime. Je ne me lassais pas de regarder et d'admirer, tous les visages resplendissaient d'une joie pure; j'y voyais tant de bonté que tout le monde me parut beau.

On disposait des jeux bien différents de ceux que je fuyais; l'humanité triomphait dans ces jeux champêtres; la bienfaisance y présidait; et toutes deux de concert en avaient fait les frais. Tout à coup le vent souffle, le tonnerre gronde : un nuage affreux dérobe le jour, chacun se sauve.

Je me réfugiai dans une grange, où l'on ne distinguait les objets qu'à la lueur des éclairs. Regardant autour de moi, je n'aperçus que des enfants : qu'ils étaient affligés ! Je tâchai de les consoler, ils soupiraient. « Prenez patience, le beau temps reviendra. — D'aujourd'hui nous ne reverrons le soleil, demain plus de fête. — Prenez patience, vous dis-je, il ne tardera pas à reparaître. » Tous les yeux se tournèrent du côté de l'astre éclipsé.

Déjà quelques pâles rayons coloraient les bords du nuage, je vis enfin l'espoir du plaisir renaître avec le jour, je vis les fronts s'éclaircir à mesure que le soleil se dégageait, et j'entendis mes enfants le saluer d'un cri de joie, d'un cri qui retentira toujours au fond de mon cœur.

Le signal est donné, les jeux commencent et continuent jusqu'à la nuit. « Voilà le plaisir! m'écriai-je; c'est ainsi qu'il se prépare et s'accomplit. »

COURAGE ET BIENFAISANCE D'UN PAYSAN.

La grandeur d'âme ne suppose pas nécessairement une haute naissance; les sentiments généreux se trouvent souvent dans les classes les plus basses des citoyens. Un paysan de la Fionie en fournit un exemple qui mérite d'être connu. Le feu avait pris au village qu'il habitait, il courut porter des secours aux lieux où ils étaient nécessaires; tous ses soins furent vains, l'incendie fit des progrès rapides : on vint l'avertir qu'il avait gagné sa maison. Il demanda si celle de son voisin était endommagée; on lui dit qu'elle brûlait, mais qu'il n'avait pas un moment à perdre s'il voulait conserver ses meubles : « J'ai des choses plus précieuses à sauver, répliqua-t-il sur-le-champ; mon malheureux voisin est malade et hors d'état de s'aider lui-même; sa perte est inévitable s'il n'est pas secouru, et je suis sûr qu'il compte sur moi. » Aussitôt il vole à la maison de cet infortuné, et sans songer à la sienne, qui faisait toute sa fortune, il se précipite à travers les flammes qui gagnaient déjà le lit du malade. Il voit une poutre embrasée près de s'écrouler sur lui; il tente d'aller jusque-là, il espère que sa promptitude lui fera éviter ce danger, qui sans doute eût arrêté tout autre; il s'élance auprès de son voisin, le charge sur ses épaules, et le conduit heureusement en lieu de sûreté.

La Chambre économique de Copenhague, touchée de cet acte d'humanité peu commun, envoya à ce paysan un gobelet d'argent, rempli d'écus danois; la pomme du couvercle était surmontée d'une couronne civique, aux côtés de laquelle pendaient deux médaillons, sur lesquels cette action était gravée en peu de mots. Plusieurs particuliers lui firent aussi des présents, pour l'indemniser de la perte de sa maison et de ses effets; leur bienfaisance mérite des éloges. Récompenser la vertu, c'est encourager les hommes à la pratiquer.

LE VIEILLARD DÉSINTÉRESSÉ.

Certains beaux esprits soi-disant philosophes n'ont guère vu que de la sottise et de l'impuissance dans la modération. Au risque de passer pour un sot, je vais opposer aux ambitieux la conduite d'un simple paysan, qui avait assez de bon sens pour croire que l'on peut être content de son sort quand on a ce qu'il faut, et que rien ne saurait dédommager de ce qui touche le cœur.

Un bon vieillard était plus libre, avait plus d'âme que tous ces magnifiques brocanteurs. Ce vieillard jouissait, non loin de la maison d'un parvenu, d'une cabane entourée de quelques arpents de terre, et vivait en paix, sans désirer les richesses de son voisin. Les superbes regards de celui-ci étant choqués de la cabane située à l'entrée de son parc, il fit appeler le sage qui l'habitait. « Sais-tu bien que ma fortune est faite? — Et vous, Monsieur, savez-vous bien que le bon Dieu, mes deux bras et mon champ ne m'ont jamais laissé manquer de rien; que j'ai travaillé longtemps, bien longtemps; qu'aujourd'hui je me repose et que mon fils me nourrit, afin que ses enfants le nourrissent à son tour? — Fort bien, mais il s'agit de me vendre ta cabane. — Y songez-vous? c'est le père de mon grand-père qui l'a rebâtie, et cela avant qu'il fût question de votre château. — Bonhomme, je le veux, point de réplique. — Point de réplique? J'y suis né, les miens y sont morts, j'y veux mourir aussi. Monseigneur, ne vous fâchez pas, j'ai quatre-vingt-dix ans passés, peut-être que mon fils... mais non, il a du cœur, vous le savez: il n'a pas voulu entrer à votre service, parce qu'il aurait été valet chez vous, et qu'il était maître chez nous. »

TRAIT D'AMITIÉ FRATERNELLE.

Le fils d'un riche négociant de Londres s'était livré, dans sa jeunesse, à tous les excès; il irrita son père, dont il méprisa les avis ; le vieillard, près de finir sa carrière, fait un acte par lequel il déshérite son jeune fils, et meurt. Dorval, instruit de la mort de son père, fait de sérieuses réflexions, rentre en lui-même et pleure ses égarements passés. Il apprend bientôt qu'il est déshérité : cette nouvelle n'arrache de sa bouche aucun murmure injurieux à la mémoire de son père ; il la respecte jusque dans l'acte le plus désavantageux à ses intérêts ; il dit seulement ces mots : « Je l'ai mérité. » Cette modération parvient aux oreilles de Geneval, son frère, qui, charmé de voir le changement de mœurs de Dorval, va le trouver, l'embrasse et lui adresse ces paroles à jamais mémorables : « Mon frère, par un testament, notre père commun m'a institué son légataire universel ; mais il n'a voulu exclure que l'homme que vous étiez alors, et non celui que vous êtes aujourd'hui : je vous rends la part qui vous est due. »

L'AMI FIDÈLE.

Un homme respectable, après avoir joué un grand rôle à Paris, y vivait dans un réduit obscur, victime de l'infortune, et si indigent, qu'il ne subsistait que des aumônes de la paroisse : on lui remettait chaque semaine la quantité de pain suffisante pour sa nourriture ; il en fit demander davantage. Le curé lui écrit pour l'engager à passer chez lui. Il vient. Le curé s'informe s'il vit seul. « Et avec qui, Monsieur, répondit-il, voudriez-vous que je vécusse ? Je suis malheureux, vous le voyez, puisque j'ai recours à la charité, et tout le monde m'a abandonné, tout le monde !... — Mais, Monsieur, continua le curé, si vous êtes seul, pourquoi demandez-vous plus de pain que ce qui vous est nécessaire ? » L'autre paraît déconcerté ; il avoue avec peine qu'il a un chien. Le curé ne laisse pas de poursuivre : il lui fait observer qu'il n'est que le distributeur du pain des pauvres, et que l'honnêteté exige absolument qu'il se défasse de son chien. « Eh ! Monsieur, s'écria en pleurant l'infortuné, si je m'en défais, qui est-ce qui m'aimera ? » Le pasteur, attendri jusqu'aux larmes, tire sa bourse et la lui donne, en disant : « Prenez, Monsieur, ceci m'appartient. »

ANECDOTE SUR FÉNELON.

De retour à Cambrai, Fénelon confessait assidûment et indistinctement dans sa métropole toutes les personnes qui s'adressaient à lui ; il disait la messe tous les samedis.

Un jour, il aperçut, au moment où il allait monter à l'autel, une femme fort âgée qui paraissait vouloir lui parler : il s'approche d'elle avec bonté, et l'enhardit, par sa douceur, à s'exprimer sans crainte : « Monseigneur, lui dit-elle en pleurant et en lui présentant une pièce de douze sous, je n'ose pas ; mais j'ai beaucoup de confiance dans vos prières ; je voudrais vous prier de dire la messe pour moi. — Donnez, lui répondit Fénelon, en recevant son offrande, votre aumône sera agréable à Dieu. Messieurs, dit-il ensuite aux prêtres qui l'accompagnaient pour le servir à l'autel, apprenez à honorer votre ministère. » Après la messe, il fit remettre à cette femme une somme assez considérable, et lui promit de dire une seconde messe le lendemain à son intention.

LE CHIEN D'AUBRY DE MONT-DIDIER.

Sous le règne de Charles V, roi de France, un nommé Aubry de Mont-Didier, passant seul dans la forêt de Bondy, fut assassiné et enterré au pied d'un arbre. Son chien resta plusieurs jours sur sa fosse, et ne la quitta que pressé par la faim. Il vient à Paris, chez un ami intime de son malheureux maître, et par ses tristes hurlements semble lui annoncer la perte qu'il a faite. Après avoir mangé, il recommence ses cris, va à la porte, tourne la tête pour voir si on le suit, revient à cet ami de son maître, le tire par l'habit, comme pour lui marquer de venir avec lui. La singularité des mouvements de ce chien, sa venue sans son maître qu'il ne quittait jamais, ce maître qui tout à coup a disparu, et peut-être cette distribution de justice et d'événements qui ne permet guère que les crimes restent longtemps cachés, tout cela fit qu'on suivit ce chien. Dès qu'on fut au pied de l'arbre, il redoubla ses cris en grattant la terre, comme pour faire signe de chercher en cet endroit. On y fouilla, et on y trouva le corps de l'infortuné Aubry. Quelque temps après, ce chien aperçut par hasard l'assassin que tous les historiens nomment le chevalier Macaire ; il lui saute à la gorge, et on a bien de la peine à lui faire lâcher prise; chaque fois qu'il le rencontre, il l'attaque et le poursuit avec fureur; l'acharnement de ce chien, qui n'en veut qu'à cet homme, commence à paraître extraordinaire. On se rappelle l'affection qu'il avait marquée pour son maître, et en même temps plusieurs occasions où ce chevalier Macaire avait donné des preuves de sa haine et de son envie contre Aubry de Mont-Didier: quelques circonstances augmentèrent les soupçons. Le roi, instruit de tous les discours qu'on tenait, fait venir ce chien, qui paraît tranquille jusqu'au moment qu'apercevant Macaire au milieu d'une vingtaine de courtisans, il aboie et cherche à se jeter sur lui.

Dans ce temps-là, on ordonnait le combat entre l'accusateur et l'accusé lorsque les preuves du crime n'étaient pas convaincantes; on nommait ces sortes de combats *Jugements de Dieu*, parce qu'on était persuadé que le Ciel aurait plutôt fait un miracle que de laisser succomber l'innocence. Le roi, frappé de tous les indices qui se réunissaient contre Macaire, jugea qu'il échéait gage de bataille, c'est-à-dire qu'il ordonna le duel entre le chevalier et le chien. Le champ clos fut marqué dans l'île de Notre-Dame, qui n'était alors qu'un terrain vide et inhabité.

Macaire était armé d'un gros bâton; le chien avait un tonneau percé pour sa retraite et les relancements. On le lâche, aussitôt il court, tourne autour de son adversaire, évite ses coups, le menace, tantôt d'un côté, tantôt d'un autre, le fatigue, et enfin s'élance, le saisit à la gorge, et l'oblige à faire l'aveu de son crime, en présence du roi et de toute sa cour.

La mémoire de ce chien a mérité d'être conservée à la postérité par un monument qui subsiste encore sur la cheminée de la grande salle du château de Montargis; mais nous ajoutons qu'il faut savoir que ce trait d'histoire y est effectivement consigné, le temps ayant presque détruit le tableau sur lequel il est représenté.

ANECDOTE SUR MARIE-THÉRÈSE, IMPÉRATRICE.

La bienfaisance et l'humanité sont des vertus héréditaires dans l'auguste maison d'Autriche; c'est Marie-Thérèse qui a formé elle-même le cœur de ses enfants; ils ont hérité de ses vertus.

Quel exemple d'humanité, de bienfaisance et de bonté ne leur donnait-elle pas, lorsqu'étant à Luxembourg elle y reçut un message de la part d'une femme âgée de cent huit ans, qui pendant plusieurs années n'avait pas manqué de se présenter le jour du Jeudi saint, pour être au nombre des pauvres auxquels S. M. I. et R. lavait les pieds ! Depuis deux ans ses infirmités l'avaient empêchée de se rendre au palais ; elle fit dire à l'impératrice qu'elle avait le plus vif regret de n'avoir pu se trouver à cette pieuse cérémonie, non à cause de l'honneur qu'elle aurait reçu, mais parce qu'elle avait été privée du bonheur de voir une souveraine adorée. L'impératrice-reine, touchée du message et des sentiments de cette bonne femme, se rendit elle-même dans le village qu'elle habitait ; elle ne dédaigna pas d'entrer dans une misérable cabane ; elle l'y trouva sur un grabat où la retenaient ses infirmités, compagnes inséparables de l'âge. « Vous regrettez de ne m'avoir pas vue, lui dit avec bonté cette généreuse princesse ; consolez-vous, ma bonne, je viens vous voir. »

EXEMPLE FRAPPANT DE PATIENCE ET DE MODÉRATION D'UN GOUVERNEUR CHARGÉ D'UN ENFANT CAPRICIEUX ET GÂTÉ.

Pour se disculper des vices d'une éducation négligée, un gouverneur prétexte les caprices de l'enfant : il a tort : le caprice des enfants n'est jamais l'ouvrage de la nature, mais d'une mauvaise discipline. Votre élève n'aura donc de caprices que ceux que vous lui aurez donnés : il est juste que vous portiez la peine de vos fautes. Mais, direz-vous, comment y remédier ? Cela se peut encore avec une meilleure conduite et beaucoup de patience.

Je m'étais chargé, durant quelques semaines, d'un enfant accoutumé non-seulement à faire ses volontés, mais encore à les faire faire à tout le monde, et par conséquent plein de fantaisies. Dès le premier jour, pour mettre à l'essai ma complaisance, il voulut se lever à minuit ; au plus fort de mon sommeil, il saute à bas de son lit, prend sa robe de chambre et m'appelle. Je me lève, j'allume ma chandelle, il n'en voulait pas davantage. Au bout d'un quart d'heure le sommeil le gagne, et il se recouche content de son épreuve. Deux jours après il la réitère avec le même succès, et de ma part pas le moindre signe d'impatience. Comme il m'embrassait en se recouchant, je lui dis très posément : « Mon petit ami, cela va fort bien, mais n'y revenez plus. » Ce mot excita sa curiosité ; et dès le lendemain, voulant voir un peu comment j'oserais lui désobéir, il ne manqua pas de se relever à la même heure et de m'appeler. Je lui demandai ce qu'il voulait. Il me dit qu'il ne pouvait dormir. « Tant pis, » repris-je, et je me tins coi. Il me pria d'allumer la chandelle. « Pourquoi faire? » et je me tins coi. Ce ton laconique commençait à l'embarrasser ; il s'en fut à tâtons chercher le fusil, qu'il fit semblant de battre, et je ne pouvais m'empêcher de rire en l'entendant se donner des coups sur les doigts. Enfin, bien convaincu qu'il n'en viendrait pas à bout, il m'apporta le briquet à mon lit. Je lui dis que je n'en avais que faire, et je me tournai de l'autre côté. Alors il se mit à courir étourdiment par la chambre, criant, chantant, faisant beaucoup de bruit, se donnant à la table et aux chaises des coups qu'il avait grand soin de modérer, dont il ne laissait pas de crier bien fort, espérant me causer de l'inquiétude : tout cela ne prenait pas ; et je vis que, comptant sur de belles exhortations ou sur la colère, il ne s'était nullement arrangé pour ce sang-froid.

Cependant, résolu de vaincre ma patience à force d'opiniâtreté, il continua son tintamarre avec un tel succès, qu'à la fin je m'échauffai ; et pressentant que j'allais tout gâter par mon emportement hors de propos, je pris mon parti d'une autre manière : je me levai sans rien dire, j'allai au fusil que je ne trouvai pas ; je le lui demande, il me le donne en pétillant de joie d'avoir triomphé de moi ; je bats le fusil, j'allume la chandelle, je prends par la main mon petit bonhomme, je le mène tranquillement dans un cabinet voisin, dont les volets étaient bien fermés, et où il n'y avait rien à casser : je l'y laisse sans lumière, puis, fermant sur lui la porte à clef, je retourne me coucher sans lui avoir dit un seul mot. Il ne faut pas demander si d'abord il y eut du vacarme, je m'y étais attendu, et je ne m'en émus point. Enfin, le bruit s'apaise, j'écoute : je l'entends s'arranger, je me tranquillise. Le lendemain j'entre au jour dans le cabinet ; je trouve mon petit mutin couché sur un lit de repos, et dormant d'un profond sommeil, dont, après tant de fatigues, il devait avoir si grand besoin.

L'affaire ne finit pas là : la mère apprit que l'enfant avait passé les deux tiers de la nuit hors de son lit : aussitôt tout fut perdu, c'était un enfant autant que mort ; voilà l'occasion bonne pour se venger : il fit le malade, sans prévoir qu'il n'y gagnerait rien. Le médecin fut appelé ; malheureusement pour la mère, le médecin était un plaisant, qui, pour s'amuser de ses frayeurs, s'appliqua à les augmenter : cependant il me dit à l'oreille : « Laissez-moi faire, je vous promets que l'enfant sera guéri pour quelque temps de la fantaisie d'être malade. » En effet, la diète et la chambre furent prescrites, et il fut recommandé à l'apothicaire. Je souffrais de voir cette pauvre mère ainsi la dupe de tout ce qui l'environnait, excepté moi seul qu'elle prit en haine, précisément parce que je ne la trompais pas.

Après des reproches assez durs, elle me dit que son fils était délicat, qu'il était l'unique héritier de sa famille, qu'il fallait le conserver à quelque prix que ce fût, et qu'elle ne voulait pas qu'il fût contrarié. En cela, j'étais bien d'accord avec elle ; mais elle entendait par le contrarier, ne lui pas obéir en tout. Je vis qu'il fallait prendre avec la mère le même ton qu'avec l'enfant. « Madame, lui dis-je assez froidement, on a besoin de moi ailleurs pour quelque temps. » Le père apaisa tout. La mère écrivit au précepteur de hâter son retour ; et l'enfant, voyant qu'il ne gagnait rien à troubler mon sommeil, ni à être malade, prit enfin le parti de dormir lui-même et de se bien porter.

Mais il voulut se venger le jour du repos qu'il était forcé de me donner la nuit. Je me prêtai de bon cœur à tout et je commençai par bien constater à ses propres yeux le plaisir que j'avais à lui complaire ; après cela, quand il fut question de le guérir de sa fantaisie, je m'y pris autrement.

Il fallait d'abord le mettre dans son tort, et cela ne fut pas difficile. Sachant que les enfants ne songent jamais qu'au présent, je pris sur lui le facile avantage de la prévoyance : j'eus soin de lui procurer au logis un amusement que je savais être extrêmement de son goût, et dans le moment que je le vis le plus enjoué, j'allai lui proposer un tour de promenade : il me renvoya bien loin ; j'insistai, il ne m'écouta point ; il fallut me rendre ; il nota précieusement en lui-même ce signe d'assujettissement.

Le lendemain, ce fut mon tour. Il s'ennuya, j'y avais pourvu ; moi, au contraire, je paraissais profondément occupé. Il n'en fallait pas tant pour le déterminer ; il ne manqua pas de venir m'arracher à mon travail pour le mener promener au plus vite. Je refusai, il s'obstina. « Non, lui dis-je, en faisant votre volonté, vous m'avez appris à faire la mienne ; je ne veux pas sortir. — Eh bien ! reprit-il vivement, je sortirai tout seul. — Comme vous voudrez, » et je reprends mon travail.

Il s'habille, un peu inquiet de voir que je le laissais faire et que je ne l'imitais pas. Prêt à sortir, il vint me saluer ; je le salue : il tâche de m'alarmer par le récit des courses qu'il va faire ; à l'entendre, on eût cru qu'il allait au bout du monde. Sans m'émouvoir, je lui souhaite un bon voyage. Son embarras redouble ; cependant il fait une bonne contenance, et, prêt à sortir, il dit à un laquais de le suivre. Le laquais, déjà prévenu, répond qu'il n'a pas le temps, et qu'occupé par mes ordres, il doit m'obéir plutôt qu'à lui. Pour le coup l'enfant n'y est plus. Comment concevoir qu'on le laisse sortir seul, lui qui se croit être important à tous les autres, et pense que le ciel et la terre sont intéressés à sa conservation ? Cependant il commence à sentir sa faiblesse ; il comprend qu'il va se trouver seul au milieu de gens qui ne le connaissent pas ; il voit d'avance les risques qu'il va courir : l'obstination seule le soutient encore ; il descend l'escalier fort lentement et interdit ; il entre enfin dans la rue, se consolant un peu du mal qui peut lui arriver par l'espoir qu'on m'en rendra responsable.

C'est là que je l'attendais : tout était préparé d'avance ; et comme il s'agissait d'une espèce de scène publique, je m'étais muni du consentement du père. A peine avait-il fait quelques pas, qu'il entendit à droite et à gauche différents propos sur son compte. « Voisin, le joli monsieur ! Où va-t-il ainsi tout seul ? Je veux le prier d'entrer chez nous. — Voisine, gardez-vous-en bien ; ne voyez-vous pas que c'est un petit libertin qu'on a chassé de la maison de son père, parce qu'il ne voulait rien valoir ? Il ne faut pas savoir retirer les libertins, laissez-le aller où il voudra aller. — Eh bien ! donc, que Dieu le conduise, je serais fâchée qu'il lui arrivât malheur. » Un peu plus loin, il rencontre des polissons à peu près de son âge, qui l'agacent et se moquent de lui : plus il s'avance, plus il trouve d'embarras. Seul et sans protection, il se voit le jouet de tout le monde, et il éprouve avec beaucoup de surprise que son nœud d'épaule et son parement d'or ne le font pas plus respecter.

4

Cependant un de mes amis qu'il ne connaissait pas et que j'avais chargé de veiller sur lui me le ramena souple, confus et n'osant lever les yeux. Pour achever le désastre de son expédition, précisément au moment où il rentrait, son père descendait pour sortir, et le rencontra sur l'escalier. Il fallut dire d'où il venait, et pourquoi je n'étais pas avec lui. Le pauvre enfant eût voulu être à cent pieds sous terre. Sans s'amuser à lui faire une longue réprimande, le père lui dit plus sèchement que je ne m'y serais attendu : « Quand vous voudrez sortir seul, vous en êtes le maître; mais comme je ne veux pas de bandit dans ma maison, quand cela vous arrivera, ayez soin de ne plus y rentrer. »

Pour moi, je le reçus sans reproches et sans railleries, mais avec un peu de gravité; et, de peur qu'il ne soupçonnât que tout ce qui s'était passé n'était qu'un jeu, je ne voulus pas le mener promener le même jour. Le lendemain je vis avec plaisir qu'il passait avec moi d'un air de triomphe devant les mêmes gens qui s'étaient moqués de lui la veille, pour l'avoir rencontré tout seul. On conçoit bien qu'il ne menaça plus de sortir sans moi.

C'est par ce moyen, et par d'autres semblables, que, pendant le peu de temps que je fus avec lui, je vins à bout de lui faire faire tout ce que je voulais, sans rien lui prescrire, sans rien lui défendre, sans sermons, sans exhortations, sans l'ennuyer de leçons inutiles; aussi, tant que je parlais, il était content; mais mon silence le tenait en crainte; il comprenait que quelque chose n'allait pas bien, et toujours la leçon venait de la chose même.

TRAIT QUI N'A PAS BESOIN D'ÉLOGES.

Une pauvre veuve de Poitiers a un fils, que la misère destinait comme elle à être domestique. Cet enfant profite d'un établissement où on enseigne gratuitement la jeunesse dans un talent honnête et utile; son émulation est récompensée par ses progrès; il mérite ensuite d'obtenir une place où il peut vivre honorablement : s'il est sage, il a le moyen de devenir citoyen recommandable; mais pour se rendre à sa destination, pour y paraître et s'y maintenir convenablement, selon sa situation actuelle, il a besoin d'un vêtement, de linge et d'autres petits secours. Sa mère est hors d'état de les lui fournir. Un ancien domestique du voisinage, qui n'est ni le parent, ni le parrain de cet enfant, mais qui connaît la pauvreté et l'honnêteté de la mère, et l'émulation du jeune homme, instruit de l'embarras de l'un et de l'autre, qui pouvait faire manquer la fortune du dernier; si personne ne l'aidait sur-le-champ, porte à cette femme cinquante écus, et lui dit : « Tenez, habillez votre fils, qu'il parte, et recommandez-lui d'être bon sujet; il me rendra cette somme lorsqu'il le pourra ; s'il ne le peut pas, je la lui donne, pourvu qu'il vous soulage dans votre vieillesse. »

DE L'ÉDUCATION RELATIVEMENT A LA PASSION DU JEU; CONDUITE D'UN PÈRE ENVERS SON FILS : ANECDOTE ARRIVÉE A RIOM.

Entrez dans la plupart des maisons, vous y verrez les enfants rôder autour des tables, y dévorer des yeux l'or et l'argent que le père et la mère, dont ils partagent les passions, disputent aux étrangers.

Caresser les enfants dans le gain, les repousser dans la perte, se servir de leurs mains pour mêler les cartes, pour remuer les dés ou choisir les billets de loterie, n'est-ce pas souffler dans ces jeunes âmes les premières étincelles de la fureur du jeu ? N'est-ce pas fonder leur témérité future sur des idées fausses et pusillanimes ?

Que les instituteurs, faits pour prévenir, retarder ou corriger les inclinations nuisibles, apprennent à leurs élèves à se servir du peu d'argent qu'on leur accorde, jamais à le risquer, surtout aux jeux de hasard. Le parti le plus sûr, dit Locke, est de leur interdire les cartes et les dés. Ce n'est pas la théorie de la morale qui manque, c'est l'art de l'inculquer par des signes sensibles et frappants.

Un vrai philosophe, consulté par le roi de Suède, conseillait à ce vertueux monarque de faire construire des monuments qui rappelassent sans cesse à ses sujets combien la vertu est auguste et le vice abject. Ce philosophe voulait que les grands chemins, que les places publiques, les villages, les entrées des villes, les portiques des temples présentassent de toutes parts ces utiles monuments.

« Je voudrais, dit V..., qu'on criât les atrocités juridiques, comme on crie les heures dans quelques pays ; et moi, pour inspirer à la jeunesse l'aversion de tout ce qui est bas ou criminel, je voudrais qu'au lieu de citer à tout propos des maximes dénuées de persuasion, on eût recours à des exemples puisés, selon les occurrences, dans les diverses conditions des hommes de nos jours.

« Parle-t-on d'un menteur, d'un prodigue ou d'un avare? me disait un père de famille, qui savait comment l'esprit se fausse et le cœur se gâte, avant de le définir à mes enfants, je le leur montre en action; j'imprime de bonne heure, dans ces tendres cerveaux, la physionomie et la difformité de chaque vice, afin qu'ils s'en ressouviennent un jour, afin qu'ils les reconnaissent de loin, et que, s'ils se laissent séduire, ils n'échappent pas du moins aux remords salutaires. Je ne fais pas grand bruit, ajoutait-il; autant que je le puis, je les instruis par signes; tenez, soit qu'ils sortent, soit qu'ils rentrent, voilà par où ils passent. »

J'aperçus des dépouilles, tristes dépouilles d'un joueur qualifié; les plus viles ressources l'avaient dégradé, la misère la plus honteuse l'avait lentement consumé. Au bas de ce *tableau parlant*, on lisait ces mots : *Dernier habit d'un tel*. Le reste faisait mention de sa naissance, des grands biens qu'il avait perdus, et de l'impuissance de ses regrets.

Un citoyen, recommandable par ses lumières et par son zèle pour tout ce qui a rapport au bien public, observait dernièrement que l'éducation ne finit pas avec les maîtres; qu'il en est une seconde non moins essentielle que la première, laquelle exige, de la part des parents, beaucoup d'attention et de sagacité. « Peu de gens, disait-il, voudront imiter le procédé d'un riche habitant de la ville de Riom, qui, voyant son fils prêt à s'oublier au jeu, le laissa faire. Ce jeune homme perdit une somme assez considérable. « Je la paierai, lui dit son père, parce que l'honneur m'est plus cher que l'argent; cependant expliquons-nous : vous aimez le jeu, mon fils, et moi les pauvres; j'ai moins donné depuis que je songe à vous pourvoir; je n'y songe plus : un joueur ne doit point se marier. Jouez tant qu'il vous plaira, mais à cette condition : je déclare qu'à chaque perte nouvelle les infortunés recevront de ma part autant d'argent que j'en aurai compté pour acquitter de semblables dettes. commençons dès aujourd'hui. » La somme fut sur-le-champ portée à l'hôpital, et le jeune homme n'a pas récidivé.

APOLOGUE ALLEMAND.

La générosité consiste surtout à faire du bien à ses ennemis ; c'est le sujet de cet apologue de M. Lichwer. Un honnête père de famille, chargé de biens et d'années, voulut régler d'avance sa succession entre ses trois fils, et leur partager ses biens, le fruit de ses travaux et de son industrie. Après en avoir fait trois portions égales, et avoir assigné à chacun son lot : « Il me reste, ajouta-t-il, un diamant de grand prix : je le destine à celui de vous qui saura mieux le mériter par quelque action noble et généreuse, et je vous donne trois mois pour vous mettre en état de l'obtenir. » Aussitôt les trois fils se dispersent, mais ils se rassemblent au temps prescrit : ils se présentent devant leur juge, et voici ce que raconte l'aîné : « Mon père, durant mon absence, un étranger s'est trouvé dans des circonstances qui l'ont obligé de me confier toute sa fortune : il n'avait de moi aucune sûreté par écrit, et n'aurait été en état de produire aucune preuve, aucun indice même du dépôt, mais je la lui remis fidèlement : cette fidélité n'est-elle pas quelque chose de louable ? — Tu as fait, mon fils, lui répondit le vieillard, ce que tu devais faire ; il y aurait de quoi mourir de honte si l'on était capable d'en agir autrement, car la probité est un devoir : ton action est une action de justice ; ce n'est point une action de générosité. » Le second fils plaida sa cause à son tour, à peu près en ces termes : « Je me suis trouvé pendant mon voyage sur le bord d'un lac ; un enfant venait imprudemment de s'y laisser tomber ; il allait se noyer, je l'en ai tiré, et je lui ai sauvé la vie aux yeux des habitants d'un village que baignent les eaux de ce lac ; ils pourront attester la vérité du fait. — A la bonne heure, interrompit le père, mais il n'y a point encore de noblesse dans cette action, il n'y a que de l'humanité. » Enfin, le dernier des trois frères prit la parole : « Mon père, dit-il, j'ai trouvé mon ennemi mortel qui, s'étant égaré la nuit, s'était endormi, sans le savoir, sur le penchant d'un abîme ; le moindre mouvement qu'il eût fait, au moment de son réveil, ne pouvait manquer de le précipiter ; sa vie était entre mes mains ; j'ai pris soin de l'éveiller avec les précautions convenables, et l'ai tiré de cet endroit fatal. — Ah ! mon fils, s'écria le bon père avec transport, en l'embrassant tendrement, c'est à toi, sans contredit, que la bague est due. »

HISTOIRE D'UN RELIGIEUX

Un religieux fut mandé, il y a quarante ans, pour disposer à la mort un voleur de grand chemin ; on l'enferme avec le patient dans une petite chapelle. Pendant qu'il faisait ses efforts pour l'exciter au repentir de son crime, il s'aperçut que cet homme était distrait, et l'écoutait à peine. « Mon cher ami, lui dit-il, pensez que dans quelques heures il faudra paraître devant Dieu : eh ! qui peut vous distraire d'une affaire pour vous d'une si grande importance ? — Vous avez raison, mon père, lui dit le patient, mais je ne puis m'ôter de l'idée qu'il ne tiendrait qu'à vous de me sauver la vie, et une telle pensée est b.. capable de me donner des distractions. — Comment m'y prendrais-je pour vous sauver la vie ? lui répondit le religieux ; et quand cela serait en mon pouvoir, pourrais-je hasarder de le faire, et vous donner par là occasion d'accumuler vos crimes ? — S'il n'y a que cela qui vous arrête, répondit le patient, vous pouvez compter sur ma parole ; j'ai vu le supplice de trop près pour m'y exposer de nouveau. » Le religieux fit ce que nous eussions fait, vous et moi, en pareille occasion ; il se laissa attendrir, et il ne fut plus question que de savoir comment il faudrait s'y prendre. La chapelle où ils étaient n'était éclairée que par une fenêtre qui était proche du toit et élevée de plus de quinze pieds. « Vous n'avez, dit le criminel, qu'à mettre votre chaise sur l'autel, que nous pouvons transporter au pied du mur ; vous monterez sur la chaise, et moi sur vos épaules d'où je pourrai gagner le toit. » Le religieux se prêta à cette manœuvre, et resta ensuite tranquillement sur la chaise, après avoir remis à sa place l'autel qui était portatif. Au bout de trois heures, le bourreau, qui s'impatientait, frappa à la porte, et demanda au religieux ce qu'était devenu le criminel : « Il faut que ce soit un ange, répondit froidement le religieux ; car, foi de prêtre, il est sorti par cette fenêtre. » Le bourreau, qui perdait à ce compte, après avoir demandé au religieux s'il se moquait de lui, courut avertir les juges. Ils se transportèrent à la chapelle, où notre homme assis leur montra la fenêtre, les assura en conscience que le patient s'était envolé par là, et que peu s'en était fallu qu'il ne se recommandât à lui, le prenant pour un ange ; qu'au surplus, si c'était un criminel, ce qu'il ne comprenait pas après ce qu'il lui avait vu faire, il n'était pas fait pour en être le gardien. Les magistrats ne purent conserver leur gravité vis-à-vis du sang-froid de ce bon homme; et, ayant souhaité un bon voyage au patient, ils se retirèrent. Vingt ans après, ce religieux, passant par les Ardennes, se trouva égaré au moment où le jour finissait; un certain paysan, l'ayant examiné très-attentivement, lui demanda où il voulait aller, et l'assura que, s'il voulait le suivre, il le mènerait dans une ferme qui n'était pas fort éloignée, et où il pourrait tranquillement passer la nuit. Le religieux se trouva fort embarrassé : la curiosité avec laquelle cet homme l'avait regardé lui donnait des soupçons; mais considérant que, s'il avait quelque mauvais dessein, il ne lui serait pas possible d'échapper de ses mains, il le suivit en tremblant : sa peur ne fut pas de longue durée, il aperçut la ferme dont le paysan lui avait parlé; et cet homme, qui en était le maître, dit en entrant à sa femme de tuer un chapon avec les meilleurs poulets de sa basse-cour, afin de bien régaler son hôte. Pendant qu'on préparait le souper, le paysan rentra, suivi de huit enfants, à qui il dit : « Mes enfants, remerciez ce bon religieux; sans lui vous ne seriez pas au monde, ni moi non plus : il m'a sauvé la vie. » Le religieux se rappela alors les traits de cet homme, et reconnut le voleur dont il avait favorisé l'évasion. Il fut accablé des caresses et des actions de grâces de la famille; et lorsqu'il fut seul avec cet homme, il lui demanda par quel hasard il se trouvait si bien établi. « Je vous ai tenu ma parole, lui dit le voleur; déterminé à vivre en honnête homme, je vins en demandant l'aumône jusqu'à ce lieu, qui est celui de ma naissance; j'entrai au service du maître de cette ferme, et ayant gagné les bonnes grâces de mon maître par ma fidélité et mon attachement, il me fit épouser sa fille, qui était unique. Dieu a béni les efforts que j'ai faits pour être homme de bien, j'ai amassé quelque chose; vous pouvez disposer de moi et de tout ce qui m'appartient, et je mourrai content à présent que je vous ai vu, et que je puis vous prouver ma reconnaissance. » Le religieux dit qu'il était trop payé du service qu'il lui avait rendu, puisqu'il faisait un si bon usage de la vie qu'il lui avait conservée; il ne voulut rien accepter de ce qu'on lui offrait, mais il ne put jamais refuser au paysan de rester quelques jours chez lui, où il fut traité comme un prince; ensuite ce bon homme le força de se servir au moins d'un de ses chevaux pour achever sa route, et ne voulut point le quitter qu'il ne fût sorti des chemins dangereux, qui sont en grand nombre dans ces contrées.

BELLE VENGEANCE D'UN JEUNE SOLDAT.

Pendant le siége de Namur, que les puissances alliées contre la France firent au commencement du siècle dernier, on connut, dans le régiment du colonel Hamilton, un officier qu'on appelait Union, et un soldat nommé Valentin: ces deux hommes étaient rivaux, et les querelles particulières les rendirent ennemis irréconciliables. Union, qui se trouvait l'officier de Valentin, saisissait toutes les occasions possibles de le tourmenter et de faire éclater son ressentiment: le soldat souffrait tout sans résistance; mais il disait quelquefois qu'il donnerait sa vie pour être vengé de ce tyran. Plusieurs mois s'étaient passés dans cet état, lorsqu'un jour ils furent commandés l'un et l'autre pour l'attaque du château: les Français firent une sortie, où l'officier Union reçut un coup de feu dans la cuisse. Il tomba, et comme les Français pressaient de toutes parts les troupes alliées, il s'attendait à être foulé aux pieds. Dans ce moment, il eut recours à son ennemi: « Ah! Valentin, s'écria-t-il, peux-tu m'abandonner? » Valentin, à sa voix, courut précipitamment à lui, et, au milieu du feu des Français, il mit l'officier sur ses épaules et l'enleva courageusement, à travers le danger, jusqu'à la hauteur de l'abbaye de Salcire. Dans cet endroit, un boulet de canon le tua lui-même, sans toucher à l'officier. Valentin tomba mort sur le corps de son ennemi qu'il venait de sauver; celui-ci, oubliant alors sa blessure, se releva s'arrachant les cheveux et se jetant sur ce corps défiguré: « Ah! Valentin, s'écrie-t-il, en rompant un silence mille fois plus touchant que les larmes les plus abondantes, Valentin, est-ce pour moi que tu meurs, pour moi qui te traitais avec tant de barbarie? Je ne pourrai pas te survivre, je ne le veux pas... non. » Il fut impossible de séparer Union du cadavre sanglant de Valentin, malgré les efforts qu'on fit pour l'en arracher; enfin on l'enleva, tenant toujours embrassé le corps de son bienfaiteur; et pendant qu'on les portait l'un et l'autre dans les rangs, tous leurs camarades, qui connaissaient leur inimitié, pleuraient à la fois de douleur et d'admiration. Lorsque Union fut ramené dans sa tente, on pansa de force la blessure qu'il avait reçue ; mais le jour suivant, ce malheureux, appelant toujours Valentin, meurt accablé de regrets. M. Stéel, qui rapporte ce fait dans ses ouvrages, propose en même temps ce problème à résoudre : lequel de ces deux infortunés fit paraître le plus de générosité, ou celui qui exposa sa vie pour sauver son ennemi, ou celui qui ne voulut pas survivre à son bienfaiteur ? Si l'on nous demande notre sentiment, nous croyons que l'officier Union dut cet enthousiasme de la vertu qui l'enflamma à l'héroïsme de son ennemi ; et l'imitateur n'est jamais si grand que le modèle. Il est certain d'ailleurs que le soldat Valentin aurait été capable de faire ce que fit l'officier Union ; mais nous pouvons douter que celui-ci se fût exposé à une mort presque inévitable pour sauver la vie à son ennemi.

APOLOGUE.

Un jeune prince très puissant régnait dans les Indes ; il était d'une fierté qui pouvait devenir funeste à ses sujets et à lui-même. On essaya en vain de lui représenter que l'amour de ses sujets est toute la force et toute la puissance du souverain : ces sages remontrances ne servirent qu'à faire périr leurs auteurs dans les tourments. Un bramine, ou philosophe, dans le dessein de lui indiquer cette vérité, sans toutefois s'exposer au même péril, imagina le jeu des échecs, où le roi, quoique la plus importante de toutes les pièces, est impuissant pour attaquer et même pour se défendre contre ses ennemis, sans le secours de ses sujets et de ses soldats. Le monarque était né avec beaucoup d'esprit ; il se fit lui-même l'application de cette leçon utile, changea de conduite, et par là prévint les malheurs qui le menaçaient. La reconnaissance du jeune prince lui fit laisser au bramine le choix de la récompense. Celui-ci demanda autant de grains de blé qu'en pourrait produire le nombre des cases de l'échiquier, en doublant toujours depuis la première jusqu'à la soixante-quatrième ; ce qui lui fut accordé sur le champ et sans examen ; mais il se trouva, par le calcul, que tous les trésors et les vastes empires du prince ne suffiraient point pour remplir l'engagement qu'il venait de contracter. Alors notre philosophe saisit cette occasion pour lui représenter combien il importe aux rois de se tenir en garde contre ceux qui les entourent, combien ils doivent craindre que l'on n'abuse de leurs meilleures intentions.

ANECDOTE PHILOSOPHIQUE.

L'histoire n'est pas toujours, comme on le pense communément, à la portée des enfants. Voici une anecdote qui le prouve; c'est M. R........ qui la rapporte dans son Traité d'éducation. « J'étais, dit-il, allé passer quelques jours à la campagne chez une bonne mère de famille qui prenait grand soin de ses enfants et de leur éducation : un matin, j'étais présent aux leçons de l'aîné; son gouverneur, qui l'avait très-bien instruit de l'histoire ancienne, reprenant celle d'Alexandre, tomba sur le trait du médecin Philippe qu'on a mis en tableau, et qui sûrement en valait bien la peine. Le gouverneur, homme de mérite, fit sur l'intrépidité d'Alexandre plusieurs réflexions qui ne me plurent point; mais j'évitai de le combattre, pour ne pas le décréditer dans l'esprit de son élève. A table on ne manqua pas, selon la méthode française, de faire babiller le petit bonhomme. La vivacité naturelle à son âge et l'attente d'un applaudissement lui firent débiter mille sottises, à travers lesquelles partaient de temps en temps quelques mots heureux, qui faisaient oublier le reste. Enfin, vint l'histoire du médecin Philippe; il la raconta fort nettement et avec beaucoup de grâce. Après l'ordinaire tribut d'éloges qu'exigeait la mère et qu'attendait le fils, on raisonna sur ce qu'il avait dit. Le plus grand nombre blâma la témérité d'Alexandre; quelques-uns, à l'exemple du gouverneur, admiraient sa fermeté, son courage, ce qui me fit comprendre qu'aucun de ceux qui étaient présents ne voyait en quoi consistait la véritable beauté de ce trait. Pour moi, leur dis-je, il me paraît que, s'il y a le moindre courage, la moindre fermeté dans l'action d'Alexandre, elle n'est qu'une extravagance. Alors tout le monde se réunit, et convint que c'était une extravagance. J'allais répondre et m'échauffer, quand une femme, qui était à côté de moi, et qui n'avait pas ouvert la bouche, se pencha vers mon oreille, et me dit tout bas : « Tais-toi, J.-J., ils ne t'entendront pas. » Je la regardai, je me frappai, et je me tus. Après le dîner, soupçonnant, sur plusieurs indices, que mon jeune docteur n'avait rien compris du tout à l'histoire qu'il avait si bien racontée, je le pris par la main ; je fis avec lui un tour de parc, et l'ayant questionné tout à mon aise, je trouvai qu'il admirait plus que personne le courage si vanté d'Alexandre ; mais savez-vous où il trouvait ce courage ? Uniquement dans celui d'avaler d'un seul trait un breuvage d'un mauvais goût, sans hésiter, sans marquer la moindre répugnance. Le pauvre enfant, à qui on avait fait prendre une médecine, il n'y avait pas quinze jours, et qui ne l'avait prise qu'avec une peine infinie, en avait encore le déboire à la bouche : la mort, l'empoisonnement ne passaient dans son esprit que pour des sensations désagréables, et il ne concevait pas pour lui d'autre poison que du séné. Cependant il faut avouer que la fermeté du héros avait fait une grande impression sur son jeune cœur, et qu'à la première médecine qu'il lui faudrait avaler, il avait bien résolu d'être un Alexandre. Sans entrer dans des éclaircissements qui passaient évidemment sa portée, je le confirmai dans ses dispositions louables, et je m'en retournai, riant en moi-même de la haute sagesse des pères et des maîtres qui pensent apprendre l'histoire aux enfants. Quelques lecteurs, mécontents du *tais-toi, Jean-Jacques*, demanderont, je le prévois, ce que je trouve enfin de si beau dans l'action d'Alexandre ? Infortunés ! s'il faut vous le dire, comment le comprendrez-vous ? C'est qu'Alexandre croyait à la vertu, c'est qu'il y croyait sur sa tête, sur sa propre vie ; c'est que sa grande âme était faite pour y croire : oh ! que cette médecine avalée était une belle profession de foi ! Non, jamais mortel n'en fit une plus sublime : s'il est quelque moderne Alexandre, qu'on me le montre à de pareils traits !

ANECDOTE FRANÇAISE.

Un capitaine turc fut pris par un des vaisseaux de la flotte de Du Quesne, lorsqu'il allait bombarder Alger, et rendu six semaines après, pendant une négociation qui s'ouvrit, mais qui ne procura point la paix. Quelque temps après, le comte de Choiseul fut pris par des chaloupes algériennes. Du Quesne fait d'inutiles efforts pour obtenir sa liberté ; le capitaine turc pris, avant le bombardement, par le vaisseau sur lequel servait le comte de Choiseul, et rendu par Du Quesne, se jette aux pieds du dey d'Alger, offre sa fortune pour sauver le comte de Choiseul, mais inutilement; on l'attache au canon; le capitaine, désespéré, l'embrasse étroitement; et s'adressant aux canonniers: « Feu ! leur dit-il, puisque je ne puis sauver mon bienfaiteur, je mourrai avec lui. » A ce spectacle, le peuple se calme, et la reconnaissance conserve le comte de Choiseul.

ANECDOTES PRÉCIEUSES SUR LOUIS XVI.

Je me souviendrai toujours de ce bon mot de Louis XVI, recueilli par quelqu'un qui l'avait entendu. Ce monarque, âgé de vingt ans, dit à la fin du carême qu'il avait passé sur le trône, « Je me suis tiré de celui-ci sans peine; mais j'aurai un peu plus de mérite le carême prochain.—Et en quoi donc, sire? lui dit un courtisan.—C'est, reprit le roi, parce que je n'ai eu cette année que le mérite de l'abstinence; j'aurai de plus celui du jeûne au carême prochain, puisque j'aurai atteint vingt-un ans.—Le jeûne! sire, il est incompatible avec vos occupations et vos exercices; après le travail vous allez à la chasse, et comment pourriez-vous jeûner sans altérer votre santé? — La chasse, répliqua le pieux monarque, est pour moi un délassement; mais je changerai de récréation s'il le faut, car le plaisir doit céder au devoir. » Le carême suivant, le roi chassa, mais il jeûna en même temps.

Le même prince, dont la France a admiré la véritable grandeur et la noble simplicité, nous a laissé, sur un autre objet, une leçon non moins frappante. Il était allé, le jour de l'Ascension, à l'Imprimerie Royale, dans la vue de s'instruire, en conférant avec celui qui en dirigeait les travaux. Les ouvriers, prévenus la veille de l'heure à laquelle il devait s'y rendre, l'avaient précédé et s'étaient mis à l'ouvrage. Il en marqua son mécontentement et sa surprise; il fit plus, il voulut qu'ils cessassent à l'instant leur travail. Quel exemple de la part du prince qui joignait tant de qualités héroïques à tant de religion!

LE VIEILLARD RELIGIEUX, OU LA NUIT.

Le soir d'un beau jour d'été, fatigué de la chaleur, je sortis pour respirer le frais; le soleil tout en feu quittait l'horizon, et les ombres, descendant des montagnes, s'étendaient déjà dans la plaine.

Bientôt je perdis de vue le hameau que j'habite, et les forges tonnantes, où d'un œil épouvanté l'on voit les fils de Vulcain, armés de longues tenailles, tirer de la fournaise embrasée le fer étincelant, et le plonger dans l'onde frémissante.

Les bergers ramenaient de tous côtés leurs troupeaux nombreux, en jouant de la flûte et du chalumeau; les bœufs revenaient du labour à pas tardifs. J'errais dans la campagne, et je n'entendais plus qu'au loin le bruit des lourds marteaux tombant à coups redoublés sur des enclumes résonnantes. Insensiblement j'avançais et m'éloignais toujours. Il est si doux de se trouver seul dans les lieux qu'on aime et de s'abandonner à ses rêveries! Je prolongeais ainsi ma promenade, sans m'apercevoir que la nuit régnait déjà depuis longtemps; mais, loin de m'effrayer, qu'elle me parut intéressante, et qu'il est délicieux de jouir du spectacle d'une belle nuit!

L'air était pur, le ciel n'était obscurci d'aucun nuage, et de brillantes étoiles embellissaient sa voûte d'azur; un beau clair de lune, partout répandu, donnait aux objets champêtres un charme nouveau. Ce demi-jour, cette lumière incertaine, mêlés au loin à l'ombre des bois et des coteaux, inspiraient une douce mélancolie.

Tout reposait dans la nature; à peine on entendait murmurer dans la prairie le faible ruisseau qui l'arrose. Combien ce calme universel, ce vaste silence attendrissait mon âme et la pénétrait de sentiments augustes et religieux!

Je m'arrêtai devant un lac superbe, uni comme une glace, et bordé de saules et de peupliers, entre lesquels on apercevait quelques chaumières isolées: avec quel ravissement, à la faveur des rayons argentés du flambeau de la nuit, je contemplais la magnifique voûte des cieux renversée et reproduite tout entière dans ce vaste bassin, et les arbres qui semblaient s'allonger et fuir, et leurs feuillages, qu'agitait un vent frais, balancés et flottants dans le miroir fidèle de l'onde tranquille!

J'allai m'asseoir dans un bosquet voisin, pour considérer à loisir tant de merveilles, et là je me livrais à toutes les réflexions que peut inspirer un spectacle si doux, lorsque le son d'une voix vint tirer mon âme de l'enchantement où elle était plongée. Cette voix me paraissant peu éloignée, j'écartai sans bruit les branches épaisses, qui me laissèrent entrevoir non loin de moi un homme d'un grand âge.

Sa tête presque chauve, son visage noble et serein, sa barbe ondoyante et blanchie par ses longues années, imprimaient un saint respect. Il était à genoux sous un chêne, dont le tronc, vainqueur du temps, produisait encore des jets vigoureux. Les yeux élevés vers le ciel, il parlait vivement. J'écoutai en silence, et j'entendis cette prière majestueuse et touchante, qui partait d'un cœur tout plein de la divinité qu'il invoquait :

« O toi, dont la nature entière manifeste avec tant de grandeur l'existence et le pouvoir infini, père des hommes, du haut de ce trône sublime qu'environnent des chœurs innombrables d'esprits purs qui vivent de ton amour, qui brûlent de tes feux, et célèbrent sans cesse sur des harpes ravissantes tes louanges divines, daigne un moment écouter un faible mortel, et recevoir son hommage.

« Au milieu du silence de la nuit, j'élève ma voix, et je viens adorer cette intelligence éternelle qui m'a tiré du néant.

« L'univers, grand Dieu, est ton temple! Éclairés, le jour, par le soleil éblouissant, qui est ton image, et parsemés, pendant la nuit, d'étoiles étincelantes qui forment ta couronne, les cieux immenses sont la voûte de ce temple magnifique, et l'homme innocent et pur en est le prêtre.

« Oh! comment d'insensés mortels ont-ils pu méconnaître cette sagesse visible, universelle, qui gouverne le monde avec tant d'éclat? Comment, à l'aspect de ces globes rayonnants qui roulent au-dessus des nues, des mers profondes qui embrassent la terre et rapprochent les nations, de ces trésors répandus avec tant de profusion sur sa surface et dans ses entrailles, comment donc, environnés de tant de prodiges, en ont-ils oublié l'auteur?

« Je te bénis, Dieu suprême, de m'avoir fait naître dans les champs, loin des cités corrompues, et d'avoir éloigné de mon cœur l'orgueil et l'ambition ; grâce à ta bonté paternelle, je jouis depuis un siècle des seuls vrais biens de la vie, la paix de l'âme et l'heureuse médiocrité.

« Jamais tu n'as cessé de me prodiguer les dons de ton amour; mes derniers jours sont encore tous marqués par tes bienfaits: d'abondantes moissons remplissent mes greniers; tu arroses mes prairies; tu donnes la fécondité à mes troupeaux, tu fertilises mes vignobles; ta main couvre mes arbres de fleurs et de fruits, que n'ont jamais ravagés le violent Africus, ni l'Auster orageux.

« Pour comble de félicité, tu m'as conservé ma compagne paisible et nos deux enfants, dont la tendresse fait le charme de nos vieux jours : mon Dieu, je n'ai plus rien à désirer que de mourir avant eux.

« Je le sens, je touche au terme de ma carrière, bientôt j'irai mêler ma cendre à celle de mes pères. Quand on m'aura descendu dans leur tombeau, protecteur de ma longue vie, je te recommande mes enfants; prends pitié de leur tendre mère, veille du haut des cieux sur des têtes si chères : ô mon Dieu, ne les abandonne jamais. »

En achevant ces mots, ses yeux se remplirent de larmes; de profonds soupirs s'exhalaient de son cœur; il respirait à peine. Je crus voir alors je ne sais quoi de divin briller sur le front de ce vieillard vénérable. Il se leva, et d'un pas tranquille il se retira dans sa demeure, où je l'entendis encore bénir longtemps l'Être suprême.

Cependant l'aurore éclatante se disposait à ouvrir les portes du ciel; les oiseaux, voltigeant dans les arbres touffus, commençaient à gazouiller; déjà les lapins, s'élançant de leurs terriers, couraient dans les vastes prairies blanchies par la rosée, et broutaient le serpolet, tandis que le renard glapissant poursuivait dans les bois le lièvre épouvanté.

Déjà le diligent laboureur attelait à la charrue ses bœufs mugissants; déjà les brebis, s'échappant en foule de l'étable, se répandaient en bêlant dans la campagne, suivies des chiens qui aboyaient, et des bergères chantant des airs rustiques; le front couronné de rubis et de rayons d'or, le soleil sortait du sein de l'onde et lançait ses premiers feux; l'âme émue et ravie de ce que j'avais vu, de ce que je venais d'entendre, je me levai et regagnai tranquillement mon réduit champêtre.

BELLE LEÇON D'UN MONARQUE A SON FILS.

Un roi plein d'humanité pour ses sujets, avait un fils d'un caractère tout opposé. Se croyant d'une autre nature que le commun des hommes, il traitait les peuples et les grands eux-mêmes avec un ton de hauteur et de dureté qui les révoltait. Son père, craignant qu'il ne les rendît malheureux lorsqu'il serait sur le trône, et que, las de sa domination, ils ne se soulevassent contre lui, travaillait en vain à lui faire perdre son orgueil et sa fierté. Un jour qu'il témoignait sa peine à un de ses courtisans, ce confident zélé prit sur lui, avec le consentement du roi, de corriger le jeune prince. Il saisit la circonstance où la princesse son épouse venait de lui donner un fils. La nuit suivante il fit mettre un autre enfant, qui venait de naître, à côté de celui-ci, après avoir pris des précautions nécessaires pour ne pas risquer de les confondre. Le prince, à son réveil, n'a rien de plus pressé que de courir au berceau de son fils; quelle est sa surprise, lorsqu'il y voit deux enfants tout à fait semblables, et n'ayant aucune marque extérieure qui les distingue! De l'étonnement il passa à tous les éclats de l'emportement et de la fureur. Le roi survint, attiré par ses cris : « Eh quoi! mon fils, dit-il, déjà prévenu par son confident, vous est-il si difficile de discerner quel est ici l'enfant qui vous appartient? Votre sang, qui coule dans ses veines, peut-il lui laisser rien de commun avec les autres mortels? La nature n'a-t-elle pas imprimé en lui des caractères de supériorité et de grandeur, auxquels il serait impossible de s'y méprendre? Et ce fils de l'héritier présomptif de ma couronne peut-il ressembler au dernier de ses sujets? » Le jeune prince comprit aisément le sens de ces paroles, et devint aussi affable et aussi humain que l'était son père.

Le dauphin, père de Louis XVI, fit à ses fils, dès leurs plus tendres années, une leçon non moins forte, et plus touchante encore. Il fit apporter en leur présence les registres de la paroisse dans laquelle ils avaient été baptisés. « Vous voyez, leur dit-il, votre nom précédé et suivi d'une foule de noms obscurs: comme hommes, vous vous trouvez ici confondus avec une foule d'autres hommes: vous l'êtes également comme chrétiens: c'est qu'en effet sous ces deux rapports, qui forment en vous ce qu'il y a de plus grand, tous les hommes sont vos égaux. »

PUNITION ET RÉCOMPENSE D'UN JEUNE OFFICIER FRANÇAIS

Un jeune officier français, se trouvant sur la Meuse, devant une place qu'on allait forcer, ne se donna pas la patience d'attendre le signal pour l'assaut. Il sortit de son rang, monta à la brèche, et y causa une si grande épouvante, que les assiégés, qui ne le croyaient pas seul, abandonnèrent la brèche, ce qui entraîna la prise de la place. Le marquis de Créqui, en étant instruit, fit venir devant lui le jeune officier. Au lieu de louanges auxquelles il s'attendait, le maréchal le fit lier et garrotter, et après qu'il eut été promené, en cet état, plusieurs jours, à la suite du camp, il fut mis en prison et condamné à mort, pour être sorti de son rang et pour avoir agi sans ordres. On le conduisit jusqu'au lieu du supplice, où se trouva le général, qui lui accorda sa grâce, lui donna une chaîne d'or, un cheval d'Espagne, et le garda près de lui, afin de récompenser sa bravoure après avoir puni sa témérité.

RECONNAISSANCE, GÉNÉROSITÉ ET MODESTIE D'UN PAUVRE JEUNE HOMME.

Un jeune homme de dix-huit ans, élevé à Paris dans l'hôpital des Enfants-Trouvés, où il avait été baptisé sous le nom de *Pierre*, fut envoyé avec d'autres, au sortir de l'enfance, à Saint-Quentin, pour y être nourri moyennant une légère rétribution. On vint un jour retirer les enfants des mains de ceux qui s'en étaient chargés. Pierre, redoutant le séjour d'un hôpital, trouva le moyen de s'échapper et de revenir à Saint-Quentin. Un traiteur de cette ville, touché de sa jeunesse et de sa misère, le recueillit dans sa maison et lui apprit son métier, sans autre vue que de faire une bonne action. Il en reçut la récompense. Un créancier exigea, il y a quinze jours (écrivait-on d'Amiens, le 7 octobre 1780), le paiement d'une somme modique que lui devait le bienfaiteur de Pierre. Ce particulier, dénué de fonds, résolut, pour faire honneur à sa dette et se mettre à l'abri des poursuites dont il était menacé, de vendre une partie de son argenterie. Il appelle l'enfant trouvé, lui confie sa situation et son désespoir, et le charge de vendre ses effets. Cette nouvelle décide Pierre : il dit au traiteur de ne point se presser de vendre son argenterie, et qu'il va travailler à le tirer d'embarras par d'autres moyens. Sans s'expliquer davantage, le jeune homme va trouver M. de Gronsure, colonel au corps royal d'artillerie, s'engage dans le régiment d'Auxonne, reçoit le prix de sa liberté, et l'apporte à son bienfaiteur. « Tenez, lui dit-il, il y a longtemps que j'ai envie de servir le roi, et, pour vous prouver que je ne suis point ingrat, je viens de me satisfaire: acquittez votre dette. »

Le traiteur et sa femme, fondant en larmes, embrassent le jeune homme, et veulent le forcer à reprendre son argent; mais rien ne peut ébranler sa résolution: il part, emportant l'estime de cette ville.

Cet acte de bienfaisance en a fait naître un autre qui mérite d'être cité. L'officier lut, dans la chambre du jeune soldat, l'article du *Mercure* qui le concernait; il convint que tout y était rapporté dans la plus exacte vérité; mais le modeste silence qu'il avait gardé jusque alors sur une conduite qui lui fait tant d'honneur, est un nouveau trait qui ne mérite pas moins la publicité que la reconnaissance qu'il a exercée envers ses bienfaiteurs. Plein d'admiration pour les belles qualités de ce jeune homme, son régiment s'est chargé de lui procurer des maîtres et une instruction qui le mettent à même de remplir un état conforme à sa façon de penser.

TRAITS DE PATIENCE.

Les mères spartiates, à la nouvelle de la mort de leurs enfants tués dans un combat, non-seulement ne versaient aucune larme, mais elles sentaient de la joie. La nature, dans ces occasions, aurait dû cependant se faire entrevoir davantage, l'amour de la patrie n'étouffe pas tout à fait les sentiments de la tendresse maternelle.

— Un de nos généraux à qui, dans l'ardeur du combat, on apprit que son fils venait d'être tué, parla bien sagement : « Songeons, dit-il, maintenant à vaincre l'ennemi ; demain je pleurerai mon fils. »

— Un autre, c'était M. de Saint-Hilaire, lieutenant général de l'artillerie, eut un bras emporté du même coup de canon qui tua M. de Turenne. Son fils s'étant mis à pleurer et à crier: « Taisez-vous, mon enfant, lui dit-il, en montrant M. de Turenne étendu mort; voilà celui qu'il faut pleurer. »

— Sentir vivement ses malheurs, et cependant étouffer les murmures de la nature qui souffre ; entrer dans les jugements adorables d'une Providence qui, ou jalouse de ses droits, en punit les prévaricateurs ; ou, tendre et bienfaisante sous l'apparence de la sévérité, conduit ceux qu'elle aime, par des voies difficiles, au terme heureux qu'elle leur a marqué, voilà les traits d'une patience vraiment héroïque, et dont la religion seule est le principe.

— Le moyen le plus sûr pour se délivrer des afflictions, disait un grand génie, c'est de prendre plaisir à y rester tant qu'il plaît à Dieu de nous y laisser.

— Henri IV demandait un jour au duc de Sully, son confident, s'il n'était pas bien malheureux, après avoir essuyé dans sa jeunesse plus de malheurs lui seul que tous les rois de France n'en avaient éprouvé, de ne pouvoir jouir d'aucun plaisir durant le cours de sa brillante fortune ; d'avoir pour ennemis la plupart de ceux qu'il avait comblés de bienfaits. « Tous ces malheurs, lui répondit le duc, ne seraient rien si vous n'y ajoutiez pas celui d'y être trop sensible. »

— Jamais destinée ne fut plus cruelle que celle de la reine, mère de Louis XIII : après avoir été sur le plus beau trône de l'univers, obligée de se retirer en Angleterre pour se mettre à l'abri de l'indignation de son fils, elle en fut chassée par le crédit du cardinal de Richelieu ; elle se réfugia enfin à Cologne, où elle mourut dans une extrême misère, avec une résignation au-dessus de son sexe et son âge.

PRÉCAUTIONS CONTRE LA COLÈRE

Athénédore, fameux philosophe, originaire de Tarse, prit la liberté de donner à l'empereur Auguste un remède assez plaisant pour guérir son emportement. Il lui conseilla, dès qu'il se sentirait échauffé, de réciter les vingt-quatre lettres de l'alphabet grec, afin qu'en appliquant son esprit à d'autres objets, la vivacité de sa colère pût s'amortir dans cet intervalle de temps. Il voulut lui faire entendre que la réflexion est un moyen sûr pour réprimer les premiers mouvements de cette passion impétueuse, contre laquelle on ne peut être trop en garde.

— François d'Étampes, marquis de Mauni, entra dans le cabinet de Louis XIII, qui donnait audience au cardinal de Richelieu, et répondit aux questions du roi en bégayant. Le roi, qui bégayait aussi, crut que Mauni le contrefaisait ;

le prenant par le bras, il voulait le faire tuer par ses gardes. Heureusement le cardinal apaisa le roi, et lui dit : « Votre Majesté ne sait donc pas que Mauni est né bègue ? De grâce, pardonnez-lui un défaut dont il n'est pas même responsable envers Dieu. » Louis XIII, honteux de sa promptitude, embrassa Mauni, et l'aima toujours depuis. Si le cardinal ne se fût point trouvé présent, l'infortuné marquis, qui ne pouvait se servir de sa langue pour s'excuser, allait être victime d'une offense imaginaire et d'un emportement aveugle et déraisonnable.

LA DOUCEUR ET L'HUMANITÉ ESTIMABLES SURTOUT DANS LES GRANDS.

La colère et la fierté, loin d'être les prérogatives des grands, en sont l'abus et l'opprobre ; ils ne méritent plus d'être les maîtres de leurs sujets dès qu'ils oublient qu'ils en sont les pères.

Charles VI était doux, affable, et ne refusait audience à personne : il n'oubliait jamais les services qu'on lui avait rendus. Quelque sujet qu'il eût de se fâcher, il ne maltraita jamais qui que ce soit ; attentif à ne pas ajouter foi aux rapports qu'on lui faisait, persuadé que la passion ne pouvait prévenir les gens de bien : « J'aime mieux, disait-il, ne pas croire le mal où il est, que de m'exposer à le croire où il n'est pas. »

On rapporta un jour à ce prince qu'un homme qu'il avait comblé de grâces avait mal parlé de lui : « Cela ne peut être, répliqua-t-il, je lui ai fait du bien. » Le même roi, dans une bataille contre les Flamands, qui se donna au commencement de son règne, fâché de voir beaucoup de ses gens tués, voulut s'avancer et charger lui-même ; mais le duc de Bourgogne l'en ayant empêché : « Ah ! faut-il, s'écria ce prince, demeurer les bras croisés, tandis que tant de braves gens meurent pour mon service ! »

— Un célèbre avocat déclama publiquement contre la personne et le gouvernement de Philippe II ; on le mit en prison. L'affaire ayant été portée au conseil du monarque, il lui accorda sa liberté : « C'est un fou, ajouta-t-il, puisqu'il parle mal d'un prince qu'il ne connaît pas, et qui ne lui a fait aucun mal. »

— Louis XII aimait à entendre dire ses vérités, sans jamais se fâcher ; sa bonté naturelle étouffa le juste ressentiment qu'il devait avoir contre ceux qui avaient attenté à sa liberté et même à sa vie, sous le gouvernement de la dame de Beaujeu. Le duc René de Lorraine, pour flatter la passion de cette impétueuse princesse, l'avait souverainement offensé : néanmoins, lorsqu'il fut parvenu à la royauté, il le mena à son sacre, et lui fit représenter l'un des douze ducs et pairs dans cette auguste cérémonie. Comme le duc avait des prétentions sur la Provence, il voulut bien se soumettre au jugement des commissaires nommés pour examiner son droit, et il en chargea leur conscience, pour décharger la sienne.

— Henri IV ne se portait jamais que malgré lui à des actes de rigueur, et se faisait un vrai plaisir de plaindre le coupable en punissant le crime. Il pardonna au comte d'Auvergne, qui, de concert avec les ducs de Biron et de Bouillon, avait conspiré contre sa personne.

On ne peut mieux faire connaître l'excellent caractère de ce grand prince qu'en rapportant un entretien qu'il eut avec le duc de Sully, qui retournait à son château, après une violente maladie causée par des blessures. Henri IV alla droit à lui, et l'abordant : « Mon ami, lui dit-il, je suis bien aise de vous voir avec un meilleur visage que je ne m'y attendais, et j'aurai une plus grande joie si vous m'assurez que vous ne courez point risque de la vie, ni d'être estropié. » Le duc remercia le roi de ses bontés, et lui répondit qu'il s'estimait heureux d'avoir souffert pour un si bon maître. « Vaillant chevalier, répliqua le roi, j'avais toujours eu très-bonne opinion de votre courage, et conçu de bonnes espérances de votre vertu; mais vos actions signalées et votre réponse modeste ont surpassé mon attente; et partant, en présence de ces princes, capitaines et grands chevaliers, qui sont ici près de moi, je vous embrasse des deux bras. Adieu, mon ami, portez-vous bien, et vous assurez que vous avez un bon maître. »

— Il n'y a guère eu de favori qu'on ait plus déchiré, par des satires de toute espèce, que le cardinal Mazarin. Supérieur à toutes ces injures, il lisait ou se faisait lire tout ce qu'on écrivait contre lui. Comme un juge indifférent, d'un air froid et tranquille, il disait : « Cette pièce est bonne, celle-là est fade, celle-ci est délicate, cette autre est outrée et mal entendue. » Il donna une grosse abbaye à un poète qui l'avait outragé par ses vers.

— Colbert, ayant appris qu'un certain poëte avait fait un sonnet injurieux contre lui, demanda si le roi y était offensé ; on lui dit que non : « Je ne le suis donc pas, » répondit le sage ministre.

— Un intendant de province avait fait construire, avec des dépenses incroyables, de magnifiques chemins, et planter des allées d'arbres d'une beauté admirable ; il fallut, pour le juste alignement de ces ouvrages, rogner et couper des terres appartenant à divers particuliers. Un de ceux-ci, à qui on avait donné des lettres de recommandation pour ce même intendant, qu'il ne connaissait pas, dans une affaire qu'il avait à Paris, se trouva par hasard dans une maison où il était. Ce magistrat, curieux d'apprendre par lui-même ce que l'on pensait sur son compte dans la principale ville de son département, demanda à ce bourgeois ce qu'on y disait de lui : « Rien de bon, lui répliqua-t-il aussitôt ; il m'a enlevé la moitié d'une maison et mon jardin tout entier, qui m'étaient fort utiles, pour redresser et élargir un chemin dont je n'ai que faire.

— On m'a dit, continua-t-il, que votre intendant ne se faisait guère aimer. — Point du tout, repartit le bourgeois ; en effet, il faudrait avoir de l'amitié à revendre pour en accorder à quelqu'un qui nous traite si mal. » L'intendant prit congé du bourgeois, qui, le lendemain, l'étant allé voir, fut surpris de reconnaître la personne sur le compte et en présence de laquelle il s'était si librement expliqué la veille ; il ne put cacher son embarras. L'intendant se contenta d'en sourire, et, l'appuyant de son crédit, lui fit gagner son procès.

— Henri IV reçut le maréchal de Biron, son plus redoutable ennemi, avec la même bonté que s'il n'eût jamais eu aucun sujet de s'en plaindre. Le roi même était plus inquiet que le courtisan : « Voilà un homme bien malheureux, dit-il à un de ses plus fidèles courtisans, c'est grand dommage : j'ai envie de lui pardonner, d'oublier tout ce qui s'est passé et de lui faire autant de bien que jamais ; il me fait pitié, et mon cœur ne se peut porter à faire du mal à un homme qui a du courage, qui m'a si longtemps servi, qui m'a été si familier. » La douceur était le fond du caractère de cet excellent prince.

— On ne peut pas faire du bien à tout moment, mais on peut toujours dire des choses qui plaisent. Louis XIV s'en était fait une heureuse habitude ; c'était entre lui et sa cour un commerce continuel de tout ce que la majesté peut avoir de grâce, sans jamais la dégrader. Le comte de Marivaux, lieutenant général, homme brusque, et qui n'avait pas même adouci son caractère dans la cour d'un prince si affable et si poli, avait perdu un bras dans une action, et se plaignait au roi, qui l'avait pourtant assez bien récompensé, en lui disant : « Je voudrais avoir perdu l'autre bras et ne plus servir Votre Majesté. — J'en serais bien fâché pour vous et pour moi, » répondit Louis XIV. Cet entretien fut suivi d'une grâce qu'il lui accorda.

— Un jour que M. de Nesmond, archevêque de Toulouse, haranguait Louis XIV, la mémoire lui manqua. Le roi lui dit avec bonté : « Je suis bien aise, Monsieur, que vous me donniez le temps de goûter les belles choses que vous me dites. »

— Il est rare que cet esprit de modération et de douceur, qui devrait être le lien de la société civile, règne surtout parmi les savants et les gens de lettres. Racine était fort amer dans ses railleries, et avait naturellement l'esprit moqueur, quoique tempéré par un grand fonds de probité et de religion : ses amis mêmes ne trouvaient point grâce auprès de lui quand il leur échappait quelque chose qui pût lui donner prise. Boileau ayant avancé un jour, par mégarde, une proposition qui n'était pas juste à l'Académie des inscriptions, Racine tomba rudement sur son ami, et alla jusqu'à l'insulter : Boileau se contenta de lui dire : « Je conviens que j'ai tort, mais j'aime encore mieux l'avoir, que d'avoir si orgueilleusement raison que vous l'avez. » Que cette sage retenue est louable !

— Louis XII, prince qui aimait autant ses sujets qu'il en était aimé, n'entendait, partout où il allait, que des cris de joie. Que de louanges sans flatterie ! On le vit plus d'une fois les larmes aux yeux, quand la nécessité le forçait d'imposer le moindre subside sur son peuple, qu'il ménageait avec la tendresse d'un vrai père.

— Philippe de Valois disait ordinairement que le plus grand trésor des rois doit être dans le cœur de leurs sujets, et qu'il aimait mieux être le roi des Français que de la France.

— Charles VII avait beaucoup de bonté, d'humanité et de politesse à l'égard de tout le monde. On ne trouve pas qu'en toute sa vie il ait chassé aucun de ses domestiques, ni offensé de la moindre parole aucun de ses sujets.

— Le prince de Conti disait souvent que, quand même la religion n'obligerait pas de regarder les hommes comme des frères, il suffit d'être né homme pour être touché du malheur de ses semblables. Aussi, à la prise de Neufchâtel, où la place emportée d'assaut semblait autoriser le carnage et la fureur du soldat, combien de victimes innocentes arracha-t-il à la mort! Combien arrêta-t-il de ces actions barbares que ne demande plus la victoire, mais qu'inspire la cruauté! apprenant aux Allemands à mêler la valeur, qui leur est commune avec nous, à l'humanité qui nous est propre. De là, le lendemain du combat de Steinkerque, il vint sur le champ de bataille encore tout couvert de morts et de mourants; il fit transporter tous les blessés, sans distinction de Français et d'ennemis, assura à une infinité de malheureux la vie ou le salut, et força les ennemis mêmes de bénir, dans le héros qui sut les vaincre, le libérateur qui les sauva. Rien ne donne plus d'éclat à la valeur que de la voir jointe à la clémence.

LA LIBERTÉ ET LA HARDIESSE NÉCESSAIRES QUELQUEFOIS AVEC LES GRANDS.

Il y a des occasions où la liberté et la hardiesse sont nécessaires et font plus d'impression sur les grands, surtout quand on a pour soi la raison et la justice.

Henri VIII, roi d'Angleterre, s'étant brouillé avec le roi de France, François Ier, résolut de lui envoyer un ambassadeur et de le charger pour ce prince de paroles fières et menaçantes. Il choisit pour cela un évêque anglais, dans lequel il avait beaucoup de confiance, et qu'il croyait très-propre à l'exécution de ce dessein. Le prélat ayant appris le sujet de son ambassade, et craignant pour sa vie s'il traitait François Ier avec la fierté que son maître exigeait, lui représenta le danger auquel il l'exposait, et le pria instamment de ne plus lui donner cette commission. « Ne craignez rien, lui dit Henri VIII; si le roi de France vous faisait mourir, je ferais couper la tête à tous les Français qui seraient dans mes États. — Je vous crois, sire, répondit l'évêque; mais permettez-moi de vous dire que, de toutes les têtes que vous auriez fait couper, il n'y en aurait pas une qui revînt si bien sur mon corps que la mienne. »

— Henri IV, ayant eu l'imprudente faiblesse de faire une promesse de mariage à mademoiselle d'Entragues, qui fut depuis appelée la marquise de Verneuil, consulta le duc de Sully sur cette démarche : « Lisez, lui dit le prince en l'abordant; dites-moi sincèrement ce que vous en pensez. » Le duc, outré de la trop grande facilité du roi, et ne doutant point qu'on ne fît un jour un fatal usage de cet écrit, le déchira. « Êtes-vous fou, Sully ! lui dit le roi sans se mettre en colère. — Si je le suis, repartit avec liberté le favori, Votre Majesté montre, par cet écrit, qu'elle est encore plus folle que moi; je viens de faire le devoir d'un fidèle serviteur, et vous, sire, vous voulez faire ce qui ne convient jamais à un grand roi. »

ÊTRE EN GARDE CONTRE L'ORGUEIL, LE DÉDAIN ET L'ARROGANCE.

Le grand Turenne était l'ennemi juré des airs insultants; il ne pouvait souffrir qu'on se moquât de personne à la cour comme à l'armée; lorsqu'il arrivait quelque nouveau débarqué dont on voulait se divertir, il prenait d'abord son parti d'un air qui imposait aussitôt silence à tout le monde, quelque démangeaison qu'on eût de railler.

Un jeune gentilhomme arrivant un jour à l'armée, après l'avoir salué, lui demanda où il mettrait ses chevaux. A cette question, tous ceux qui étaient présents se mirent à rire de la manière du monde la plus mortifiante pour ce gentilhomme. Mais M. de Turenne prenant un ton sérieux : « C'est donc, leur dit-il, une chose bien étonnante qu'un homme qui n'est jamais venu à l'armée n'en sache pas les usages? N'y a-t-il pas bien de l'esprit à se rire de lui, parce qu'il ne sait pas des choses qu'il ne peut savoir, et qu'au bout de huit jours il saura aussi bien que vous? » Il ordonna ensuite à son écuyer d'avoir soin des chevaux de ce gentilhomme et de l'instruire des autres choses nécessaires.

— Louis XI était humble en paroles, selon le rapport de Philippe de Comines; il parlait indistinctement à toutes sortes de personnes, et ne faisait point acception d'état. Il répondait ordinairement aux reproches qu'on lui faisait de ne pas assez garder son rang et sa dignité : « Lorsque orgueil chemine devant, honte et dommage suivent de bien près. »

— Louis XIV aimait les louanges, et il est à souhaiter qu'un roi les aime, parce qu'il s'efforce de les mériter; mais il ne les recevait pas toujours quand elles étaient trop fortes. L'Académie Française, qui lui rendait compte des sujets qu'elle proposait pour ses prix, lui fit voir celui-ci: *Quelle est de toutes les vertus du roi celle qui mérite la préférence ?* Le roi, rougit et ne voulut pas qu'un tel sujet fût traité. Il fit encore supprimer les inscriptions fastueuses dont Charpentier, de l'Académie Française, avait chargé les tableaux du célèbre Lebrun dans la galerie de Versailles.

— Quand le roi Jean, fait prisonnier du prince de Galles dans la fameuse bataille de Poitiers, parut devant le vainqueur, on eût dit qu'il l'était lui même. Le prince anglais donna un magnifique souper, dans sa tente, au roi et à tous les prisonniers de distinction ; il le servit pendant tout le repas, et ne voulut jamais se mettre à table, quelque prière que le roi lui en pût faire. « Je ne suis, disait-il, assez suffisant pour me seoir à table de si grand prince et de si vaillant homme que le corps du roi est. » Il tâchait de le consoler, en lui disant que, quoique vaincu, il avait par ses actions héroïques acquis plus de gloire que le vainqueur. On lui rendit tous les honneurs du triomphe quand il entra dans Londres ; il était monté sur un cheval blanc richement enharnaché, ayant à son côté le prince de Galles, vêtu fort modestement et monté sur une petite haquenée. Le roi, la reine et toute la cour d'Angleterre le reçurent avec beaucoup d'amitié et de respect. Quand ils virent que la mauvaise fortune ne l'avait point abattu, ils augmentèrent leur estime pour lui, et adoucirent sa vertu par toutes sortes de déférences et d'honnêtetés.

Il semble que la Providence ait pris plaisir à ménager, plus de trois siècles après, aux descendants de ce monarque français, l'occasion de se venger de tant de politesses et de bontés, dans la postérité de cet excellent prince anglais.

En effet, Jacques II, roi d'Angleterre, successeur de Charles II, son frère aîné, ayant été chassé de ses États par le prince d'Orange, son gendre, vint avec sa femme et le prince de Galles son fils, encore enfant, implorer la protection de Louis XIV. Cette reine malheureuse fut étonnée de la manière dont elle fut reçue. Le roi alla au-devant d'elle, et l'aborda en lui disant : « Je vous rends, Madame, un triste service ; mais j'espère vous en rendre bientôt de plus grands et de plus heureux. » Il la conduisit au château de Saint-Germain, où elle trouva le même service qu'aurait eu la reine de France, tout ce qui sert à la commodité et au luxe, des présents de toute espèce, en argent, en or, en vaisselle, en bijoux et en étoffes : il y avait, parmi tous ces présents, une bourse de dix mille louis d'or sur sa toilette.

Les mêmes attentions furent observées pour son mari, qui arriva un jour après elle : on lui régla six cent mille francs par an pour l'entretien de sa maison. Outre les présents sans nombre qu'on lui fit, il eut les officiers du roi et ses gardes. Toute cette réception fut peu de chose en comparaison des préparatifs qu'on fit pour le rétablir sur son trône.

— Saint Louis, maître de cette fougue impétueuse qui emporte les jeunes courages, parlait, dans les premiers et violents moments de la victoire, un langage de paix à l'ennemi qui lui demandait une trêve : « Allez, je veux bien vous l'accorder, et je souhaite que vous en profitiez. »

L'ADULATION, ÉCUEIL DES GRANDS.

La vérité perce bien rarement les nuages que forment l'autorité des grands et la flatterie de leurs courtisans. Saint Louis n'eut point de flatteurs, parce qu'il n'aima point ses fautes. Entouré d'un nombre d'amis saints et fidèles, il les établissait les censeurs de sa conduite. Il chercha dans les hommes de bien cette droiture de cœur, cette sincérité de paroles, cette liberté désintéressée qu'on ne saurait trouver qu'en eux seuls ; il voulait être instruit sans être flatté. La vérité n'est odieuse qu'à ceux qui craignent de la connaître.

— Saint Louis, évêque de Toulouse, fut ennemi de l'adulation : pour connaître la vérité et pour avancer dans la perfection, il avait chargé un frère mineur, qui l'accompagnait toujours, de l'avertir de ses fautes. Ce frère ayant un jour usé de cette permission en présence de plusieurs personnes qui en paraissaient mécontentes : « C'est pour mon bien qu'il l'a fait, dit le saint évêque ; et je l'ai voulu ainsi. Comme l'amitié ne doit rien taire, on doit prendre en bonne part tout ce qui en vient. Ecouter les flatteurs et fermer l'oreille à la vérité, c'est se perdre. »

— François Ier eût été le plus grand des rois, si la trop haute opinion de lui-même, que lui donnèrent ses belles qualités, ne l'eût pas laissé envelopper par les flatteries des courtisans, qui lui gâtèrent l'esprit et le jetèrent dans de vaines dépenses et de fastueuses apparences. Heureusement, dix ou douze ans avant sa mort, il ouvrit les yeux, et vit qu'en effet il ne gouvernait pas, et qu'il n'y avait que son nom qui agissait; il résolut de se dégager des filets des adulateurs. La première preuve qu'il en donna fut la manière noble et généreuse dont il témoigna sa reconnaissance à Antoine Duprat, pour un bon conseil qu'il en avait autrefois reçu. Quel fléau pour les grands que des hommes nés pour applaudir à leurs passions, ou pour dresser des piéges à leur innocence! Quel malheur pour les peuples, quand les chefs se livrent à ces ennemis de leur gloire, parce qu'ils le sont de la sagesse et de la vérité!

— Pendant que l'abbé de Choisy travaillait à l'histoire de Charles VI, le duc de Bourgogne, à peine sorti de l'enfance, lui adressa un jour ces paroles : « Comment vous y prendrez-vous pour dire que ce roi était fou? — Monseigneur, lui répondit l'abbé sans hésiter, je dirai qu'il était fou; la seule vertu distingue les hommes dès qu'ils sont morts. »

— Quand on écrit la vie des gens, disait Boileau, il ne faut point les ménager sur ce qu'ils ont de criminel, cela inspire de la confiance pour le bien qu'on dira d'eux. Le ministre Colbert ne pouvait souffrir Suétone, parce que cet historien avait révélé la turpitude des empereurs. C'est par là cependant qu'il doit être recommandable aux gens qui aiment la vérité.

Boileau avait de la franchise, et n'aima jamais à flatter. S'étant fait annoncer un jour chez le Père Ferrier, confesseur du roi, qui avait une cour nombreuse, le jésuite vint ouvrir lui-même la porte de son cabinet pour le recevoir plus amicalement : « Eh bien! lui dit-il en l'embrassant tendrement, qu'est-ce qui vous amène ici? — Mon Père, répliqua-t-il, je viens vous montrer un spectacle assez nouveau pour vous, ce sont des yeux qui ne vous demandent rien. »

Tout le monde s'empressant de faire des compliments à M. Pelletier, qui avait succédé à M. Colbert dans la place de contrôleur général, Boileau lui dit simplement : « Monseigneur, je n'envie, de votre nouvelle dignité, que l'occasion que vous allez avoir de faire plaisir à bien des gens. »

S'ACCOUTUMER A VIVRE DE PEU.

Il n'est pas seulement avantageux, il est encore nécessaire de s'accoutumer à vivre de peu. A l'armée, les tables de Turenne et de Catinat étaient servies fort proprement, mais très-simplement ; elles étaient abondantes, mais militaires ; on n'y mangeait que des viandes communes ; on n'y buvait que du vin tel qu'on le recueillait dans le pays où les troupes se trouvaient. Les besoins du corps sont extrêmement bornés ; tout ce qu'on désire au delà est plutôt pour flatter la sensualité que pour satisfaire la nécessité.

Louis XIV, dans le code militaire qu'il a laissé, et qui renferme divers règlements pour les gens de guerre, recommande en particulier la simplicité et la frugalité des repas ; il entre pour cela dans un fort grand détail, et défend, sous des peines sévères, les dépenses et la somptuosité des tables. Un prince habile dans l'art de régner comprend aisément de quelle importance il est pour le bien de l'État de bannir tout luxe et toute magnificence, de réprimer la folle ambition de ceux qui croient se distinguer par l'étude de tout ce qui peut énerver et amollir les hommes, et de couvrir de honte ceux qui se livrent à des excès qui consomment en peu de jours ce qui pourrait soutenir des familles entières pendant plusieurs années.

— Le maréchal de La Ferté, qui a servi la France avec honneur, pensait qu'à l'exemple des Lacédémoniens, on devait accoutumer la jeunesse à une vie sobre et dure. Son maître d'hôtel, ayant fait, par ordre de son fils, une ample provision, pour la campagne, de truffes, de morilles et de toutes les autres choses nécessaires pour faire d'excellents ragoûts, lui en apporta le mémoire. Le maréchal n'eut pas plutôt vu de quoi il s'agissait, qu'il jeta le mémoire avec indignation, en disant : « Ce n'est pas ainsi que nous avons fait la guerre ; de la grosse viande apprêtée simplement, c'était là tous nos ragoûts. Dites à mon fils que je ne veux entrer pour rien dans une dépense aussi folle que celle-là et aussi indigne d'un homme de guerre. »

— Si notre siècle et nos mœurs ne comportent plus la tempérance et la frugalité des anciens, on peut du moins, et l'on doit dans chaque état et dans chaque genre ramener les choses à une honnête et louable médiocrité, qui en justifie l'usage. C'est une honte que nos mœurs aient si fort dégénéré de la vertu des païens. Charles IX, s'étant une fois aperçu que le vin lui avait troublé la raison jusqu'à lui faire commettre des violences, s'en abstint tout le reste de sa vie.

— Le maréchal de Tavanne, ne pouvant souffrir qu'on fît des dépenses énormes à la cour de Charles IX, tandis qu'on négligeait les besoins essentiels de l'État, dit au roi que, puisqu'on n'entendait plus parler que de réjouissances et de fêtes, il voulait aussi en donner une pour laquelle il avait lui-même composé une pièce qui conviendrait mieux à la situation présente des affaires. Le roi paraissant curieux de voir quelque chose de sa composition, Tavanne l'eut bientôt satisfait; la pièce n'était pas longue; elle ne contenait que ce peu de mots : « Vous êtes des sots; vous dépensez votre argent en festins, en pompes et en masques, et ne payez ni gendarmes ni soldats : les étrangers vous battront. »

— La nourriture influe plus qu'on ne pense sur la valeur des troupes. Un célèbre médecin anglais ne disait pas une absurdité quand il assurait qu'avec une diète de six semaines il rendrait un soldat poltron. Le prince Maurice était si convaincu de ce principe, qu'il employait toujours à quelque action de vigueur les Anglais lorsqu'ils arrivaient de chez eux *et tandis qu'ils avaient la pièce de bœuf dans l'estomac :* c'était son expression.

LA MÉDIOCRITÉ DANS LES HABILLEMENTS.

Charlemagne porta les premières lois somptuaires qui réglaient le prix des étoffes et qui distinguaient l'état et le rang des particuliers, par rapport à leur habillement. Ce prince donna lui-même l'exemple de la plus grande simplicité.

— Louis IX sut allier la magnificence du trône à cette simplicité dont les grands ne sont pas dispensés. L'usage n'est une loi que pour ceux qui l'aiment, ce sont les passions des hommes, et non leur rang et leur dignité, qui ont rendu le luxe et les profusions nécessaires.

— Louis XI dédaignait tout faste extérieur; il était toujours négligé dans ses habits. Comines dit de ce prince : *qu'il se mettait si mal que pis ne pouvait.* Dans une entrevue avec Henri IV, roi de Castille, qui affecta beaucoup de magnificence, il parut avec un habit de gros drap et la tête couverte d'un vieux chapeau, remarquable seulement par une *Notre-Dame* de plomb qui y était attachée.

— Peu contents du petit espace dans lequel est circonscrit notre être, nous voulons tenir plus de place en ce monde que la nature ne peut nous en donner; nous cherchons à agrandir notre figure par des chaussures élevées, par des vêtements renflés. Quelque amples qu'ils puissent être, la vanité qu'ils couvrent n'est-elle pas encore plus grande ?

LES SPECTACLES DANGEREUX.

Le célèbre Patru, l'oracle du barreau de son temps, ne pouvait s'empêcher de faire éclater son indignation contre les comédies et les autres ouvrages de poésie, où la pudeur et la religion lui paraissaient également offensées. « Quoi ! disait-il à ses amis, des maximes qui feraient horreur dans le langage ordinaire se produisent impunément dès qu'elles sont mises en vers ! elles montent sur le théâtre à la faveur de la musique, et y parlent plus haut que nos lois ! c'est peu d'y étaler ces exemples qui instruisent à pécher, et qui ont été détestés par les païens mêmes, on en fait aujourd'hui des conseils et même des préceptes, et loin de songer à rendre les divertissements utiles et honnêtes, on affecte de les rendre criminels ! »

— Philippe II chassa de sa cour les comédiens et les farceurs, *comme gens* (ce sont les termes de Mézerai) *qui ne servent qu'à flatter et à nourrir les voluptés et la fainéantise,* à remplir les esprits oiseux de vaines chimères qui les gâtent, et à causer dans les cœurs des mouvements déréglés que la sagesse et la religion nous commandent si fort d'étouffer.

— On voit, dit Fénelon, des parents, assez bien intentionnés d'ailleurs, mener eux-mêmes leurs enfants aux spectacles publics; ils prétendent, en mêlant ainsi le poison avec l'aliment salutaire, leur donner une bonne éducation, et ils la regarderaient comme triste et austère si elle ne souffrait ce mélange du bien et du mal. Il faut avoir bien peu de connaissance de l'esprit humain pour ne pas voir que ces sortes de divertissements ne peuvent manquer de dégoûter les jeunes gens de la vie sérieuse et occupée à laquelle on les destine, et de leur faire trouver fades et insupportables les plaisirs simples et innocents.

BONS MOTS ET BELLES REPARTIES.

Quoique le ministre Duprat parût extrêmement attaché à François Ier, son maître, ce prince était si persuadé de ses rapines, qu'il ne cessait d'en faire l'objet tantôt de ses railleries, tantôt de ses reproches. Duprat ayant fait bâtir, à l'Hôtel-Dieu de Paris, cette salle qui regarde le nord, et que l'on nomme encore aujourd'hui la salle du Légat: « Elle sera bien grande, dit François Ier, si elle peut contenir tous les pauvres qu'il a faits. »

— M. de Barbézieux ayant refusé à un gentilhomme de mérite une place de cadet aux gardes, pour son fils qu'il trouvait trop jeune : « M. de Barbézieux, dit-il à son père, me trouve trop jeune pour être cadet aux gardes, et moi je le trouve trop jeune pour être secrétaire d'État. »

— Lorsque Louis XIV partit pour aller faire le siége de Mons, il ordonna à ses deux historiens, Racine et Boileau, de le suivre. Aimant une vie plus tranquille, ils s'en dispensèrent. Le roi, à son retour, leur en fit des reproches. « Nous n'avions, sire, dirent ingénieusement ces deux poëtes, que des habits de ville; nous en avions ordonné de campagne, mais les villes que Votre Majesté assiégeait ont été plus tôt prises que nos habits n'ont été faits. »

— Louis XI disait ordinairement que tout son conseil était dans sa tête, parce qu'il ne consultait personne. L'amiral de Brézé, le voyant monté sur un bidet très-faible, dit : « Il faut que ce cheval soit plus fort qu'il ne paraît, puisqu'il porte le roi et son conseil. »

— Le maréchal de Toiras faisait ses dispositions pour livrer bataille, lorsqu'un officier lui demanda la permission de se rendre chez son père qui était à l'extrémité, pour lui rendre ses soins et recevoir sa bénédiction. « Allez, lui dit ce général, qui démêla fort aisément la cause de cette retraite : *Père et mère honoreras, afin que tu vives longuement.* »

— Un président de Rouen demeura court en haranguant Henri IV ; le roi lui dit : « Il ne faut pas s'étonner, les Normands sont sujets à manquer de parole. »

— M. Beautru, l'homme le plus célèbre de son temps par l'agrément de son esprit, et qui était de l'Académie Française, ayant été envoyé en Espagne, alla à l'Escurial, où il vit la bibliothèque : une conférence qu'il eut avec le bibliothécaire lui fit juger que ce n'était pas un habile homme. Il vit ensuite le roi, qu'il entretint des beautés de cette maison royale et du choix qu'il avait fait de son bibliothécaire ; il lui dit qu'il avait remarqué que c'était un homme rare, et que Sa Majesté pouvait le faire surintendant de ses finances. « Pourquoi ? lui dit le roi. — Sire, ajouta-t-il, c'est que, comme il n'a rien pris dans vos livres, il ne prendra rien dans vos finances. »

— L'abbé de La Rivière étant allé à Rome pour tâcher d'être cardinal, en était revenu sans rien faire ; comme il avait un gros rhume, Beautru dit : « C'est qu'il est revenu sans chapeau. »

— Une personne du premier mérite et de grande qualité disputant avec Benserade, on apporta à cette personne le bonnet de cardinal ; Benserade dit : « J'étais bien fou de disputer avec un homme qui avait la tête si près du bonnet. »

— Il arrive quelquefois que les railleurs sont eux-mêmes raillés. Louis XIV, à la porte d'une petite ville, écoutait impatiemment une harangue ennuyeuse. Beautru crut qu'il ferait plaisir au roi d'interrompre l'orateur : « Monsieur, lui demanda-t-il, les ânes, dans votre pays, de quel prix sont-ils ? » L'orateur s'arrêta, et après avoir regardé Beautru depuis les pieds jusqu'à la tête : « Quand ils sont, lui répondit-il, de votre poil et de votre taille, ils valent dix écus ; » et il reprit le fil de sa harangue.

DES MARQUES D'HONNEUR, DE JUSTES RÉCOMPENSES EXCITENT L'ÉMULATION.

Colbert avait destiné par an quarante mille écus pour ceux qui se distingueraient dans quelque genre que ce fût, ou dans les arts, ou dans les sciences. Il disait souvent à des personnes de confiance que, s'il y avait dans le royaume quelque homme de mérite qui souffrît et qui fût dans le besoin, il en chargeait leur conscience et les en rendait responsables. Un ministre qui aime véritablement son prince et sa patrie ne peut guère mieux les servir qu'en procurant, par des marques d'honneur et de justes récompenses, des avantages si précieux et une gloire si durable.

— Louis XIV, instruit du mérite du célèbre Vossius, chargea Colbert de lui envoyer une lettre de change, comme une marque de son estime et un gage de sa protection. Ce qui flatta le plus Vossius, ce fut la lettre dont le ministre accompagna le présent. Il lui disait que, quoique le roi ne fût pas son souverain, il voulait néanmoins être son bienfaiteur en considération d'un nom que son père avait rendu illustre, et dont il conservait la gloire. Il y eut plusieurs gratifications pareilles accordées à différents savants de l'Europe.

— Charles V aimait fort les gens de lettres; il donnait des pensions à tous ceux qui se distinguaient par leur science et leur habileté dans quelque art que ce fût. «On ne peut trop honorer, disait-il, les clercs (les gens de lettres étaient alors ainsi appelés), ou gens à sapience: tant que sapience sera honorée dans ce royaume, il continuera à prospérer; mais quand déboutée y sera, il décherra. »

— Parmi les bonnes qualités de Charles IX, on compte soutout celle d'avoir cultivé les lettres dans le temps où le tumulte des armes semblait devoir effaroucher les Muses. Il fit beaucoup de bien aux savants et à ceux qui s'appliquaient aux arts utiles, mais modérément, de crainte, disait-il, qu'en les mettant trop à l'aise, ils ne cessassent de travailler.

— Nul règne, dans la monarchie française, n'a été plus fertile en grands hommes, dans tous les genres, que celui de Louis XIV; on y vit aussi fleurir les arts et le commerce. Ce prince étendait les marques de son estime et de sa libéralité sur tous les sujets excellents; il savait distinguer et employer les personnes de mérite. Ses ministres pensaient comme lui.

MINISTRES DE LA JUSTICE, SOUTIENS DES VILLES

C'était principalement dans l'administration de la justice que Charles V faisait consister le devoir des rois : il assistait souvent au parlement et donnait sa voix comme les autres juges. Réfléchissant un jour sur les actions de sa vie, il se souvint d'avoir poussé peut-être un peu trop loin les bornes de l'autorité royale : il écrivit au premier président : « Qu'à l'avenir, quelque ordre qu'il pût lui envoyer, il ne différât plus la prononciation d'aucun arrêt. »

Ayant appris que le comte de Flandre avait fait piller les terres du seigneur de Longueville, l'un de ses principaux vassaux, il lui en fit une sévère réprimande et l'obligea à réparer le dommage.

— La grande et invariable maxime de saint Louis était de rendre justice, au préjudice même de ses intérêts. Ce fut dans cette vue, et pour acquitter la foi de son père, qu'il rendit au roi d'Angleterre les provinces de la Guyenne.

— Charles VII désirait, avant tout, que l'on rendît exactement la justice à ses sujets. Il avait son parlement de Paris, qui (selon les expressions respectables de Mézerai) en était la règle et comme le sanctuaire de toutes sortes de vertus. Sa religion se laissait rarement surprendre et jamais corrompre. On ne lui demandait point d'injustice, parce qu'on le connaissait incapable d'en commettre. Ses arrêts étaient reçus comme des oracles d'autant plus respectables, qu'on savait que ni l'intérêt ni la parenté, ni la faveur, n'y pourraient rien. Les mœurs innocentes de ces magistrats et leur extérieur même servaient de loi et d'exemples.

La gravité de leur profession les éloignait des vanités du grand monde, du luxe, des jeux, de la danse, de la chasse, et encore bien plus de la dissolution et de la débauche. Ils trouvaient leur plaisir et leur gloire à exercer dignement leurs charges; un grand fonds d'honneur et d'intégrité faisait leur principale richesse, et la frugalité leur plus certain revenu.

Ennemis du faste et de la dépense, ils n'avaient point d'avidité pour les grands biens, et ils croyaient leur fortune sûre et honorable quand elle était médiocre et juste. Ainsi, se rendant vénérables par eux-mêmes, ils étaient nécessairement en vénération à tout le monde. Alors les procureurs de la chicane n'avaient point trouvé les portes du Palais ouvertes pour s'y jeter en foule ; les procès n'étaient point encore un labyrinthe où le meilleur droit se perd dans les détours infinis des formalités et des procédures ; il n'y avait le plus souvent, dans toute une affaire, aucune écriture que les pièces nécessaires pour la demande et pour la défense, et l'arrêt qui intervenait : l'expédition ne coûtait rien aux parties ; le greffier était payé aux dépens du roi, et il y avait des fonds exprès pour cela.

— Le roi Louis XII et son ministre, le cardinal d'Amboise, avaient les mêmes intentions. Louis ne songeait qu'à rendre ses sujets heureux, persuadé que c'est le premier et le seul devoir d'un roi. D'Amboise ne s'était chargé de la conduite des affaires publiques que pour les rétablir et pour seconder les vues de son maître : il fut un excellent ministre, non parce qu'il ne fit point de mal, mais parce qu'il fit beaucoup de bien. On peut dire que c'est à ce sage ministre que Louis XII est redevable de ce titre glorieux de *Père du peuple,* qu'il porte dans nos annales, titre que presque aucun de ses prédécesseurs n'avait mérité, et auquel peu de ses successeurs ont paru aspirer.

— Il n'y a point, sans contredit, de qualité qui fasse plus d'honneur et qui soit plus essentielle aux personnes à qui le pouvoir de la justice est confié, que le désintéressement et la probité poussés, pour ainsi dire, jusqu'au scrupule.

Le corps des maîtres boulangers vint trouver un magistrat chargé de la police d'une grande ville, pour lui demander la permission d'enchérir le pain. En se retirant, ils laissèrent adroitement sur une table une bourse de deux cents louis. Ils revinrent quelques jours après, ne doutant point que la bourse n'eût plaidé efficacement leur cause. Le magistrat leur dit : « J'ai pesé, Messieurs, vos raisons dans la balance de la justice, et je ne les ai point trouvées de poids ; je n'ai pas jugé qu'il fallût, pour une cherté mal fondée, faire souffrir le peuple. Au reste, j'ai distribué votre argent aux deux hôpitaux de cette ville ; je n'ai pas cru que vous voulussiez en faire un autre usage; j'ai compris que, puisque vous étiez en état de faire de telles aumônes, vous ne perdiez pas, comme vous le dites, dans votre métier. »

— Le président Jeannin eut l'administration des finances, qu'il mania avec une pureté dont le peu de bien qu'il laissa à sa famille est une preuve très-convaincante. Henri IV avait une estime particulière pour lui, et se faisait souvent un reproche de ne lui avoir pas fait assez de bien. Ce prince dit en plusieurs rencontres : « Qu'il dotait quelques-uns de ses sujets pour cacher leur malice; mais que pour le président Jeannin, il en avait toujours dit du bien sans lui en faire. »

LA DOUCEUR, L'HUMANITÉ, LA POLITESSE, QUALITÉS PROPRES A GAGNER LES CŒURS.

La bonté et l'humanité de saint Louis faisaient le bonheur du peuple; accessible à tous, il ne disputait pas même au dernier de ses sujets le plaisir de voir son souverain, leur montrant toujours un visage riant, tempérant par l'affabilité la majesté du trône, et se dépouillant si fort de tout le faste qui environne la grandeur, qu'en l'abordant on ne s'apercevait presque qu'il était le maître que lorsqu'il accordait des grâces. Si l'autorité doit être un jour accablante, elle doit l'être pour ceux qui l'exercent et qui en sont revêtus, et non pour ceux qui l'implorent et qui viennent y chercher un asile.

— Charles V donnait audience à tout le monde, pauvres et riches; il lisait lui-même sur-le-champ leurs requêtes, accordait celles qui lui paraissaient raisonnables, et faisait examiner les douteuses par des maîtres des requêtes. Éloquent sans affectation, il ne lâcha jamais une parole superflue, encore moins une parole désagréable; il avait le secret, même en refusant, de renvoyer tout le monde content.

— Turenne joignait à la qualité d'un général accompli celle d'un homme aimable et poli envers tout le monde; sa douceur lui avait attiré l'amour de tous les soldats: quand il passait à la tête du camp, ils sortaient de leurs baraques, et on les entendait se dire les uns aux autres: *Notre père se porte bien, nous n'avons rien à craindre.*

S'étant un jour couché derrière un buisson pour dormir, pendant que l'armée passait un défilé qui était fort long, quelques soldats le rencontrèrent ; comme la neige commençait à tomber sur lui, ils coupèrent aussitôt des branches d'arbre pour lui faire une hutte ; plusieurs cavaliers qui survinrent, voyant que les branchages ne le mettaient pas assez à couvert, donnèrent tous à l'envi leurs manteaux, pour lui dresser une tente. Alors s'étant éveillé, et leur ayant demandé à quoi ils s'amusaient au lieu de marcher : « Nous voulons, répondirent-ils, conserver notre général ; c'est là notre plus grande affaire : si nous venions à le perdre, nous ne reverrions peut-être jamais notre pays. » Tels sont les fruits ordinaires de la douceur et de la politesse.

—La France n'a pas eu de meilleur ni de plus grand roi qu'Henri IV ; il était son général et son ministre ; il unissait à une extrême franchise la plus adroite politique, aux sentiments les plus élevés une simplicité de mœurs charmante, et à un courage de soldat un fonds d'humanité inépuisable. Aussi la reine mère dit-elle à Louis XIV, lorsqu'il était jeune : « Mon fils, ressemblez à votre grand-père, et non pas à votre père. » Le roi lui en ayant demandé la raison : « C'est, dit-elle, qu'à la mort d'Henri IV on pleurait, et qu'on a ri à celle de Louis XIII. »

LA PUISSANCE GLORIEUSE, LORSQU'ELLE EST BIENFAISANTE.

Louis XIV dit un jour au grand maître de sa garde-robe, qui se plaignait de ses dettes : « Que ne parlez-vous à vos amis ? » Paroles dignes de la libéralité d'un roi, et qui furent accompagnées d'un don de cinquante mille écus.

—Plusieurs rois, au moment de la mort, où, dégagés de toutes les passions humaines, et détachés de la vanité des grandeurs, ils voient les choses telles qu'elles sont en elles-mêmes, ont recommandé avec soin à leurs successeurs de faire du bien à leurs sujets et de ne point accabler le peuple d'impôts.

Philippe de Valois témoigna un grand regret d'avoir mis de nouveaux impôts sur son peuple, quoiqu'il se crût obligé de le faire pour subvenir aux pressantes nécessités de l'État.

— Louis XI, entre plusieurs avis excellents qu'il donna à son fils pour bien gouverner ses sujets, lui recommanda de ne pas les accabler d'impôts, ni de tailles, comme il avait fait.

— François Ier recommanda très-instamment à son fils de diminuer les tailles qu'il avait trop haussées, en ajoutant que les enfants doivent imiter les vertus de leurs pères, et non pas leurs vices.

— Louis XII ne pouvait s'empêcher de verser des larmes quand la nécessité le forçait d'imposer quelque petit subside; il retrancha le dixième de tous les impôts, et les réduisit enfin aux deux tiers. Ce qui est digne de remarque, c'est qu'en quelque besoin que l'État pût se trouver sous son règne, il ne rétablit jamais ce qu'il avait une fois supprimé. Il aima son peuple; son plus grand désir fut de le rendre heureux, et il mérita d'en être surnommé le père.

TRAIT DE GÉNÉROSITÉ ET DE MODESTIE.

Il n'est point de devoir, point d'application préférable à celle d'être utile à sa patrie et à son prochain. Les plus belles connaissances ne sont rien en comparaison de la charité que nous devons avoir pour nos semblables.

Turenne n'était pas riche, mais combien était-il généreux! Voyant quelques régiments fort délabrés, et s'étant secrètement assuré que le désordre venait de la pauvreté, et non de la négligence des capitaines, il leur distribua les sommes nécessaires pour l'entier rétablissement des corps. Il ajouta à ce bienfait l'attention délicate de laisser croire qu'il venait du roi. Quelle leçon pour les personnes chargées des intérêts du public!

Un officier était au désespoir d'avoir perdu dans un combat deux chevaux, que la situation de ses affaires ne lui permettait pas de remplacer; Turenne lui en donna deux des siens, en lui recommandant fortement de n'en rien dire à personne. « D'autres, lui dit-il, viendraient m'en demander, et je ne suis pas en état d'en donner à tout le monde. » Cacher sous un air d'économie le mérite d'une bonne action, c'est en relever davantage le prix.

TRAIT DE PLAISANTERIE.

Un officier gascon, ayant obtenu de Louis XIV, en 1680, une gratification de quinze cents livres, alla trouver Colbert, pour qu'il lui fît compter cette somme. Ce ministre était à dîner avec trois ou quatre seigneurs. Le Gascon, sans se faire annoncer, entra dans la chambre où l'on mangeait, avec la hardiesse qu'inspire l'air de la Guyenne, et, avec un accent qui ne démentait point son pays, il s'approcha de la table, et dit tout haut : « Messieurs, avec votre permission, léquel de vous autres est Colbert ? — C'est moi, Monsieur, dit Colbert ; qu'y a-t-il pour votre service ? — Hé ! pas grand'chose dit l'autre, un pétit ordre du roi pour mé compter cinq cents écus. »

Colbert, qui était d'humeur de se divertir, pria le Gascon de se mettre à table, lui fit donner un couvert, et lui promit de le faire expédier après le dîner. Le Gascon accepta l'offre sans faire de façon, mangea comme quatre ; après quoi Colbert fit venir un de ses commis, qui mena M. l'officier au bureau, où on lui compta cent pistoles. Comme il dit qu'il en devait toucher cent cinquante, le commis lui répondit : « Il est vrai, mais on en retient cinquante pour votre dîner. — Cadédis, s'écria le Gascon, cinquante pistoles pour un dîner ! jé né donne qué vingt sous à mon auberge. — Je le crois, dit le commis, mais vous ne mangez pas avec M. Colbert, et c'est cet honneur-là qu'on vous fait payer. — Hé bien ! répondit le Gascon, puisqué céla est ainsi, gardez tout, cé n'est pas la peine qué jé prenne cent pistoles ; j'amènerai démain un de mes amis dîner ici, et céla sera fini. »

On rapporta ce discours à M. Colbert, qui admira cette gasconnade, et fit compter les cinq cents écus à ce pauvre officier, qui n'avait peut-être pour lors que cela pour tout bien, et lui rendit mille bons offices dans la suite. On en fit l'histoire à Louis XIV, qui en rit beaucoup.

HONNEUR RENDU AU MÉRITE.

Turenne a eu le bonheur de vivre sous un roi, juste appréciateur du mérite, qui le comblait de louanges, et l'aurait comblé de bienfaits s'il l'avait voulu souffrir.

Toutes les fois qu'il se rendait à la cour il trouvait sur

toute sa route un concours de gens de toute sorte d'âges et de conditions, qui venaient au-devant de lui : on en a vu venir de dix lieues pour le voir. Dans les assemblées, ceux qui avaient l'honneur de le connaître le montraient des yeux, du geste et de la voix à ceux qui ne le connaissaient pas. Sa seule présence, sans train et sans suite, faisait sur les âmes cette impression, qui attire tant de respect, et qui est le fruit le plus doux et le plus innocent de la vie héroïque. La plupart des princes étrangers faisaient venir son portrait. Est-il rien de plus flatteur et de plus capable d'exciter le zèle et la vertu des jeunes guerriers?

EXEMPLES ADMIRABLES DE FERMETÉ.

La sincérité chrétienne ne doit s'exprimer, suivant le conseil de Jésus-Christ, que par ces mots : *Oui* ou *non* ; elle n'a jamais recours au serment, et ne prend pas Dieu à témoin de ce qu'elle assure. Saint Gilbert de Sempringham, abbé et fondateur d'un grand nombre de maisons religieuses, nous en a donné un exemple ; car, ayant été soupçonné, par le roi d'Angleterre, d'avoir assisté saint Thomas de Cantorbéry, et de lui avoir envoyé de l'argent pendant sa disgrâce, quoiqu'il ne l'eût pas fait, il ne voulut jamais en donner d'autre témoignage que par sa parole. Ce prince voulait l'assurance par serment ; mais le saint abbé s'y refusa constamment. En jurant qu'il n'avait point assisté l'archevêque de Cantorbéry, il n'aurait juré que la vérité ; mais cet homme de Dieu crut qu'il était indigne de se défendre d'une bonne action, de même qu'on aurait pu se disculper d'un crime. « Si j'assurais par serment, disait-il, ne l'avoir point assisté, il semblerait que je crois qu'il y aurait du mal à l'avoir fait. »

Cette candeur est conforme à la sainteté de l'Évangile. Nous l'admirons sans peine en la voyant de loin ; mais si nous avions été dans le temps de ce saint abbé et du nombre de ses religieux, l'intérêt de conserver nos maisons, que le roi menaçait de renverser, ne nous aurait-il pas portés à blâmer Gilbert de son refus? Que de raisons nous aurions alléguées pour lui faire voir qu'il s'exposait à la persécution sans sujet! Nous l'aurions rendu responsable de tout le bien qui aurait pu se faire dans ces maisons religieuses, et qui ne se serait plus fait par sa faute ; il aurait été bien subtil s'il avait pu répondre à tous nos arguments. Combien de tels exemples sont propres à élever l'homme à cette candeur religieuse qui ne permet aucun soupçon !

— On ne doit pas regarder comme un excès de s'exposer à perdre tout plutôt que de faire la moindre bassesse contre le devoir ; les païens eux-mêmes ont donné sur ce point des exemples admirables. Papinien, un des plus grands jurisconsultes et le premier juge de l'empire, aima mieux perdre la vie que de dire une seule parole pour excuser une méchante action de l'empereur Caracalla, qui avait fait mourir son frère, ce qu'il prétendait être pour le bien de l'empire. Qu'il est glorieux de s'exposer à tout perdre plutôt que de se prêter à la moindre injustice !

— Quand on est simple dans sa foi et dans l'amour que l'on porte à Dieu, il n'y a rien à craindre, lors même qu'on serait trompé en croyant que Dieu demanderait de nous quelque chose de plus que ce qu'il nous a donné. Saint Thomas de Cantorbéry ne laisse pas d'être un martyr, quoique plusieurs pensent qu'il ne s'appuyait pas sur un trop bon fondement dans le grand démêlé qu'il eut avec le roi d'Angleterre, et qu'il pouvait en sûreté de conscience céder beaucoup de choses qu'il ne céda pas. Ce n'est pas dans le raisonnement que Dieu demande que nous soyons exacts : c'est dans la foi et dans son amour ; il ne regarde que le zèle et que le cœur, qui lui plaît toujours quand il est humble.

— Une fidélité inviolable à l'égard de nos lois, un amour de la justice à l'épreuve de tout, une intrépidité héroïque dans les plus grands dangers ont caractérisé dans tous les temps nos magistrats. Achille de Harlay, premier président, menacé par des séditieux d'un prochain et capital supplice : « Je n'ai, dit-il, ni tête, ni vie que je préfère à l'amour que je dois à Dieu, au service que je dois au roi, et au bien que je dois à ma patrie. »

Dans la journée des Barricades, il ne répondit aux injures et aux menaces des principaux auteurs de la Ligue, que ces paroles si dignes de louanges : « Mon âme est à Dieu, mon cœur au roi, et mon corps entre les mains de la violence pour en faire ce qu'elle voudra. » Quand Bussy le Clerc eut l'audace d'entrer dans la grande chambre pour faire la liste de ceux qu'il disait avoir ordre d'arrêter, et qu'il eut nommé le premier président et dix ou douze autres, tout le reste de la compagnie se leva et les suivit généreusement à la Bastille.

— Le premier président Molé, dans une émeute populaire, sans rien craindre pour sa vie, alla se montrer à la populace mutinée, et l'arrêta par sa seule présence.

— Ce n'est pas tenir à la vertu par de véritables liens, que de ne pas la servir aux dépens de ses propres intérêts. Le roi Henri II ayant offert une place d'avocat général au célèbre Henri de Mesme, ce magistrat prit la liberté de représenter à Sa Majesté que cette place n'était pas vacante : « Elle l'est, répliqua le roi, parce que je suis mécontent de celui qui la remplit. — Pardonnez-moi, sire, répondit Henri de Mesme, après avoir fait modestement l'apologie de l'accusé, j'aimerais mieux gratter la terre avec mes ongles que d'entrer dans cette charge par une telle porte. » Le roi eut égard à sa remontrance. A peine Henri de Mesme put souffrir qu'on songeât à lui faire des remerciements pour une action pareille. Est-il possible de résister à l'impression qu'elle fait sur le cœur ?

— Comme on exigeait de François Ier, que les ennemis avaient fait prisonnier à la bataille de Pavie, certaines conditions honteuses pour le mettre en liberté, il chargea l'agent de l'empereur de mander à son maître la résolution où il était de passer plutôt toute sa vie en prison que de rien démembrer de ses États.

— Qu'il est beau de faire taire l'ambition, quand elle veut franchir les bornes de l'honnêteté et de l'équité ! Un président à mortier songeait à se démettre de sa charge, dans l'espérance de la faire accorder à son fils. Louis XIV, qui avait promis à M. Le Pelletier, alors contrôleur général, de lui donner la première qui vaquerait, lui offrit celle-ci. M. Le Pelletier, après avoir fait ses très-humbles remerciements, ajouta que le président qui se démettait avait un fils, et que Sa Majesté avait toujours été contente de la famille : « On n'a pas coutume de me parler ainsi, reprit le roi, surpris d'une telle conduite et d'une telle générosité ; ce sera donc pour la première occasion. » Un si noble désintéressement fut récompensé deux ans après. C'est véritablement connaître le prix de la justice, que de lui sacrifier sa propre utilité, quand l'une et l'autre ne peuvent pas sympathiser ensemble.

LA VRAIE GLOIRE, INSÉPARABLE DE LA JUSTICE.

Toute guerre entreprise uniquement par ambition est injuste, et rend le prince qui l'entreprend responsable de tout le sang qui est répandu. Comme on reprochait au roi Henri IV le peu de pouvoir qu'il avait à La Rochelle : « Je fais, repartit-il, dans cette ville tout ce que je veux, en n'y faisant que ce que j'y dois faire. »

— Jean Ier, roi de France, sollicité de violer un traité : « Si la bonne foi et la vérité, dit-il, étaient bannies de tout le reste de la terre, elles devraient se retrouver dans le cœur et dans la bouche des rois. » La véritable grandeur et la solide gloire d'un roi ne consistent pas dans l'étendue de son pouvoir, mais dans le bon ou mauvais usage qu'il en fait.

— Le chevalier Bayard avait été blessé mortellement en combattant pour son roi, et était couché au pied d'un arbre ; le connétable duc de Bourbon, rebelle à sa patrie, et qui poursuivait l'armée des Français, venant à passer près de lui, le reconnut, et lui dit qu'il avait grand'pitié de le voir en cet état. Bayard lui répondit : « Monseigneur, il n'y a point de pitié à avoir pour moi, car je meurs homme de bien : mais j'ai pitié de vous, qui servez contre votre prince, votre patrie et votre serment. » Peu après, Bayard expira. La gloire est-elle ici du côté du vainqueur, et le sort du vaincu mourant ne lui est-il pas infiniment préférable ?

— On a toujours admiré dans le cardinal d'Amboise, archevêque de Rouen et ministre d'État sous Louis XII, une grandeur d'âme, une indifférence pour ses intérêts, et un dévouement parfait à la justice ; qualités d'autant plus estimables, qu'elles sont plus rares dans les personnes élevées en dignité et qui ont le pouvoir en main.

— Un gentilhomme de Normandie avait une terre voisine de la belle maison de Gaillon, qui appartenait à l'archevêque de Rouen, et que le cardinal convoitait fort, parce qu'elle était à sa bienséance. Comme il se présentait un établissement pour sa fille, le gentilhomme, n'ayant point d'argent, offrit au cardinal sa terre à vil prix. D'Amboise, loin de sacrifier les devoirs de la justice à l'extrême envie qu'il avait de cette terre, la lui laissa, et lui donna gratuitement l'argent dont il avait besoin.

LA VENGEANCE INDIGNE DE L'HOMME, ET SURTOUT D'UN PRINCE.

Ce n'est pas seulement dans les princes que le pardon des injures a de la noblesse et de la grandeur, mais dans les personnes d'un rang médiocre, de qui rien ne peut exciter l'admiration que la vertu même.

L'empereur Constantin, pressé de tirer vengeance de quelques personnes qui avaient défiguré sa statue à coups de pierres, ne fit que se passer la main sur le visage, en disant qu'il ne se sentait point blessé.

— Louis XII, roi de France, répondit à un courtisan qui l'exhortait à punir quelqu'un dont il était mécontent avant que de monter sur le trône : « Ce n'est point au roi de France à venger les injures du duc d'Orléans. »

— Un soldat maltraité par un officier général, pour quelques paroles peu respectueuses qui lui étaient échappées, répondit avec un grand sang-froid *qu'il saurait bien l'en faire repentir*. Quinze jours après, ce même officier général chargea le colonel de tranchée de lui trouver dans son régiment un homme ferme et intrépide pour un coup de main, avec promesse de cent pistoles de récompense. Le soldat en question, qui passait pour le plus brave du régiment, se présenta avec trente de ses camarades. La commission était des plus hasardeuses, il s'en acquitta avec un courage et un bonheur incroyables. Il s'agissait de s'assurer, avant que de faire le logement, si les ennemis faisaient des mines sous les glacis. Le soldat, s'étant jeté, à l'entrée de la nuit, dans le chemin couvert, rapporta le chapeau et l'outil d'un mineur qu'il avait tué. A son retour, l'officier général, après l'avoir beaucoup loué, lui fit compter les cent pistoles; le soldat sur-le-champ les distribua à ses camarades, disant qu'il ne servait point pour de l'argent : « Au reste, ajouta-t-il en s'adressant à l'officier général qui ne le reconnaissait pas, je suis ce soldat que vous maltraitâtes si fort il y a quinze jours, et je vous avais bien dit que je vous en ferais repentir. » L'officier général, plein d'admiration et attendri jusqu'aux larmes, l'embrassa, lui fit des excuses, et le nomma officier le même jour.

— On ne lit point sans en être touché et édifié, un trait

de bonté du roi Robert. Quelques complices d'une grande conjuration formée contre ce monarque et ses États, ayant été arrêtés, avouèrent leur crime, et donnèrent toutes les marques d'un sincère repentir. Cependant la cour des seigneurs les condamna à la mort, sans vouloir révoquer leur sentence. Robert seul fut touché de compassion, et força son conseil à souscrire au pardon par ce pieux stratagème : il envoya son confesseur à ces coupables malheureux, et les fit admettre le lendemain à la communion ; puis adressant la parole à ses conseillers, il leur dit : « Vous conviendrait-il d'envoyer au gibet ceux que Jésus-Christ vient de recevoir à sa table ? »

VOIES DE DOUCEUR ET D'HUMANITÉ, LA GLOIRE DES CONQUÉRANTS.

Les voies de douceur et d'humanité font la plus solide gloire des conquérants, le succès le plus sûr de leurs armes, et la manière la plus belle de vaincre leurs ennemis. Jamais général ne s'est comporté avec plus de modération dans ses victoires, et n'a fait la guerre avec plus de ménagement que le grand Turenne ; il épargnait toujours le pays ennemi tant qu'il pouvait, conservant les fruits de la terre pour les gens de la campagne, dont il plaignait la triste destinée. Aussi les ennemis avaient-ils conçu pour lui une vénération pleine de tendresse ; ils le pleurèrent à sa mort autant que les Français mêmes, et les Allemands n'ont jamais voulu labourer l'endroit où il avait été tué, comme si l'impression de son corps avait rendu cet endroit sacré ; il est encore en friche, et les paysans le montrent à tout le monde, aussi bien qu'un arbre fort vieux qui est là auprès, et qu'ils n'ont point voulu couper.

OBSERVATION DES TRAITÉS, VRAIS INTÉRÊTS DE L'ÉTAT.

C'est un moyen bien méprisable que celui de mettre en usage le mensonge, la perfidie, le parjure, pour faire réussir quelque entreprise. L'observation exacte des traités gagne la confiance des sujets, des ennemis mêmes, et fait le bien des États.

La plupart des princes d'Allemagne traitèrent avec Turenne personnellement pour leurs intérêts, sans demander aucune garantie. Les républiques même les plus soupçonneuses se croyaient en assurance dès qu'il leur avait donné sa parole. Un jour qu'il était dans la Souabe, ayant fait approcher son armée près du lac de Constance, pour mettre à contribution quelques terres de la maison d'Autriche, les Suisses, qui pouvaient craindre que, sous prétexte de porter la guerre dans le pays de l'empereur, on n'entrât dans le leur à l'improviste, lui envoyèrent des députés pour lui dire qu'ils avaient tant de confiance dans sa bonne foi, qu'ils ne feraient aucune levée de troupes s'il voulait les assurer qu'il ne viendrait pas chez eux; qu'ils prendraient les plus grandes précautions avec un autre, mais qu'avec lui ils se contentaient de sa parole.

USAGE DES RICHESSES.

Rien ne marque plus de petitesse et de bassesse d'esprit que d'aimer les richesses; rien, au contraire, n'est plus grand ni plus généreux que de les mépriser. La vertu consiste à faire un bon usage du bien qu'on possède; l'emploi le plus conforme à sa destination et le plus propre à attirer aux riches l'estime et l'amour des hommes, c'est de le faire servir à l'utilité publique.

Turenne ayant pris le commandement des troupes en Allemagne, les trouva en si mauvais état, qu'il vendit sa vaisselle d'argent pour habiller les soldats et pour remonter la cavalerie. Quoiqu'il n'eût que quarante mille livres de rente de sa maison, il ne voulut jamais accepter les sommes considérables que ses amis lui offraient. On trouva chez lui, à sa mort, quinze cents francs seulement d'argent comptant.

SE CROIRE NÉ POUR FAIRE DU BIEN, MARQUE D'UN CARACTÈRE EXCELLENT.

Cette noble vertu fut celle du grand Turenne; jamais il ne renvoya un seul de ceux qui lui venaient demander sans lui donner; quand il n'avait plus d'argent sur lui, il en empruntait au premier officier qu'il rencontrait sous sa main, et lui disait de l'aller redemander à son intendant. Un jour cet intendant vint lui dire qu'il soupçonnait certains individus de venir redemander ce qu'ils n'avaient point prêté, et qu'ainsi il serait bon qu'il donnât à chacun une marque de ce qu'il empruntait. « Non, lui dit-il, rendez tout ce qu'on vous dira ; car il n'est pas possible qu'un homme vous aille redemander une somme d'argent qu'il ne me l'ait prêtée, ou qu'il ne soit dans un extrême besoin ; s'il me l'a prêtée, il faut bien la lui rendre ; s'il est dans un si grand besoin, il est juste de l'assister. »

Il était ingénieux à trouver les moyens d'épargner à ceux à qui il donnait la honte de recevoir. Etant encore fort jeune, il apprit qu'un gentilhomme était devenu pauvre pour avoir dépensé tout son bien à l'armée ; il s'avisa de troquer des chevaux avec lui, de lui en donner d'excellents pour de très-médiocres, faisant semblant de ne s'y pas connaître.

Un jour, ayant touché beaucoup d'argent d'une charge dont la cour lui avait permis de disposer, il assembla cinq ou six colonels dont les régiments étaient délabrés ; leur laissant croire que cet argent venait du roi, il le leur distribua à proportion de leurs besoins. Quel modèle pour les personnes nobles ou élevées en charge !

— Quand Brescia fut prise d'assaut sur les Vénitiens, le chevalier Bayard sauva du pillage une maison où il s'était retiré pour se faire panser d'une blessure mortelle qu'il avait reçue au siége, et mit en sûreté la dame du logis et ses deux jeunes filles qui y étaient cachées. A son départ, cette dame, pour lui marquer sa reconnaissance, lui offrit une boîte où il y avait deux mille cinq cents ducats, qu'il refusa constamment. Voyant que son refus l'affligeait d'une manière sensible, et ne voulant pas laisser son hôtesse mécontente de lui, il consentit à recevoir son présent ; mais ayant fait venir les deux jeunes filles, pour leur dire adieu, il donna à chacune d'elles mille ducats pour aider à les marier, et laissa les cinq cents qui restaient pour les communautés qui auraient été pillées. Quelle grandeur d'âme d'une part ! Quelle éclatante et vive reconnaissance de l'autre !

— Un pauvre homme, qui était portier à Milan chez un maître de pension, trouva un sac où il y avait deux cents écus. Celui qui l'avait perdu, averti par une affiche publique, vint à la pension, et ayant donné de bonnes preuves que le sac lui appartenait, le sac lui fut rendu. Plein de joie et de reconnaissance, il offrit à son bienfaiteur vingt écus, que celui-ci refusa absolument : il se réduisit donc à dix, puis à cinq ; mais le trouvant toujours inexorable : « Je n'ai rien perdu, dit-il d'un ton de colère, en jetant son sac par terre ; je n'ai rien perdu si vous ne voulez rien recevoir. » Le portier reçut les cinq écus, qu'il distribua aussitôt aux pauvres. Combien la noblesse des sentiments relève-t-elle la bassesse des états et des conditions les plus communes !

AMOUR DE LA PATRIE.

Colbert aimait tendrement sa patrie. Un jour, à la maison de Sceaux, jetant un coup d'œil sur ces campagnes fleuries qui embellissent la France, on vit ses yeux se baigner de larmes. Interrogé sur le motif de son affliction par un de ses amis : « Je voudrais, répondit-il, pouvoir rendre ce pays heureux, et qu'éloigné de la cour, sans appui, sans crédit, l'herbe crût dans mes cours. »

Qu'on aime à contempler les larmes d'un grand homme! Qu'on aime à le voir se rapprocher de nous par la sensibilité, tandis qu'il s'en éloigne par la hauteur de son génie!

Le cardinal Mazarin savait fort bien ce que valait Colbert. Dans ce moment terrible où l'éternité, qui s'ouvre à nos yeux, étouffe nos passions, et nous presse de donner un dernier instant à la justice et à la vérité, Mazarin adressa ces paroles à Louis XIV : « Sire, je vous dois tout, mais je crois m'acquitter en vous donnant Colbert. » Témoignage honorable, et vérité touchante! Le plus beau don, le seul qu'on puisse faire à un grand monarque, c'est un homme capable de connaître les devoirs du souverain, et digne d'en partager le fardeau.

L'EXEMPLE, LEÇON EFFICACE.

Le maréchal de Catinat, pour imposer à ses troupes, eut recours à la plus efficace de toutes les leçons, l'exemple. On le vit, à la tête de ses officiers, aller demander à l'évêque de Casal la permission d'être dispensé des abstinences légales, dont l'observation est si difficile pour des hommes qui n'ont pas le choix des aliments. Cet acte de soumission, qui en était un de sagesse, ainsi que toute sa conduite en Italie, y fut généralement admiré. « Voilà un Français d'une rare prudence, » dit le pontife de Rome, c'est-à-dire un des meilleurs juges de cette vertu la plus familière et la plus nécessaire à cette cour.

On offrait au maréchal de Catinat de mettre entre ses mains les preuves des intrigues secrètes qu'on avait tramées contre lui; il rejeta les offres et les déclarations. Arrivé à Versailles, il eut avec le roi un de ces entretiens secrets dont les courtisans comptent avec impatience les instants. L'accueil que lui fit Louis XIV en se séparant de lui, n'était pas propre à les rassurer. On sut bientôt qu'il ne s'était plaint de personne, quoique le roi l'eût pressé de s'expliquer. « Ceux qui ont cherché à me nuire, avait-il dit, peuvent être très-utiles à Votre Majesté; j'étais pour eux un objet d'envie: quand je n'y serai plus, ils serviront mieux. »

On a souvent cité une réponse que Catinat, dans le temps de sa plus grande faveur, fit à Louis XIV. Ce monarque, après l'avoir entretenu sur les opérations de la guerre, lui dit, avec cette grâce qu'il savait mettre dans tous ses discours, et qui était un de ses dons particuliers: « C'est assez parler de mes affaires, en quel état sont les vôtres? — Sire, répondit Catinat, grâce aux bontés de Votre Majesté, j'ai tout ce qu'il me faut. — Voilà, dit le roi, le seul homme de tout mon royaume qui me tienne ce langage. » En effet, madame de Maintenon avouait qu'il était le seul qui n'eût rien demandé. « Je ne veux pas, disait-il, en se servant d'une expression heureuse et énergique, ressembler à ces serviteurs qui salissent leur attachement pour leurs maîtres en demandant qu'on augmente leurs gages. »

— Rien de plus admirable dans la vie de Michel de l'Hôpital, chancelier de France, que son attention extrême à faire rendre à chacun ce qui lui était dû; il soutenait les affligés contre ceux qui les voulaient opprimer, les pauvres contre les riches, les faibles contre les forts. Les mœurs! les mœurs! Voilà quel était le cri de l'Hôpital à tous les ordres de citoyens; il les exigeait surtout des magistrats. « A quel titre, leur disait-il, pouvez-vous prétendre à l'estime publique, si ce n'est par vos mœurs? Votre vie est casanière et tranquille, vos jours sont sans périls, vos honneurs ne sont jamais ensanglantés; mais vos passions, voilà l'objet de vos combats; la privation du luxe et des plaisirs, le désintéressement, la pauvreté, voilà vos trophées. Le guerrier n'a de risque et de gloire que çà et là, et quelquefois dans sa vie; vos ennemis, à vous, sont tous les jours à votre porte, et vous les avez dans vos cœurs. »

FORCE GUERRIÈRE.

L'antiquité païenne nous a donné des exemples de force guerrière bien dignes de nos éloges et de notre admiration; mais serons-nous insensibles à ceux de nos concitoyens? On a vu un roi de France, aussi célèbre par sa piété que par sa valeur (saint Louis), soutenir tout seul dans Taillebourg, sur un pont, l'attaque d'une armée entière : une pleine victoire, fruit d'une action si héroïque, força le roi d'Angleterre à repasser une seconde fois la mer en fugitif.

— Turenne, ce capitaine accompli, défendit pendant trois heures entières la barricade du pont-levis de Gergeau, petite ville entre Orléans et Gien, sur le pont de laquelle les ennemis auraient pu passer la Loire et surprendre la cour à Gien, où Louis XIV était avec le cardinal Mazarin.

— On a vu à Senef, dans la plus grande horreur du combat, Villars soutenir lui seul l'effort d'un bataillon ennemi, blessé et obstiné à perdre tout son sang plutôt que son poste. Ces trois hommes ne sont-ils pas comparables à cet Horace dont l'Italie et la Grèce avaient regardé le courage comme l'étonnement de l'univers?

— Quel courage, quelle grandeur d'âme dans le jeune Brienne! ayant le bras fracassé au combat d'Exiles, il monte encore à l'escalade, en disant : « Il m'en reste un autre pour mon roi et pour ma patrie. » Ne pouvant plus saisir de ses mains blessées les palissades des retranchements ennemis, il meurt en les arrachant avec ses dents. Ne vaut-il pas bien un Cynégire?

— Le jeune Boufflers, à l'âge de dix ans, eut une jambe cassée dans la journée de Dettingue; il la fait couper sans se plaindre, et meurt de même : exemple d'une fermeté rare parmi les guerriers, et presque unique à son âge!

— Le marquis de Beauveau, dans le siége d'Ypres, est percé d'un coup mortel : accablé de douleurs incroyables, et entouré de nos soldats qui se disputaient l'honneur de le porter, il leur disait d'une voix expirante : « Mes amis, allez où vous êtes nécessaires; allez combattre, et laissez-moi mourir. » Ces guerriers n'égalent-ils pas Epaminondas tirant le fer de sa plaie mortelle?

VALEUR DOMESTIQUE.

Il y a une valeur domestique privée, et qui n'est pas de moindre prix que la valeur militaire. Lorsque le duc d'Orléans et le duc de Bourgogne se disputaient la régence sous Charles VI, que quelques accès de démence avaient mis hors d'état de gouverner, Philippe Villiers de l'Ile-Adam, gouverneur de Pontoise, se déclara partisan du dernier. Il entra secrètement, à la faveur de la nuit, dans la ville de Paris, avec huit cents chevaux, et y commit beaucoup de désordre. Tannegui du Châtel, qui en était prévôt, entendant le bruit, courut prendre le dauphin Charles VII dans son lit, l'enveloppa dans sa robe de chambre, le sauva à la Bastille et de là à Melun.

MÉPRIS DES RICHESSES.

Il n'y a pas de vice plus honteux, surtout pour les personnes constituées en dignité et chargées de procurer le bien des autres, que l'avarice. Le duc de Montmorency, pour inspirer au jeune duc d'Enghien, son neveu, l'horreur d'une passion si détestable, lui donna cette sage leçon :
En allant dans son gouvernement, il passa par Bourges, rendit visite à ce jeune seigneur qui y faisait ses études, et lui donna une bourse de cent pistoles pour ses menus plaisirs. A son retour, il le vit encore, et lui demanda quel usage il avait fait de cet argent. Le duc d'Enghien lui présenta sa bourse toute pleine. Que de parents auraient loué la rare abstinence de leurs enfants en pareil cas ! Mais le duc de Montmorency pensait bien plus noblement ; il prit la bourse, jeta l'argent par la fenêtre, et dit à son neveu : « Apprenez, Monsieur, qu'un aussi grand prince que vous ne doit point garder d'argent ; puisque vous ne vouliez pas l'employer à jouer, il fallait en faire des aumônes et des libéralités. L'avarice, qui est si hideuse chez les particuliers, est bien plus horrible dans un prince. »
Jamais prince ne fut moins attaché à l'argent que ce même duc. Comme il jouait un jour, il se trouva sur le jeu environ trois mille pistoles. Un gentilhomme qui était présent dit tout bas à un de ses amis que cette somme ferait

sa fortune. Le duc feignit de ne point entendre ; mais l'ayant gagnée un moment après, il se tourna vers lui : « Je voudrais, dit-il, que votre fortune fût plus grande ; » et il le pria de recevoir cette somme.

— Le mépris de l'argent se trouve quelquefois dans des âmes ordinairement intéressées, toujours avides du pillage, dans les soldats mêmes. Le duc de Montmorency étant à Montpellier, pour éviter d'être suivi d'une troupe de soldats qui se disposaient à l'accompagner avec leurs acclamations ordinaires, s'avisa de leur jeter des poignées d'argent ; mais ces soldats, sans s'arrêter à le ramasser, comme il se l'était promis, ne l'abandonnèrent point, et l'escortèrent jusqu'à ce qu'il fût rentré chez lui.

— Ce serait bien à tort que l'on dirait que les exemples de désintéressement et de pauvreté que l'antiquité nous fournit sont trop surannés pour le siècle où nous vivons, et que nos mœurs ne comportent plus une vertu si mâle et si robuste : on peut en citer plusieurs tirés de l'histoire moderne.

Turenne ne sut-il pas se garantir de la passion de l'argent, dans un siècle où ce vice fut le plus dominant? Etant dans le comté de la Marck, en Allemagne, un officier général vint lui proposer de lui faire gagner cent mille écus en quinze jours, par le moyen des contributions, et cela de manière que la cour n'en aurait aucune connaissance. Il lui répondit qu'il lui était bien obligé, mais qu'après avoir trouvé beaucoup de ces sortes d'occasions, sans en avoir jamais profité, il n'était pas d'avis de changer de conduite à son âge.

Lorsqu'il commandait en Allemagne, une ville neutre, qui crut que l'armée du roi allait de son côté, fit offrir à ce général cent mille écus pour l'engager à prendre une autre route, et pour le dédommager d'un jour ou deux de marche qu'il en pourrait coûter de plus à l'armée. « Je ne puis en conscience accepter cette somme, répondit Turenne, parce que je n'ai pas eu intention de passer par cette ville. »

— Turenne, content de son patrimoine, qu'il employait au service de son prince et de sa patrie, ne chercha jamais à l'agrandir, surtout aux dépens d'autrui. Le cardinal Mazarin, maître des grâces, voulant reconnaître les services qu'il avait rendus à la couronne, et en faire le principal appui de son ministère, lui offrit le duché de Château-Thierry : il est peu de cadets, de quelque maison que ce soit, qui n'eussent accepté l'offre avec joie. Néanmoins, comme ce duché était au nombre des terres que le conseil avait proposé de joindre ensemble pour faire l'équivalent que l'on devait donner au duc de Bouillon, son frère, en échange de Sedan, il remercia le cardinal; et, quoique celui-ci l'assurât qu'on remplacerait ce duché par quelque autre terre, il le refusa toujours avec la même générosité.

— Le maréchal de Boucicaut ne laissa qu'un fils âgé de trois à quatre ans, qui depuis fut maréchal de France et gouverneur de Gênes. Il ne s'était pas soucié de lui amasser de grands biens. Ses amis le blâmaient un jour de n'avoir pas profité de la faveur du roi Jean, son maître : « Je n'ai rien vendu, leur répondit-il, de l'héritage de mes pères, je n'y ai rien non plus augmenté : si mon fils est homme de bien, il en aura assez; mais s'il ne vaut rien, il en aura trop, et fera grand dommage. » Belle leçon pour les jeunes officiers.

— Le connétable Du Guesclin, à qui ses belles actions ont mérité les faveurs de trois rois, Jean Ier, Charles V et Charles VI, avait un souverain mépris pour l'argent; il ne le recevait de la libéralité du roi que pour le distribuer à ses soldats. Quoiqu'il se fût trouvé dans des occasions propres à accumuler de grands biens, il en laissa moins à sa famille qu'il n'en avait reçu d'elle.

— Le maréchal de Fabert était si peu attaché aux richesses, qu'il sacrifiait généreusement tout son bien au service du roi dans beaucoup d'occasions; il faisait travailler les soldats, et élever des fortifications à ses dépens. Lorsque son épouse ou ses plus intimes amis lui représentaient que par ces dépenses il ôtait à sa famille un bien qu'il était obligé de lui conserver, il répondait : « Si, pour empêcher qu'une place que le roi m'aurait confiée ne tombât au pouvoir des ennemis, il fallait mettre, à une brèche que je verrais faire, ma personne, ma famille et tout mon bien, je ne balancerais pas à le faire. »

— L'illustre Jean de la Vacquerie, premier président du parlement de Paris, mourut dans une si grande pauvreté, que le roi Louis XI prit soin de sa famille et l'établit à ses dépens.

Les siècles futurs accuseront-ils ces grands hommes, qui ont montré tant de mépris pour les richesses, d'avoir avili, ou la noblesse de leur naissance, ou la dignité de leur rang? Ne sont-ce pas, au contraire, ces qualités mêmes qui les ont rehaussés davantage, et qui leur ont attiré plus universellement l'estime, l'amour et l'admiration de la postérité?

LE SAGE CONTENT DE PEU.

Nous avons eu de nos jours un prince (monseigneur le duc de Bourgogne) dont la France regrettera éternellement la perte, par beaucoup d'autres motifs, et en particulier à cause de l'éloignement extrême qu'il avait pour tout faste et pour toute dépense inutile. On lui proposait d'embellir un appartement par des cheminées plus ornées et plus à la mode : comme il n'y avait point de nécessité, il aima mieux conserver les anciennes. Un bureau de quinze cents livres, qu'on lui conseillait d'acheter, lui parut d'un trop grand prix ; il en fit chercher un vieux dans le garde-meuble, et il s'en contenta : il en était ainsi de tout, et le motif de ses épargnes était de faire de plus grandes libéralités.

Il n'avait encore que douze ans, lorsque, apprenant la conversion du célèbre La Fontaine, et le renoncement au profit qui devait lui revenir d'une édition de ses Contes en Hollande, il lui envoya une bourse de cinquante louis : le gentilhomme qui en fut le porteur assura de sa part que c'était tout l'argent qu'il avait pour le présent, mais qu'il ne s'en tiendrait pas là. Quelle bénédiction pour un royaume, et quel présent du Ciel qu'un prince de ce caractère !

— Arnaud d'Ossat, si célèbre par son adresse merveilleuse dans les négociations, quoiqu'il ne fût pas meublé à beaucoup près en cardinal, ne voulut pourtant pas accepter l'argent, le carrosse et les chevaux, ni le lit de damas rouge que le cardinal de Joyeuse lui envoya présenter trois semaines après sa promotion : « Car, dit-il, encore que je n'aie point tout ce qu'il me faudrait pour soutenir cette dignité, si est-ce que pour cela je ne veux pas renoncer à l'abstinence et modestie que j'ai toujours gardée. » Une telle disposition est bien plus rare et plus estimable qu'un magnifique équipage et un riche ameublement.

— Ce n'est point parmi les grands et les riches que se trouve la félicité, mais plutôt parmi les pauvres et les gens d'une fortune médiocre. L'exemple suivant, aussi curieux qu'instructif, en est une preuve.

Le maréchal de Montmorency, voyageant dans le Languedoc, suivi de quelques gentilshommes, s'entretenait avec eux de ce qui peut faire le bonheur de la vie. Il aperçut dans le même instant quatre laboureurs assis au loin sur l'herbe, et qui dînaient à l'ombre d'un buisson. La curiosité le prit de s'approcher d'eux; leur ayant fait plusieurs questions, il les pria de lui avouer sincèrement s'ils s'estimaient heureux. Il y en eut trois qui répondirent qu'ils l'étaient, parce qu'ils avaient une femme et des enfants tels qu'ils le souhaitaient.

Le duc demanda à l'autre s'il était aussi content que ses compagnons. Le bon homme répondit que ce qui l'en empêchait était de se trouver hors d'état d'acquérir un héritage que ses parents avaient autrefois possédé : « Si tu l'avais, reprit le duc, te croirais-tu parfaitement heureux? — Autant, répondit-il, que je puisse l'être. » Alors le duc de Montmorency se tournant vers un de ses gentilshommes : « Je vous prie que je puisse dire avoir rendu un homme heureux une fois en ma vie. » Il lui fit donner deux cents pistoles, qui formaient la somme nécessaire pour acheter l'héritage que le laboureur souhaitait.

— Le chevalier Bayard fut l'homme du monde qui sut mieux se contenter de peu, et qui montra toujours une souveraine indifférence pour les richesses. Ayant enlevé aux Espagnols une somme de quinze mille ducats, il prenait plaisir à les remuer sur sa table, et il dit à ses soldats, en riant : « Camarades, ne sont-ce pas là de belles dragées, et ne vous donnent-elles pas quelque envie d'en goûter? » Le capitaine Tardieu s'écria seul du milieu de la troupe : « Que nous sert-il d'en vouloir tâter? C'est un mets qui n'est pas pour nous. » Puis baissant un peu la voix : « Si j'avais, ajouta-t-il, la moitié de cet argent, je serais heureux et homme de bien toute ma vie. » Bayard le prit au mot, et, lui comptant la moitié de la somme, lui fit promettre de tenir sa parole. Le reste fut distribué aux officiers et aux soldats.

SOUFFRIR AVEC PEINE LA LOUANGE, ET PARLER DE SOI AVEC MODESTIE.

Personne n'a jamais remarqué qu'il soit échappé à Turenne la moindre parole qu'on pût soupçonner de vanité. Remportait-il quelque avantage, à l'entendre ce n'était pas qu'il fût habile, mais l'ennemi s'était trompé. Rendait-il compte d'une bataille, il n'oubliait rien, sinon que c'était lui qui l'avait gagnée. Racontait-il quelques-unes de ces actions qui l'avaient rendu si célèbre, on eût dit qu'il n'en avait été que le spectateur, et l'on doutait si c'était lui qui se trompait ou la renommée. Revenait-il de ces glorieuses campagnes qui rendront son nom immortel, il fuyait les acclamations populaires; il rougissait de ses victoires; il venait recevoir des éloges comme on vient faire des apologies; il n'osait presque aborder le roi, parce qu'il était obligé, par respect, à souffrir patiemment les louanges dont Sa Majesté ne manquait jamais de l'honorer.

— Le cardinal Mazarin avait fait faire une relation de la journée de Bleneau, laquelle, selon l'expression de la cour, remit la couronne sur la tête du jeune Louis XIV. Elle commençait par le conseil que Turenne avait donné au maréchal d'Hocquincourt, et dont le mépris avait causé son entière défaite. Le vicomte pria le cardinal d'ôter cet article avant qu'on l'imprimât: il lui représenta que ce maréchal avait déjà assez de chagrin d'avoir été battu, sans l'augmenter encore par une circonstance si mortifiante; mais c'était au fond pour épargner sa modestie, et pour qu'on s'occupât moins de la gloire qui lui revenait de cette fameuse journée. Le cardinal eut égard à sa prière, et l'article fut supprimé.

— Rien de plus ordinaire au plus petit officier que de se vanter d'avoir fait ce qu'il raconte de plus grand, ou du moins d'y avoir une bonne part avec le général. Il y a bien plus de grandeur à ne pas faire de réflexion, même sur les plus grandes actions, en sorte qu'il semble qu'elles nous échappent et qu'elles naissent si naturellement de la disposition de notre âme, qu'elle ne s'en aperçoit point.

— Du Guesclin, qui porta avec honneur l'épée de connétable sous le règne de Charles V, et à qui ce prince donna le principal commandement de ses armées, disait ordinairement que la gloire, cette noble passion qui touche le plus sensiblement le cœur des héros, se devait partager entre les hommes aussi bien que les richesses : il en faisait toujours retomber une partie sur ceux qui l'avaient accompagné dans une action.

LA SOLIDE GRANDEUR CONSISTE A RENONCER A LA GRANDEUR MÊME.

Tout ce qui est extérieur à l'homme, tout ce qui peut être commun aux bons et aux méchants, ne rend point véritablement estimable ; c'est par le cœur qu'il faut juger de l'homme ; de là partent les grands desseins, les grandes actions, les grandes vertus. On est esclave de la grandeur dès qu'on la désire, et on est au-dessus d'elle quand on la méprise.

Le roi voulut honorer le maréchal de Fabert du cordon bleu, sur la fin de l'année 1661 ; mais il le refusa. Louis XIV, loin d'en être offensé, admira la modestie du maréchal. Dans une lettre écrite de sa propre main, il le louait en ces termes : « J'ai un regret sensible de voir qu'un homme qui, par sa valeur et par sa fidélité, est parvenu si dignement aux premières charges de ma couronne, se prive lui-même de cette nouvelle marque d'honneur, par un obstacle qui me lie les mains. Ainsi, ne pouvant rien faire davantage pour rendre justice à votre vertu, je vous assurerai du moins par ces lignes que ceux à qui je vais distribuer le collier ne peuvent jamais en recevoir plus de lustre dans le monde, que le refus que vous en faites par un principe si généreux ne vous en donne auprès de moi. »

Charles IX ayant demandé au maréchal de Tavannes à qui l'on pourrait donner le gouvernement de la Provence, qui venait de vaquer, le maréchal lui répondit : « Sire, donnez-le à un homme de bien, qui ne dépende que de vous. » La conversation n'alla pas plus loin. Quelques jours après, le roi le manda, et lui dit qu'il avait profité de l'avis qu'il lui avait donné, et qu'il avait pourvu du gouvernement de Provence un homme tel qu'il lui avait conseillé de le choisir. Sa Majesté ajouta aussitôt que c'était à lui-même qu'il faisait ce présent. Le remerciement de Tavannes fut singulier : « Je fais, dit-il, autant pour vous de l'accepter, que vous faites pour moi de me le donner. » Il reçut avec assez d'indifférence et de froideur les compliments qu'on vint lui faire à cette occasion.

— Rien de plus brillant aux yeux des mortels que les grandes dignités; rien de plus pénible ni de plus accablant quand on veut en remplir les devoirs.

Après la mort de l'empereur Maximilien, les électeurs résolurent de mettre la couronne impériale sur la tête d'un homme de leur nation. Frédéric de Saxe, surnommé le Sage, qu'ils choisirent d'une commune voix, demanda deux jours pour se déterminer; au troisième, il remercia les électeurs avec beaucoup de modestie, en leur représentant qu'à l'âge où il était il ne se sentait pas assez de force pour soutenir un si grand poids.

Toutes les remontrances qu'on lui fit ne purent vaincre sa résistance. Les électeurs le prièrent de nommer la personne qu'il jugerait en conscience la plus propre, l'assurant qu'ils s'en rapporteraient à son avis. Frédéric refusa longtemps de le faire; mais enfin, forcé par les vives instances des électeurs, il se déclara pour le roi catholique.

— La double abdication que Charles-Quint fit de l'empire et du royaume est l'action de sa vie la plus digne d'admiration. Ce prince, connaissant à fond la vanité des grandeurs et le faux éclat des couronnes, préféra la retraite de Saint-Just, en Espagne, au palais impérial. Il trouva dans cet état une satisfaction plus solide qu'à être l'arbitre de l'Europe. La gloire qui environne les grandes dignités fait que nous accordons volontiers notre estime à ceux qui y renoncent.

LA CALOMNIE PUNIE ET L'INNOCENCE RECONNUE.

Denis, roi de Portugal, en épousant Élisabeth, fille de Pierre, roi d'Aragon, avait plus cherché en elle sa beauté et les avantages de sa naissance, que sa vertu et sa piété; cependant il lui laissa la liberté de se satisfaire dans tout ce que sa dévotion lui prescrivait. Quoiqu'il ne se piquât pas lui-même d'une grande vertu, il ne put s'empêcher d'estimer et d'admirer celle de son épouse.

Élisabeth eut bien des disgrâces à essuyer de la part du roi. Il écouta un calomniateur, qui accusa cette pieuse reine d'avoir un commerce coupable avec un page dont elle se servait pour porter les aumônes aux pauvres honteux et pour d'autres œuvres de piété. C'était un jeune homme vertueux, et qui était charmé d'être employé à de pareilles commissions. L'accusateur était un page du roi, que la jalousie rendait ennemi de celui de la reine. Le roi crut aisément l'imposture, parce qu'il jugeait du cœur de la reine par le sien.

Étant un jour à la promenade, il passa devant un four à chaux; il appela le maître qui en entretenait le feu, et lui donna ordre secrètement de jeter dans le fourneau ardent un page qu'il lui enverrait le lendemain, comme pour savoir des nouvelles de quelques commissions qu'il lui aurait données. Le lendemain, le roi ne manqua pas de charger le page de la reine d'aller trouver de sa part le chaufournier, pour lui demander s'il avait exécuté sa commission. Le page partit sur l'heure; mais, en passant devant une église, il y entra pour entendre la messe, selon sa coutume; et, comme celle qu'on disait était commencée, il crut devoir en entendre une autre après que la première fut achevée.

Le page accusateur, qui savait où l'on avait envoyé le page de la reine, et pourquoi on l'avait envoyé, fut impatient d'apprendre de ses nouvelles, et s'en alla sur les lieux mêmes, pour savoir si le roi était obéi. Le chaufournier, l'ayant aperçu, crut que c'était celui dont il fallait se saisir. Ses ouvriers le prirent et le jetèrent dans le fourneau, où il fut consumé en peu de temps. Le page de la reine, après la messe, continua son chemin, et alla savoir du chaufournier si les ordres qu'il avait reçus la veille étaient exécutés. « Dites au roi, répondit celui-ci, que j'ai fait ce qu'il m'a commandé. » Quand le roi eut appris une si étrange équivoque, il fut également touché et confus; et cet événement, dans lequel il fut obligé de reconnaître la main de Dieu, le convainquit de l'innocence d'Elisabeth, et ne contribua pas peu à diminuer ses débauches.

INDUSTRIE ADMIRÉE; DÉLICATESSE DE CONSCIENCE RESPECTÉE.

Clotaire II, voulant avoir une chaise ornée d'or et de pierreries, ne trouva aucun de ses ouvriers qui pût s'en former une idée semblable à la sienne, et l'exécuter. Bobon, son trésorier, ne balança pas à dire au roi qu'il avait trouvé l'homme que S. M. cherchait; sur son témoignage, le prince fit donner à Eloy la quantité d'or et de pierreries qu'on jugea nécessaire. Eloy se mit aussitôt à l'ouvrage, et bientôt après, au lieu d'une chaise qu'on attendait, il en présenta deux au roi. A la vue de la première, Clotaire admira fort son industrie et sa dextérité; mais il admira beaucoup plus sa fidélité quand il vit la seconde. Ayant reconnu dans l'ouvrier autant d'esprit que d'adresse et de désintéressement, il crut devoir l'attacher à son service : il le retint donc à la cour, et lui donna dès lors une grande part dans sa confiance, le logea dans son palais, et se faisait un plaisir singulier d'aller l'y voir travailler.

Plus Clotaire voyait Eloy, plus il était charmé de ses belles qualités, et plus il estimait sa vertu; croyant qu'un homme d'une aussi rare probité était propre à toute autre chose qu'à façonner des métaux, il résolut de l'employer aux affaires de l'État. Pour se l'attacher plus fortement, il lui proposa de prêter le serment de fidélité ordinaire sur les reliques. Eloy, assuré des dispositions de son cœur, promettait bien de demeurer fidèle; mais craignant de jurer, en cette occasion, sans nécessité, contre la défense de Jésus-Christ, il ne pouvait se résoudre à faire le serment que le prince exigeait. Clotaire, ne sachant à quoi attribuer ce refus, persista à demander le serment; Eloy s'en défendit avec toute l'humilité possible, et tâcha de justifier sa répugnance à jurer. Le roi, ne recevant pas ses excuses, l'en pressa encore davantage, et témoigna être choqué de sa résistance. Alors Eloy, appréhendant d'offenser Dieu ou de déplaire au roi, ne put s'empêcher de verser des larmes. Le roi s'en aperçut, et lui dit que cette délicatesse de conscience l'assurait plus de sa fidélité que tous les serments qu'il eût pu lui faire.

L'infidélité des ouvriers est cause que l'on se méfie d'eux : qu'ils travaillent avec fidélité, qu'ils emploient en conscience les matières qu'on leur met entre les mains, ils ne manqueront jamais d'ouvrage. La facilité avec laquelle les ouvriers et les marchands font des serments augmente plutôt la méfiance qu'elle n'assure la confiance. Oui et non doivent être l'assurance de la vérité qu'un chrétien affirme. La meilleure manière d'honorer le serment est de ne s'en servir ni fréquemment, ni indiscrètement, mais uniquement dans les rencontres nécessaires et très-importantes. Le serment, pour être légitime, doit, selon le prophète Jérémie, avoir ces trois qualités, d'être fait dans la vérité, dans le jugement et dans la justice : *Jurabis in veritate, et in judicio, et in justitia.*

Comment ne tremble-t-on pas quand on prend Dieu à témoin d'une chose, ou fausse, ou dont on n'est pas assuré? Il faut avoir perdu sa religion et sa conscience. La délicatesse des païens à l'égard des serments fait la honte des chrétiens : quelques-uns d'entre eux auraient cru déshonorer la majesté divine non-seulement en jurant légèrement, mais même en employant le nom de Dieu dans les conversations et dans les discours familiers.

MANIÈRE D'INSTRUIRE ET DE REPRENDRE.

Saint Augustin, après sa conversion, retiré à la campagne avec quelques amis, y instruisait deux jeunes gens nommés Licent et Trigèce. Il avait établi des conférences réglées, où il les faisait parler sur différents sujets que l'on proposait; chacun soutenait son sentiment, et répondait aux questions qu'on lui faisait; on écrivait tout ce qui se disait de part et d'autre. Il échappa un jour à Trigèce une réponse qui n'était pas tout à fait exacte, et qu'il souhaitait qu'on ne mît point par écrit. Licent, de son côté, insista vivement, et demanda qu'elle fût écrite. On s'échauffa de part et d'autre, comme cela est naturel à des jeunes gens, dit saint Augustin, ou plutôt à tous les hommes, qui sont pleins de vanité et d'orgueil.

Saint Augustin fit une réprimande assez forte à Licent, qui en rougit sur-le-champ; l'autre, ravi du trouble et de la confusion où il voyait son émule, ne put dissimuler sa joie. Le saint, pénétré d'une vive douleur en voyant le secret dépit de l'un et la maligne joie de l'autre, et les apostrophant tous deux : « Est-ce donc ainsi, leur dit-il, que vous vous conduisez? Est-ce là cet amour de la vérité dont je me flattais, il n'y a qu'un moment, que vous étiez l'un et l'autre embrasés? »

Après plusieurs remontrances, il finit ainsi : « Mes chers enfants, n'augmentez pas, je vous en conjure, mes misères, qui ne sont déjà que trop grandes. Si vous sentez combien je vous considère et je vous aime, combien votre salut m'est cher; si vous êtes persuadés que je ne me souhaite rien à moi-même de plus avantageux qu'à vous; enfin, si, ne approchant votre maître, vous croyez me devoir quelque retour d'amour et de tendresse, toute la reconnaissance que je vous demande est que vous soyez gens de bien : *Boni estote.* » Ses larmes coulèrent alors abondamment, et achevèrent ce que son discours avait commencé. Les disciples attendris ne songèrent plus qu'à consoler leur maître par un prompt repentir pour le présent, et par de sincères promesses pour l'avenir.

OBSERVATION. — La faute de ces jeunes gens méritait-elle que le maître en fût si touché? N'est-ce pas l'ordinaire de ces sortes de disputes? Vouloir bannir cette vivacité et cette sensibilité, ne serait-ce pas éteindre toute l'ardeur de l'étude, et émousser la pointe d'un aiguillon nécessaire à cet âge?

Ce n'était point la pensée de saint Augustin; il ne songeait qu'à retenir dans de justes bornes une noble émulation, et à l'empêcher de dégénérer en orgueil, qui est la plus grande maladie de l'homme; il était bien éloigné de vouloir la guérir par une autre, qui n'est peut-être pas moins dangereuse, je veux dire la paresse et l'indolence. « Que je serais à plaindre, dit-il, d'avoir de tels disciples, en qui un vice ne pût se corriger que par un autre vice! »

Voilà une délicatesse de sentiments qui ne se trouve point parmi les païens; ils conviennent, à la vérité, que l'ambition dont nous parlons ici est un vice; mais, par une contradiction assez bizarre, ils la donnent comme un vice qui devient souvent dans les jeunes gens une source de vertu : et ils font tout ce qui est nécessaire pour nourrir et pour augmenter cette maladie. Il n'y a que le christianisme qui remédie à tout, qui déclare généralement la guerre à tous les vices, et qui puisse rétablir l'homme dans une entière santé. La philosophie, avec ses plus beaux préceptes, ne va pas jusque-là.

DIFFÉRENCE ENTRE L'ENVIE ET L'ÉMULATION.

La différence est délicate entre l'envie et l'émulation. Comme il est aisé de s'aveugler et de se persuader qu'on n'a que de l'émulation quand on est véritablement jaloux, aussi peut-il arriver qu'on blâme dans les autres, comme un mouvement d'envie, ce qui n'est dans eux que l'effet de l'émulation.

Il me paraît qu'on peut distinguer à ces caractères ces deux mouvements si ressemblants en apparence, et dont l'un cependant est une vertu, et l'autre un vice. L'émulation est une passion noble et généreuse, qui ne peut avoir pour objet que la vertu; elle ne tend pas à rabaisser les autres au-dessous de nous; elle ne retranche rien des louanges qu'ils méritent; elle ne voudrait pas qu'ils fussent moins estimables; mais elle nous fait un reproche de l'intervalle que nous laissons entre eux et nous. Enfin, si elle est jamais de mauvaise humeur, elle ne le fait sentir qu'à nous-même, et elle ne sait jamais mauvais gré à ceux qui nous surpassent.

L'envie, au contraire, est une passion basse et chagrine, qui corrompt la vertu même par son amertume; elle tâche de ternir le lustre des meilleures actions par un souffle empoisonné: elle ne se soucierait pas de monter, pourvu qu'elle vît les autres descendre au-dessous d'elle. La première est une fille du ciel et un reste précieux de la grandeur pour laquelle l'homme était né; l'autre est un fruit de l'enfer et du démon, qui s'est perdu lui-même par l'envie, et qui s'est servi de ce poison contagieux pour perdre le premier homme.

AVIS AUX INSTITUTEURS.

I. Le moyen le plus assuré et le plus efficace pour insinuer aux jeunes gens des sentiments de piété, c'est que les instituteurs en soient eux-mêmes bien pénétrés; alors tout parle en eux, tout est instructif, tout inspire de l'estime et du respect pour la religion, lors même qu'il s'agit d'autre chose; car c'est l'affaire du cœur, encore plus que celle de l'esprit; et pour la vertu, aussi bien que pour les sciences, la voie des exemples est bien plus courte et plus sûre que celle des préceptes.

II. Les corrections et les réprimandes doivent être faites selon les règles que la raison a prescrites; pour les rendre utiles, il faut persuader que ce n'est ni de l'humeur, ni du désir de faire peine qu'elles naissent, mais d'une pure charité et d'un vrai zèle. La qualité la plus essentielle d'un maître chrétien est d'avoir pour ses disciples cet amour de jalousie dont parle saint Paul, qui le rende extrêmement sensible à tout ce qui concerne la vertu.

III. On croit quelquefois faire merveille en multipliant les paroles; on croit amollir le cœur par de vifs reproches, par des humiliations, par des châtiments; mais il faut que la grâce les rende utiles. Quand on attend tout des moyens, on met un obstacle secret à la grâce qui est justement refusée à la présomption humaine et à une confiance orgueilleuse.

IV. Le cœur n'obéit point à la voix de l'homme. Le ministère extérieur de ceux qui enseignent et qui reprennent n'est que pour cacher l'opération secrète de Dieu, qui deviendrait, sans ce voile, trop manifeste et peu propre à exercer notre foi : les mêmes discours qui animent et attendrissent les uns, révoltent et endurcissent les autres : plus on est spirituel, moins on ose répondre du succès de ses paroles et de ses soins à l'égard des personnes qui paraissent moins capables d'y résister : *Cathedram habet in cœlis*, dit saint Augustin, *qui corda docet*.

V. Tous ceux qui sont chargés de l'instruction ne font proprement qu'assembler les ossements ; ils étendent sur eux la chair et la peau ; mais, semblables au prophète Ezéchiel, à qui il fut commandé d'invoquer l'Esprit de vie pour animer des morts dont la campagne était couverte, leurs soins et leurs travaux seront sans succès, si l'Esprit saint ne donne une âme à ces hommes sans vie : combien faut-il lui dire avec ferveur et persévérance : *Veni, Spiritus, et insuffla interfectos istos, ut reviviscant !*

VI. Quand un écolier abuse également de tout, de la douceur et de la sévérité, un maître doit tenir un certain milieu entre ces deux conduites : parler peu, mais observer tout ; ne plus exhorter ni menacer, mais prendre un air grave et sérieux, mêlé d'une indifférence affectée ; ces manières froides et tranquilles sont plus propres à rappeler une personne qui se plaît dans la contradiction et dans la résistance que tous les discours ; elle s'étonne de ce qu'on ne lui parle plus, et son feu s'éteint faute d'objet. Pour peu qu'elle revienne, on peut lui dire qu'après tant de soins toujours inutiles, on n'a plus d'autre devoir que de s'affliger de son impénitence et de sa perte ; qu'on est réduit à être témoin, malgré soi, d'un malheur qu'on ne peut empêcher ; que désormais on se croit déchargé, et que c'est une chose fort détestable, que de vivre sans règle et de mourir sans espérance. Ces expressions courtes, après lesquelles on se retire, de peur de les affaiblir par d'autres moins mesurées, peuvent faire beaucoup d'impression, principalement quand elles sont accompagnées d'une piété intérieure, et qu'elles sont l'effet d'une charité qui ne paraît dure que parce qu'elle est tendre.

VII. Si votre travail paraît inutile, ne vous découragez point, ne vous relâchez point, ne désespérez point des jeunes gens qui vous paraissent les plus endurcis. Dieu vous rendra le matin la récompense de votre travail pendant la nuit ; il a paru inutile, mais il ne l'était pas pour vous. Les moments que Dieu s'est réservés ne sont connus que de lui ; le soin vous était recommandé, et non le succès. Ce n'est ni la nature du travail que Dieu considère, ni le succès qui le couronne ; mais le zèle, la fidélité, l'amour de Dieu, la pureté d'intention, l'humilité, la persévérance. Tous ouvriers sont égaux en eux-mêmes par rapport au succès : le travail et la bénédiction que Dieu y donne sont ce qui les distingue ; ce sont l'humilité et la prière qui attirent cette bénédiction.

EFFETS EXTRAORDINAIRES DU MÉPRIS DE SOI-MÊME ET DES CRÉATURES.

On a vu, dans le septième siècle, la fille de Robert, garde des sceaux de Clotaire III, donner un exemple peu connu du mépris qu'elle faisait d'elle-même. Angadresme (c'était son nom), désirant ne vivre que pour Dieu, le conjura de vouloir bien effacer en elle ce qui pouvait attirer les yeux des hommes. Sa prière fut exaucée ; bientôt elle tomba malade, et se trouva couverte d'une lèpre ou petite vérole qui lui gâta le visage.

Son père, qui l'aimait tendrement, regardant cet accident comme l'effet d'une maladie ordinaire, eut recours à l'art des médecins, pour empêcher que cette difformité ne restât après sa guérison. Angadresme trouva le moyen de rendre leurs remèdes inutiles. Le père, qui l'avait promise en mariage à un seigneur du Vexin, entreprit de la consoler sur sa prétendue disgrâce. La sainte ne put s'empêcher de lui avouer qu'elle regardait comme une faveur du Ciel un accident de cette nature, dans le désir qu'elle avait toujours eu de n'avoir point d'autre époux que Jésus-Christ. Elle s'estima fort heureuse de ce que Dieu, sans la mettre en danger de désobéir à son père, avait empêché son mariage.

— La petite ville de Senez a donné, de nos jours, un spectacle encore plus attendrissant. Une bonne paysanne, pourvue des bénédictions du Seigneur, avait vécu jusqu'à son mariage dans une grande innocence et dans une grande simplicité ; sa beauté, qui surpassait celle de toutes les filles du canton, ne lui enflait point le cœur; elle vivait éloignée du commerce des hommes, travaillait à la dentelle chez ses parents, et montrait dans toutes ses actions une candeur et une pureté admirables; elle s'attacha à l'époux que ses parents lui donnèrent, et continua de vivre dans le mariage avec la même simplicité et la même pureté qu'auparavant.

Un jour, des jeunes gens qui la virent furent frappés de la blancheur de son visage et de la régularité de ses traits, et dirent en s'arrêtant un moment: Voilà une belle femme! Cette parole qu'elle entendit la fit rentrer promptement chez elle, et, se jetant la face contre terre, elle dit, en versant beaucoup de larmes: « Seigneur, rendez-moi aux yeux des hommes aussi laide que je désire d'être belle à vos yeux. » Peu de jours après, elle se sentit frappée des douleurs d'un cancer qui lui vint au visage; elle connut alors que Dieu l'avait exaucée, et, dans ses douleurs, elle ne cessait de le bénir d'avoir jeté sur elle un regard de miséricorde. Son mal faisant des progrès, bientôt elle fut hors d'état de travailler, et obligée de garder le lit. Elle n'avait point d'enfants, mais le travail de son mari ne suffisait pas pour la faire soigner; celui-ci s'affligeait et s'impatientait. « Mon ami, lui disait-elle, il ne faut ni vous abattre, ni vous troubler. Dieu nous avait donné quelque peu de bien, il nous l'ôte, bénissons-le; il faut vendre ce que nous avons peu à peu, et nous en aider pour vivre; quand nous n'aurons plus rien, Dieu y pourvoira. » Dieu y pourvut en effet. Un ecclésiastique vint vers la pauvre malade, la trouva couchée sur la paille, dans un lieu très-humide et séparé de l'étable aux vaches par des planches. Le cancer lui affectait alors une partie de la tête et du front, et l'empêchait de voir de l'œil gauche: ses douleurs étaient excessives, son cancer ouvert demandait des soins que personne ne lui accordait. Son mari allait travailler à la campagne, et la malade demeurait toujours livrée à la douleur. Ce qu'elle désirait davantage était qu'on l'entretînt des choses de Dieu. L'ecclésiastique, saisi de frayeur et d'admiration, attendri jusqu'aux larmes, lui promit de la visiter souvent.

Quand il expliquait l'Évangile, la malade l'écoutait avec le même respect qu'elle aurait écouté Jésus-Christ, dont il n'était que l'organe; elle protestait que ses douleurs étaient suspendues dès qu'il ouvrait la bouche pour lui parler de Jésus-Christ. « Je fais peu de cas, lui disait-elle, des aumônes que vous m'apportez, au prix des vérités de l'Évangile dont vous nourrissez mon âme. »

Cependant le cancer gagna insensiblement tout le visage de cette femme; on n'y reconnaissait plus aucun trait. Un habile médecin disait n'avoir jamais vu de cancer si horrible; il était encore plus frappé de la patience de la malade. Dans l'ardeur de ses douleurs, l'image de Jésus-Christ sur la croix était sa consolation et sa ressource; elle adorait son Sauveur, qui, étant la sainteté même, avait pris la place des pécheurs.

« J'aurais dû, ô mon Dieu, s'écriait-elle, monter sur cette croix, et vous avez pris sur vous ce calice d'amertume pour adoucir mes maux et les sanctifier. » Plusieurs fois on lui proposa de demander à Dieu sa guérison par un miracle; mais elle témoigna constamment qu'elle ne craignait rien tant qu'une santé qui l'exposerait au danger de voir le monde, et qui retarderait au moins son bonheur. « Voir Dieu et jouir de lui, disait-elle, c'est tout ce que je désire. » Ses vœux furent exaucés après six ans de souffrances et de maladie : elle s'endormit dans le Seigneur, laissant à l'Église un exemple admirable de ce que peut la grâce de Jésus-Christ pour élever les âmes des plus petits au plus haut point de perfection.

S'il y a peu de femmes qui désirent que leur beauté se perde pour ne pas plaire au monde, c'est qu'il y a peu de vraies chrétiennes. Si je plaisais aux hommes, disait saint Paul, je ne serais pas serviteur de Jésus-Christ. Dans les événements fâcheux, quand il nous arrive quelque chose qui nous sépare du monde, bien loin de nous en affliger, bénissons Dieu; c'est la même grâce que si nous étions mis hors d'un lieu infecté par la contagion.

EFFETS ADMIRABLES DU GÉNIE.

Le génie est une certaine aptitude que la nature a mise dans l'homme, pour réussir dans une chose que d'autres entreprendraient inutilement. Cette aptitude a tant de force sur nous, que nous n'avons pas plus de peine à apprendre les sciences qui en sont l'objet, que nous n'en avons pour apprendre notre langue. La nature, qui a donné à chacun son talent particulier, et qui n'a déshérité personne, n'a pas voulu non plus réunir toutes sortes de qualités dans le même homme; elle a destiné les uns pour commander les armées, les autres pour gouverner l'Etat; elle a formé ceux-ci pour la poésie, ceux-là pour l'éloquence. La nature, en faisant ses libéralités, a cependant accumulé quelquefois, par une espèce de prédilection, sur la même personne, toutes les qualités de l'esprit et du cœur: le célèbre d'Aguesseau en est un exemple.

Ce grand homme parut réunir tous les talents dont l'heureux assemblage fera l'admiration de tous les siècles : il se rendit habile presque dans toutes les langues; il disait quelquefois que c'était un amusement d'apprendre une langue. La lecture des anciens poëtes fut, selon son expression, *une passion de sa jeunesse*. La société des deux grands poëtes Racine et Boileau faisait alors ses délices, et il ne s'en permettait point d'autres; lui-même faisait de très-beaux vers, et conserva ce talent jusqu'à ses dernières années. Son principe était que le seul changement d'occupation est un délassement. Ce fut ainsi qu'au milieu des fonctions les plus pénibles il trouva le moyen d'étendre ses connaissances jusqu'à la fin de sa vie. Les principes de la religion éloignèrent de lui toutes les passions et toute autre vue que celle de faire du bien. Il n'eut du printemps de l'âge que le feu de l'imagination, la vivacité de l'esprit et les prodiges de la mémoire.

Reçu avocat général au parlement de Paris, en 1691, il y parut avec tant d'éclat, que le célèbre Denis Talon, alors président à mortier, dit qu'il voudrait finir comme ce jeune homme commençait. Après avoir exercé dix ans cette charge avec autant de zèle que de lumières, il fut nommé procureur général à trente-deux ans. Jamais le glaive ni le bouclier de la justice n'ont été confiés à des mains plus pures et plus habiles : la timide innocence se rassurait à sa vue, le crime orgueilleux frémissait. On se souviendra longtemps de la fatale année de 1709, où la nature refusa ses dons ordinaires, et où l'avarice cachait ceux des années précédentes; d'Aguesseau, par des recherches laborieuses, par d'utiles ressources, contribua plus que personne à sauver la France.

L'ordre des juridictions, l'intérêt des hôpitaux, les affaires du clergé, celles de l'État occupèrent tour à tour son attention, et ne la lassèrent jamais. Avec quelle vigueur n'a-t-il pas maintenu le patrimoine sacré de nos rois contre les entreprises de l'usurpation? Il a même hasardé de déplaire au prince, pour le servir; de résister à ses ordres, pour demeurer fidèle à ses intérêts; de préférer sa gloire réelle à sa volonté apparente; de démêler, dans la droiture de ses intentions, les surprises faites à sa piété, et de contredire humblement son autorité, pour ne la pas commettre dans une entreprise qui blessait les droits de la couronne. Fermeté d'autant plus digne d'admiration, qu'elle l'exposait à tout, et que, combattu entre les mouvements du cœur qui l'attachaient tendrement au roi, et les lumières de l'esprit qui lui montraient les engagements de sa charge, il avait pris le parti d'être, s'il le fallait, la victime plutôt que le destructeur de nos libertés. C'est ainsi qu'après avoir résisté à Louis XIV et au chancelier Voisin, au sujet d'une déclaration, il dit adieu à son épouse, en lui faisant entendre qu'il ne savait pas s'il n'irait point coucher à la Bastille. Mais cette femme forte lui répondit sans s'étonner : « Allez, Monsieur, et agissez comme si vous n'aviez ni femme, ni enfants; j'aime mieux vous voir conduire à la Bastille avec honneur que de vous voir revenir ici déshonoré. »

A la mort du chancelier Voisin, le régent jeta les yeux sur d'Aguesseau pour remplacer ce grand ministre; il le manda au Palais-Royal, et, en le voyant, il lui donna le nom de chancelier. D'Aguesseau s'en défend, fait des représentations au prince, allègue son incapacité. Obligé de consentir à son élévation, il parut encore plus grand que sa dignité : il s'était instruit des lois de toutes les nations et de tous les temps, n'était étranger dans aucun pays, ni dans aucun siècle.

La sobriété et l'égalité d'âme conservèrent à d'Aguesseau, jusqu'à l'âge de quatre-vingt-un ans, une santé vigoureuse ; mais, dans le cours de l'année 1750, des infirmités l'avertirent de quitter sa place; il s'en démit, se retira avec les honneurs de la dignité de chancelier, et mourut peu après. On a déjà publié, en plusieurs volumes in-4°, la plus grande partie de ses ouvrages; son style est très châtié, mais on y désirerait quelquefois plus de chaleur; ses discours feront l'admiration des hommes, tant que la langue française et le goût de la véritable éloquence subsisteront; ils seront pour la France un trésor qui égalera ses richesses en ce genre à celles d'Athènes et de Rome. D'Aguesseau ayant un jour consulté son père sur un discours qu'il avait extrêmement travaillé, et qu'il voulait retoucher encore, il lui fut répondu avec autant de finesse que de goût : « Le défaut de votre discours est d'être trop beau ; il le serait moins si vous le retouchiez encore. »

— Le célèbre Père Massillon décela de bonne heure son génie et ses grands talents pour l'éloquence apostolique. Un homme de mérite, que Louis XIV envoyait en Languedoc prêcher la controverse, passant par Arles, s'arrêta quelques jours dans la maison de l'Oratoire. Charmé des conversations fréquentes qu'il eut avec le jeune Massillon, étudiant en théologie, il lui dit, en le quittant, qu'il n'avait qu'à continuer comme il avait commencé, et qu'il deviendrait un des premiers hommes du royaume. Des espérances aussi flatteuses ne furent pas vaines ; pendant qu'il professait la théologie à Vienne, il prononça l'oraison funèbre de Henri de Villars, archevêque de cette ville, avec des applaudissements auxquels il ne s'attendait point : seul il ne connaissait pas ses talents. Ce succès le fit appeler à Paris par le Père de la Tour, général de l'Oratoire. Lorsqu'il eut fait quelque séjour dans la capitale, son supérieur lui demanda ce qu'il pensait des prédicateurs qui brillaient sur ce grand théâtre : « Je leur trouve, répondit-il, bien de l'esprit et des talents ; mais si je prêche, je ne le ferai pas comme eux. » Il en exceptait le Père Bourdaloue. A peine l'eut-il entendu, qu'il fut frappé d'admiration ; mais s'il connut toute l'étendue et la beauté du génie de ce Père, il vit en même temps qu'il avait ses bornes. Ce prédicateur, plus jaloux d'instruire que de plaire et de toucher, négligeait un peu trop les ornements du style, le charme invincible du sentiment, l'art de peindre vivement les vices dans le tableau des mœurs, et l'art plus rare encore de fixer l'attention sans la fatiguer.

Massillon se fit une manière de composer qu'il ne dut qu'à lui-même, et qui, aux yeux des hommes sensibles, parut supérieure à celle de Bourdaloue. Après avoir prêché son premier Avent à Versailles, Louis XIV lui dit : « Mon Père, j'ai entendu plusieurs grands prédicateurs dans ma chapelle, j'en ai été fort content ; pour vous, toutes les fois que je vous ai entendu, j'ai été très-mécontent de moi-même. » Éloge parfait qui honore également le goût et la piété du monarque, et le talent du prédicateur.

La première fois qu'il prêcha son sermon fameux sur le *petit nombre des élus*, il y eut un endroit où un transport de saisissement s'empara de tout l'auditoire ; presque tout le monde se leva à moitié par un mouvement involontaire; le murmure d'acclamation et de surprise fut si fort qu'il troubla l'orateur.

Ce qui surprenait surtout dans le Père Massillon, c'étaient ses peintures du monde, si saillantes, si fines, si ressemblantes. On lui demandait où un homme consacré comme lui à la retraite avait pu les prendre : « Dans le cœur humain, répondit-il; pour peu qu'on le sonde, on y trouve le germe de toutes les passions. Quand je fais un sermon, j'imagine qu'on me consulte sur une affaire ambiguë, je mets toute mon application à décider et à fixer dans le bon parti celui qui a recours à moi; je l'exhorte, je le presse et ne le quitte point qu'il ne se soit rendu à mes raisons. » Son air simple, son maintien modeste, ses yeux humblement baissés, son geste négligé, son ton affectueux, sa contenance, qui montrait qu'il était pénétré de ce qu'il annonçait, tout en lui portait dans les esprits les plus brillantes lumières, et dans les cœurs les mouvements les plus tendres.

En 1704, le Père Massillon parut pour la seconde fois à la cour. Louis XIV, après lui en avoir témoigné son plaisir, ajouta du ton le plus gracieux : « Et je veux, mon Père, vous entendre désormais tous les deux ans. » Des éloges si flatteurs n'altérèrent point sa modestie. Un de ses confrères le félicitant de ce qu'il venait de prêcher admirablement, suivant sa coutume : « Eh! laissez, mon Père, répondit-il, le diable me l'a déjà dit plus éloquemment que vous. » L'évêché de Clermont fut la récompense de son mérite en 1717.

Destiné l'année suivante à prêcher devant Louis XV, qui n'avait que neuf ans, il composa en six semaines ce discours si connu sous le nom de *Petit Carême*; c'est le chef-d'œuvre de cet orateur, et celui de l'art oratoire. L'orateur y expose à l'auguste monarque les devoirs d'un roi très chrétien dans toute leur étendue, et les tendres sentiments de la France pour sa personne sacrée, dans toute leur force. Le Père Massillon y paraît un prédicateur accompli de l'Évangile, et un fidèle interprète de la nation.

Un bel esprit, M. Desfontaines, a dit que dans les sermons du Père Massillon on trouve partout un raisonnement juste et méthodique, sans affectation; des pensées vives et délicates, des expressions choisies, sublimes, harmonieuses et toujours naturelles ; des images revêtues d'un coloris frappant, un style clair, net et cependant plein et nombreux ; nulle antithèse, nulle phrase recherchée, point de figures bizarres, une extrême pureté dans le langage, sans exactitude puérile, une élégance continuelle ; en général, une fécondité inépuisable, et une abondance d'idées brillantes et magnifiques, qui semblent le langage naturel de l'orateur. « Je ne crains pas, ajoute-t-il, de dire, si le sacré peut être comparé au profane, que le Père Massillon est au Père Bourdaloue ce qu'est Racine à Corneille. »

EXEMPLE RARE DE FIDÉLITÉ A SA PAROLE.

On a beaucoup vanté la belle action de Régulus ; celle que je vais rapporter lui est-elle inférieure ? M. de Saint-Luc, qui commandait les troupes des catholiques en Languedoc, fit prisonnier le célèbre Agrippa d'Aubigné, l'aïeul de madame de Maintenon, chef d'un parti huguenot : le duc d'Epernon le haïssait, Catherine de Médicis le détestait ; l'un et l'autre ne cherchaient que l'occasion de le sacrifier à leur ressentiment, et de se venger de ses satires.

Dès qu'ils le surent prisonnier, l'ordre fut expédié de le transférer à Bordeaux, bien lié et bien gardé. D'Aubigné était à La Rochelle. Saint-Luc lui avait permis d'y passer quelques jours ; mais ayant reçu les ordres de la cour, dont il prévoyait les suites funestes, il le fit avertir secrètement de ne pas revenir. D'Aubigné était esclave de sa parole ; il part de La Rochelle, et se rend auprès de Saint-Luc, qui parut consterné de son arrivée, et lui demanda s'il n'avait pas reçu son courrier. « Oui, Monsieur, lui répondit-il ; mais je vous avais donné ma parole, je veux l'acquitter, et je me remets entre vos mains ; je sais que ma mort est résolue, n'importe ; mes ennemis n'ont qu'à satisfaire leur vengeance ; j'aime mieux mourir que de manquer à mon honneur, et de vous compromettre avec une cour soupçonneuse et vindicative. » Saint-Luc allait exécuter à regret les ordres qu'il avait reçus, lorsqu'on vint lui dire que les Rochelois avaient pris Guittau, gouverneur des îles de Rhé et d'Oléron, et qu'ils menaçaient de le jeter à la mer, si l'on conduisait d'Aubigné à Bordeaux. Cet incident fut pour Saint-Luc un prétexte de garder d'Aubigné et de lui sauver la vie.

BEL EXEMPLE DE FIDÉLITÉ A LA RELIGION.

Les exemples de fidélité à la religion sont toujours admirables ; je suis bien persuadé qu'il n'y a point de meilleur citoyen que celui qui sert bien son Dieu. Je ne puis passer sous silence le courage et la fermeté que fit paraître le chevalier de Pravieux dans une occasion délicate : il avait été pris par les calvinistes à Fleurs, petite ville du Forez, où son frère aîné commandait. Ces hommes, à qui le fanatisme faisait oublier qu'ils étaient Français, et que les catholiques l'étaient comme eux, commettaient dans le Lyonnais et dans le Forez des horreurs qu'on aurait peine à croire s'il n'en restait des traces funestes, et si les troubles des Cévennes ne nous eussent montré jusqu'où peut aller la fureur des guerres de religion.

Fleurs avait été prise par ces sectaires, et le chevalier de Pravieux fait prisonnier avec son frère. La rançon de celui-ci avait été acceptée ; pour lui on le retenait en prison : il avait donné de rares exemples de bravoure, on le redoutait ; il était bon catholique et il portait la croix de Malte, on le haïssait ; il n'y avait plus que le sacrifice de sa religion qui pût être le prix de sa liberté. Prières, menaces, promesses, mauvais traitements, tout fut mis en usage par les calvinistes pour gagner ce brave homme à leur parti ; cent fois il toucha au moment d'être massacré, il fut toujours inébranlable ; on le conduisit au prêche, on le força d'assister à la cène, il parut le chapeau sur la tête, et avec cet air de noblesse et de fermeté que la vertu met sur le front de l'homme de bien, pour confondre les méchants. Après plusieurs mois de captivité et de souffrances, il fut tiré de sa prison, mais ce fut pour aller à la mort. Les calvinistes de Lyon, n'osant attenter à sa vie, de peur qu'il ne trouvât des vengeurs, le remirent à une troupe des leurs qui retournaient en Provence, après avoir ravagé le Forez et le Lyonnais ; ils eurent ordre de se défaire de leur prisonnier aussitôt qu'ils seraient arrivés chez eux. Rien ne pouvait être plus conforme à leur inclination : acharnés contre les catholiques, ils ne cherchaient que les occasions de les immoler à leur fureur. La mort de Pravieux était certaine. Un jour, vers l'entrée de la nuit, la troupe arriva près d'un bois épais ; le chevalier crut avoir trouvé l'occasion de recouvrer sa liberté ; il s'enfonça dans la forêt ; et malgré l'ardeur de ses gardes à chercher leur prisonnier, il eut le bonheur de leur échapper à la faveur des broussailles et de l'obscurité.

AMOUR ANCIEN DES FRANÇAIS POUR LEURS ROIS.

De tout temps on a remarqué dans les Français un amour singulier pour leurs maîtres. Ce n'est pas seulement une fidélité, un attachement réfléchi et sincère, c'est une passion bien réelle, capable des plus grandes choses : nos annales en offrent des preuves sans nombre. A la bataille de Pavie, Jean le Sénéchal, gentilhomme de la chambre, voyant un arquebusier viser le prince, se jeta au-devant du coup et fut tué, sacrifiant ainsi sa vie pour celle de son maître. C'est là que François Ier vit toute sa noblesse expirer à ses côtés; ses gentilshommes, qui n'avaient vu que leur père dans leur souverain, semblaient encore lui faire un rempart de leurs cadavres, après l'avoir défendu avec courage tant qu'il leur était resté un peu de force.

— Un ambassadeur d'Espagne, accoutumé à l'étiquette de la cour de Madrid, parut autrefois tout surpris, en venant au Louvre, de voir Henri IV environné de courtisans qui le pressaient fort. « Il faudrait les voir un jour de bataille, lui dit ce bon prince, ils me pressent encore bien davantage. »

— Philippe-Auguste ne dut sa conservation, à Bouvines, qu'au zèle prodigieux de ceux qui l'environnaient : le chevalier qui portait l'étendard royal ayant fait connaître quel était le péril du roi, ce signal ranima l'ardeur des troupes; ce n'étaient plus seulement des soldats, c'étaient des héros. D'Estaing, voyant le roi démonté, saute de son cheval, le lui donne, et ne cesse de combattre à son côté, qu'il n'ait mis son prince en sûreté.

C'est depuis ce temps-là que la maison d'Estaing porte les armes de France au chef d'or.

— Le même amour s'est renouvelé plusieurs fois. Après la prise de Damiette, Louis IX, ayant vu ses succès s'évanouir, obligé de fuir à son tour devant les Sarrasins, s'était retiré dans une petite ville que Joinville appelle Casel. Les ennemis y arrivèrent presque aussitôt que le saint roi. Là, Gaucher de Châtillon défendit seul l'entrée d'une rue par où ils cherchaient à pénétrer jusqu'à la maison où saint Louis était couché. Châtillon s'élançait sur eux avec une bravoure incroyable; son bouclier, sa cuirasse, son corps même étaient hérissés des flèches qu'on faisait pleuvoir sur lui, car on n'osait l'approcher; il s'écartait de temps en temps pour les en arracher, et rechargeait ensuite avec une nouvelle ardeur, en criant de toute sa force : « A Châtillon! chevaliers, à Châtillon! où sont mes prud'hommes? » Il criait en vain; personne ne l'entendit, on ne put venir à son secours, il fut accablé par le nombre; mais du moins il n'y eut que le moment de sa mort qui put devenir le signal de la prise de son roi.

— Le nom de saint Louis me rappelle un bon morceau, qui ne sera pas déplacé ici; le voici tel que l'écrit M. l'abbé Velly, le plus vrai peut-être, et certainement le plus intéressant de nos historiens: je ne fais que l'abréger.

Louis IX, ce monarque chéri, prince de paix et de justice, arrêté à Pontoise par une dyssenterie cruelle, jointe à une fièvre ardente, se voyait au moment d'aller se réunir à ses pères. La maladie commença avec tant de violence, qu'il se crut en péril dès les premiers jours; il se mit d'abord en état de comparaître devant le tribunal terrible, et sans attendre qu'on l'avertît de son devoir, il demanda et reçut, avec les plus grands sentiments de piété, tous les sacrements de l'Eglise.

La nouvelle de cet accident fut bientôt portée à Paris, de là par tout le royaume, où elle répandit une consternation générale; chacun crut sa vie attachée à celle du souverain: on abordait en foule à Pontoise, barons, archevêques, évêques, abbés; tous les grands du royaume y accouraient, et, n'osant même demander des nouvelles de ce qui les amenait, tâchaient seulement d'en découvrir quelque chose sur le visage de ceux qu'ils rencontraient.

Les prélats ordonnèrent des prières publiques, et furent prévenus par les peuples; on ne voyait par les rues que des processions, où les plus grands seigneurs mêlés avec le peuple ne pensaient à se distinguer que par leur zèle; les églises, toujours pleines, retentissaient des vœux qu'on faisait pour une santé si précieuse; le prêtre qui prononçait les prières interrompait le chant par ses pleurs; vieillards, femmes, enfants, tous lui répondaient par des sanglots et par des cris.

La désolation redoubla dans le palais, quand on le sentit froid après de violentes convulsions, et qu'on ne douta point qu'il n'eût expiré; la douleur fut alors à son comble.

Dès que la santé de Louis fut affermie, il revint à Paris goûter le plus grand plaisir qui puisse toucher un bon roi; il se vit tendrement aimé. L'empressement tumultueux du peuple et la joie répandue sur tous les visages firent mieux sentir la place qu'il occupait dans tous les cœurs, que n'eussent pu faire des arcs de triomphe ou des harangues étudiées; aussi s'appliqua-t-il plus que jamais au bonheur de ce même peuple, aux vœux duquel il se croyait rendu.

Lorsqu'on lit le récit de cet événement, les vives alarmes de la nation et ses transports inouïs d'allégresse qui succédèrent à la plus affreuse désolation, on croit entendre l'histoire de ce qui s'est passé à Metz en 1744 : c'est que les vertus qui font les héros et les bons rois excitent les mêmes sentiments dans tous les siècles.

AMOUR FILIAL.

Sur la foi d'une tradition constante dans le pays, Mézerai raconte le trait suivant : Sous le règne d'Henri IV, les troupes de la reine de Hongrie, commandées par le comte de Roux, firent des dégâts horribles dans la Picardie. Un jeune homme des environs de Roye s'était sauvé fort jeune de chez ses parents, et avait pris parti dans ces troupes étrangères; la guerre le ramenait dans les lieux de sa naissance; on ravageait le village même où il avait reçu le jour; les habitants cherchèrent un asile dans l'église. Aussitôt le capitaine qui commandait le détachement ennemi y fit mettre le feu. Le Picard ne put voir sans frémir l'exécution d'un commandement si barbare; l'amour du pays, ce sentiment qui tient si fortement à la nature, lui fit entendre sa voix : les cris de ses compatriotes émurent ses entrailles; il se détacha de son rang, et, malgré la défense de son capitaine, il courut ouvrir la porte de l'église, pour faciliter à ces malheureux le moyen de s'échapper.

Une femme se présente d'abord, défigurée, à demi brûlée; il l'envisage, reconnaît sa mère; elle le reconnaît à son tour, elle s'écrie : « Ah! mon fils! » Il n'a pas la force de lui répondre, il se précipite dans ses bras. Le commandant, toujours plus inhumain, lui ordonne de repousser cette femme ; la nature l'emporte, il ne peut se séparer de sa mère : un tigre eût été attendri ; l'officier ne parut que plus irrité ; on lui désobéissait ; il entre en fureur, et il les fait jeter tous deux dans les flammes, où le Picard expira entre les bras de sa mère, martyr des plus vifs et des plus doux sentiments de la nature. Énée, qui déroba son père à l'incendie de sa patrie, fut plus heureux sans doute, mais montra-t-il plus de tendresse ?

LA BRAVOURE BIEN ENTENDUE.

La Mothe-Gondrin et d'Aussun étaient deux officiers très-braves, dont les noms se trouvent cités avec honneur dans les relations de nos guerres d'Italie du XVIe siècle. Le courage, ou plutôt une bravoure mal entendue, avait fait naître entre eux une espèce d'émulation qui leur mettait sans cesse les armes à la main l'un contre l'autre. Un jour qu'ils étaient en présence de l'ennemi, ils prirent querelle selon leur coutume ; on s'échauffait, le sang allait couler. « Que faisons-nous ? dit alors la Mothe-Gondrin à d'Aussun ; tous les deux nous nous piquons de bravoure ; employons-la contre les ennemis de l'État et cessons de donner à nos soldats un exemple dangereux : le vrai courage est de bien servir son roi. » A ces mots, il baisse la visière de son casque, et met sa lance en arrêt. Les éclairs sont moins prompts ; il fond avec impétuosité sur un quartier des ennemis. D'Aussun le suit ; l'un et l'autre donnèrent des marques incroyables de valeur ; dans toute l'armée on ne parla que de leur courage, et surtout de la générosité qui de deux rivaux venait de faire deux amis.

On ne saurait trop le redire aux jeunes militaires, il y a plus de véritable gloire à sacrifier ce qu'on appelle *point d'honneur*, qu'à vaincre en cent combats particuliers.

TRAITS ADMIRABLES D'UN GENTILHOMME, DE TURENNE ET DE LAMBERT.

Un gentilhomme fit un de ces traits qui devraient être répétés dans toutes les histoires. On lui avait proposé un duel ; la loi de Dieu, les lois de l'État le lui défendaient, et il avait constamment refusé. Son agresseur, chez qui la passion étouffait tout autre sentiment et faisait taire la raison, résolut de l'y engager malgré lui. Un jour il se trouve dans une rue écartée, où devait passer ce gentilhomme; et tirant de sa poche deux pistolets, il lui en présente un. Celui-ci, contraint de défendre sa vie, prend l'arme qu'on lui présente, et propose à son adversaire de tirer le premier. Il accepte; mais dans l'agitation étrange où il était, il manqua son coup. « Rechargez, si vous voulez, et tirez encore, » lui dit le gentilhomme avec un sang-froid qui aurait dû le désarmer s'il n'eût été aveuglé par la passion. Il ne se le fit pas dire deux fois, et tira un second coup qui porta dans les habits. « Maintenant ce serait à mon tour, reprit le gentilhomme généreux; mais je frémirais d'attenter à la vie d'un de mes concitoyens: oubliez ce qui peut vous avoir indisposé contre moi; j'oublie volontiers la violence de votre procédé; embrassons-nous, et qu'il me soit permis de croire que vous me comptez au nombre de vos amis. » Ces paroles ouvrirent enfin les yeux à son fougueux agresseur; il se jeta à ses pieds, et lui jura une amitié dont il ne s'est jamais départi. Cette action est-elle inférieure à ce qu'ont fait de plus grand ces guerriers qu'on nomme des héros?

— M. de Ramsai, dans son Histoire de Turenne, raconte un fait qui mérite bien de trouver place ici. Une nuit qu'il passait sur le rempart de Paris, des voleurs arrêtèrent son équipage: ils lui prirent tout ce qu'il avait sur lui, et ne lui laissèrent qu'un diamant auquel il était extrêmement attaché, sur la promesse qu'il leur fit de leur donner cent louis. Le lendemain l'un d'eux fut assez hardi pour se présenter à son hôtel; il se fit introduire, quoiqu'il y eût une nombreuse compagnie; il s'approche de Turenne, le fait souvenir de sa promesse de la veille, et en reçoit les cent louis qu'il était venu chercher. Turenne lui laissa le temps de s'éloigner; après quoi il conta son aventure à l'assemblée. Tout le monde parut surpris de son procédé. « Il faut être inviolable dans ses promesses, dit-il; un honnête homme ne doit jamais manquer à sa parole, quoique donnée à des fripons. »

— Au siége de Gravelines, en 1644, les maréchaux de Gassion et de La Meilleraye, qui commandaient sous le duc d'Orléans, poussaient les travaux avec une émulation qui dégénérait en jalousie, et qui faillit être funeste à l'Etat. Il s'agissait d'emporter un ouvrage avancé: tous deux marchèrent chacun de leur côté, La Meilleraye, à la tête des gardes, et Gassion, suivi du régiment de Navarre et de quelques autres troupes. Aussi surpris de se rencontrer que jaloux de la gloire l'un de l'autre, leur petit intérêt particulier l'emportait sur le bien de la patrie: des paroles ils allaient en venir aux effets; leurs deux troupes rangées en bataille n'attendaient que le signal pour se charger. Le marquis de Lambert, qui servait en qualité de maréchal-de-camp, fut effrayé de voir des Français prêts à se battre contre des Français; il sort des rangs, s'avance au milieu des bataillons, et s'écrie: « Soldats! je vous commande au nom du roi de mettre bas les armes. » Les troupes obéirent à l'instant; il calma aussi les deux maréchaux, et les engagea à aller dire chacun leurs raisons au duc d'Orléans. Cette action patriotique de Lambert fut récompensée par le gouvernement de Metz.

Ce n'est pas là le seul beau trait de cet officier. Pendant la guerre de Paris, Gaston, duc d'Orléans, qui connaissait tout son mérite, voulut l'attirer à son parti, et lui offrit le bâton de maréchal de France. De Lambert, qui ne voyait point la gloire hors de son devoir, refusa constamment. Le roi le sut, et pour le dédommager le fit chevalier de l'ordre, et lui promit de n'oublier jamais la preuve qu'il venait de lui donner de son zèle et de son attachement.

RÉFLEXIONS SUR LE DUEL.

I. Le duel, cette meurtrière coutume de se tuer les uns les autres, si commune en France dans les trois derniers siècles, a une origine digne de son aveugle fureur; elle nous vient de cette multitude de Barbares qui plusieurs fois ont inondé ce royaume, et dont nous avions pris, avec le langage, les mœurs et la férocité. Que penser de ces combats singuliers, de ces duels qui se font malgré la défense du souverain? Le voici: que le duel, au lieu d'être une action honorable, est directement opposé au véritable point d'honneur, et qu'il est le crime le plus énorme.

II. En effet, l'honneur n'est autre chose que l'idée avantageuse que les autres ont de notre fidélité à remplir nos devoirs en général, et ceux de notre profession en particulier. Sous ce dernier point de vue, l'honneur d'un gentilhomme, par exemple, d'un officier, d'un soldat, est la croyance qu'ont de lui les autres hommes, qu'il est homme de cœur; rien n'est plus précieux à l'homme que l'honneur pris en ce sens; il est préférable à la vie même, dès qu'il a pour objet, ou la religion, ou le salut de la patrie, ou la gloire du prince. L'honneur d'un homme d'épée consiste donc à exposer et sacrifier sa vie pour son Dieu, pour sa patrie, pour l'État. Il ne doit refuser aucune occasion, il ne doit craindre aucun danger lorsqu'il est commandé pour ce service, et dans l'occasion il doit mourir plutôt que de faire la moindre démarche qui puisse ternir son honneur.

III. Ces sentiments d'honneur ne sont point particuliers aux chrétiens; ils sont si intimement gravés au fond de notre être, que les païens mêmes les ont connus. Il est glorieux, disaient-ils, de mourir pour la patrie; mais ils ne savaient pas bien d'où venaient ces sentiments dans l'homme. Il n'appartient qu'à nous d'avoir des idées assez nettes de l'ordre de Dieu, pour connaître que, si nous sommes jaloux du vrai point d'honneur, c'est que le chrétien sent que Dieu, par l'ordre duquel les sociétés se sont formées, veut que chaque membre se sacrifie pour tout le corps, et que cet ordre immuable serait un reproche continuel dans la conscience d'un homme qui manquerait à ce devoir.

IV. Voilà ce que c'est que le vrai point d'honneur parmi les chrétiens, c'est la crainte de ce reproche secret de la conscience. J'appelle un véritable homme d'honneur celui qui l'est, non parce que le monde le voit et afin que le monde parle de lui, mais uniquement afin de satisfaire à son devoir par principe de conscience. Un vrai soldat doit donc se dire à lui-même : Je suis engagé dans la profession des armes, il faut que je fasse tout ce qu'on attend de moi, et j'y suis obligé devant Dieu, qui me commande d'obéir aux puissances qu'il a établies : si je manquais, dans l'occasion où je suis, à ce que je dois à mon prince, à ma patrie, je manquerais à ce que je dois à Dieu; or, il vaut mieux que je meure que de ne pas obéir à mon Dieu.

V. De là il s'ensuit que si je dois sacrifier ma vie pour le service du prince et de la patrie, je dois la conserver pour l'un et pour l'autre; or, que risque un homme qui donne un défi ou qui accepte un combat singulier? De perdre de sa propre autorité une vie qui ne lui appartient pas, une vie qu'il doit à son Dieu, à la société, à sa patrie; cet homme n'a donc qu'un fantôme d'honneur, son prétendu courage n'ayant pour fondement que l'ambition et la gloire des hommes.

VI. Qu'est-ce donc qu'un vrai brave? C'est celui qui, peu sensible à ses intérêts particuliers, se met au-dessus des injures qu'on prétend lui faire, se repose sur le témoignage de sa conscience, et se sent toujours prêt à tout entreprendre pour son devoir, pour sa patrie. Combien sont méprisables les discours d'un jeune inconsidéré, qui croira passer pour un homme de cœur dès qu'il aura mis deux ou trois fois l'épée à la main!... N'oubliez jamais que le vrai point d'honneur consiste à servir ses chefs et la patrie; que c'est trahir les intérêts de la chose publique que de hasarder, par son ressentiment particulier, une vie qui est au gouvernement et à nos concitoyens. Donner un défi ou l'accepter, c'est donc vraiment se déshonorer, puisque c'est manquer à ce que l'on doit à sa patrie et à son Dieu.

VII. Chez les Grecs et les Romains, ces vainqueurs de tant de peuples, bons juges certainement du point d'honneur, connaissant bien en quoi consiste la véritable gloire, on ne voit point, pendant une si longue suite de siècles, un seul exemple de duel dans le sens où nous l'entendons ici. Pourquoi cette coutume de s'entr'égorger quelquefois pour une seule parole indiscrète, et de venger dans le sang de son meilleur ami une prétendue injure, était-elle inconnue à ces fameux conquérants? Salluste nous apprend qu'ils réservaient leur haine et leur ressentiment pour les ennemis, et qu'ils ne savaient disputer que de gloire et de vertu avec leurs concitoyens.

VIII. Il ne faut chercher à faire preuve de sa bravoure que pour les intérêts de l'État, garder son courage pour les occasions où il s'agira de servir son pays. La raison ne dit-elle pas qu'il est de la sagesse et du bon ordre que chaque citoyen, même offensé, ne jouisse pas du droit de venger lui-même ses injures particulières? Que deviendrait la société civile si les particuliers étaient en droit de se faire justice à eux-mêmes? Quelle étrange confusion! Il n'y aurait plus même de société, puisque les hommes se déchireraient plus cruellement que les bêtes. Qui peut donc regarder comme une action d'honneur et comme le fondement du vrai mérite, un procédé par lequel un particulier poursuit la vengeance d'une injure, et la poursuit par la voie la plus passionnée?

IX. Le duel est le plus horrible de tous les crimes; il porte le caractère de malice qui lui est propre, c'est de causer tout à la fois et la perte de la vie et celle du salut, circonstance qui ne se rencontre dans aucun autre crime, ou qu'il n'a de commune qu'avec le suicide. Il n'y a point d'espérance de salut pour celui qui est résolu de se battre en duel et qui succombe, puisqu'il a dessein de tuer, au risque d'être tué lui-même : quelquefois l'un et l'autre arrive, il tue et il est tué; il se damne en se faisant tuer, il damne en même temps celui qu'il tue. Toutes les Écritures prononcent aux vindicatifs l'arrêt de leur condamnation, écrit comme en autant de caractères qu'il y a de rayons de soleil, de gouttes de pluie, de grains de blé, et d'autres biens naturels dont Dieu donne l'usage à ses ennemis. Il n'y a point de termes capables d'exprimer l'emportement, la fureur, le désespoir d'un duelliste, qui va se jeter dans la prison éternelle, ou par l'engagement d'un faux honneur, ou par une sotte vanité, ou en suivant le courant d'une coutume diabolique, et le cœur tout enflammé du désir et du dernier effort de la vengeance : aussi la loi veut-elle non-seulement que l'on punisse du dernier supplice celui qui dans un combat singulier survit à son ennemi, mais encore qu'on fasse le procès à la mémoire de celui qui est tué en duel, comme on le fait aux coupables de lèse-majesté après leur mort.

X. Une autre raison qui fait du duel l'un des plus grands crimes, c'est qu'il renferme l'homicide de soi-même. Oui, un homme qui va se battre en duel est résolu de mourir, plutôt que de ne pas tirer raison d'un prétendu affront reçu : or cette résolution est un suicide, car, selon la disposition du droit et de toutes les lois, se faire tuer ou se tuer soi-même, c'est la même chose, tout comme de donner ordre de tuer quelqu'un est le même crime que si on lui donnait la mort. De là vient que, selon l'Écriture, Hérode, qui envoya des soldats pour couper la tête à Jean-Baptiste, est accusé de lui avoir donné la mort : *Occidit Joannem Baptistam*. Or le suicide est l'un des plus horribles crimes dont l'homme soit capable, parce qu'il est l'effet de la plus effrénée de toutes les passions, du désespoir. Quel sera donc le duel aux yeux de Dieu ?

XI. Dès qu'un homme a fait un appel à un autre, ou qu'il l'accepte, il est excommunié par l'Église, qui, dès le neuvième siècle, dans le troisième concile de Valence en Dauphiné, chassa de son sein tous ceux qui se battaient en duel; elle déclara même qu'on traiterait ceux qui y seraient tués comme homicides d'eux-mêmes, en défendant de faire aucune prière pour eux et d'accorder à leurs corps la sépulture chrétienne. Cinq souverains pontifes ont confirmé le canon de ce concile et le décret de celui de Trente qui condamne les duellistes aux mêmes peines. Enfin l'assemblée générale du clergé de France, tenue en 1654, fit un mandement exprès contre ceux qui font ou acceptent un défi, ou qui y provoquent, ou en sont les témoins volontaires. Tous les évêques de France se réservent l'absolution de l'excommunication portée par ce mandement. Quant aux lois civiles, on sait quelle est la rigueur de l'édit de Louis XIV.

XII. Depuis quand, pour bien faire son devoir à la guerre, faudra-t-il avoir perdu tout sentiment de religion? Croyez-en la voix de la raison et de la religion : dans quelque profession que l'on soit, une conscience timorée sied bien; quoique le libertinage reçoive quelquefois des applaudissements criminels, au fond il fait horreur. C'est une chose avérée, que l'Etat n'a pas de meilleurs soldats que ceux qui ont un fond de piété et qui remplissent le devoir de leur profession par principe de religion. Les légions toutes composées de chrétiens ne furent-elles pas les meilleures troupes des empereurs païens? Rien ne donne tant de fidélité et de valeur que la piété.

Mais quel est le meilleur moyen de ne se trouver presque jamais exposé à l'occasion de se battre en duel? C'est de commencer par faire preuve de bravoure pour le salut de sa patrie dès que l'occasion s'en présentera; c'est d'être doux, poli, affable envers tout le monde; c'est surtout d'éviter les mauvaises compagnies. Quels sont ceux pour qui ces sortes d'aventures sont fréquentes? C'est ce jeune officier sans mœurs et sans conduite, qu'une perte faite au jeu, qu'une passion honteuse traversée, emporte bien vite hors des bornes de la raison; c'est surtout ce soldat mal élevé, emporté, brutal, que le vin aura rendu furieux, et qui se croirait déshonoré s'il n'exposait sa vie pour se venger d'une parole lâchée souvent sans dessein de l'offenser.

XIII. On ne saurait y penser trop sérieusement; les motifs les plus puissants doivent faire sacrifier tout à la gloire de Dieu et au salut de son âme, emploi, fortune, prétendu honneur. Que servirait, dit Jésus-Christ, de gagner le monde entier, j'ajoute de passer pour un César, si l'on venait à perdre son âme? On doit, après avoir été sur la terre un fidèle serviteur de son Dieu et de son pays, pouvoir un jour présenter son épée teinte du sang des ennemis, mais pure de celui de ses concitoyens, comme une preuve de la fidélité à laquelle une couronne immortelle est réservée.

DIVERS TRAITS PATRIOTIQUES.

Jacques Cœur, natif de Bourges, était un riche négociant, sous le règne de Charles VII : ce n'est pas là son mérite; mais il sut faire de ses richesses un usage digne d'un excellent citoyen : voilà sa gloire. Son souverain manquait d'argent pour reconquérir la Normandie, occupée par les Anglais. Jacques Cœur lui en fournit avec une générosité qu'on ne saurait trop louer. Du fond de son comptoir il contribuait autant à recouvrer cette belle province, que les généraux qui la soumettaient les armes à la main, et y prodiguaient leur sang : souvent le dernier de ces sacrifices n'est pas celui qui coûte le plus.

Ce zèle d'un citoyen pour son roi, nous l'avons vu se renouveler de nos jours d'une manière bien glorieuse pour notre siècle. Notre marine n'était presque plus rien; de fiers rivaux insultaient à notre humiliation; ils oubliaient que le meilleur des rois s'était arrêté au milieu de ses conquêtes et de ses victoires, pour leur donner la paix; ils nous proposaient des conditions honteuses. En tout temps l'amour des Français pour leur prince fut un fonds de richesses inépuisable : une marine nouvelle a paru tout à coup sur les flots; les provinces, les villes ont construit des vaisseaux; les particuliers se sont réunis pour le même dessein; les femmes mêmes, surpassant ces dames romaines dont on nous vante si fort le zèle pour la patrie, ont sacrifié les ornements de leur parure pour procurer d'utiles secours à l'État.

N'avait-il pas bien raison, notre bon Henri IV, de répondre à ce duc de Savoie qui lui demandait combien lui rendait la France : « Elle me rend tout ce que je veux, car je possède le cœur de mes sujets! »

— Dans La Fontaine il y a une jolie fable, à laquelle ces beaux mots servent de sens moral : *Plus fait douceur que violence.*

La conduite que le maréchal de Villars tint, au commencement du dernier siècle, à l'égard des révoltés des Cévennes, fut une nouvelle preuve de cette vérité : il fut nommé pour remplacer le maréchal de Montrevel, qui, n'écoutant que la sévérité, n'avait réussi qu'à irriter davantage les camisards, en cherchant à les effrayer par des supplices. Villars prit une route opposée, et le succès couronna ses démarches ; en assez peu de temps, la plupart des chefs rebelles s'étaient soumis ou avaient été arrêtés.

Il ne leur en restait plus qu'un, dont on avait été obligé de mettre la tête à prix. Il se tenait caché dans les montagnes ; mais réfléchissant enfin que tôt ou tard il serait pris et porterait la peine de sa révolte, touché d'ailleurs de la générosité et des vertus de Villars, il se rendit secrètement auprès de sa personne, et lui demanda s'il n'était pas vrai qu'il eût promis mille écus à celui qui le livrerait mort ou vif.

« Oui, dit le maréchal, qui ne le connaissait que de nom. — Eh bien ! reprit-il, en se jetant à ses genoux, j'aurais droit à cette récompense si mes crimes ne m'en rendaient indigne ; je vous apporte moi-même cette tête proscrite, disposez-en comme bon vous semblera. »

Villars, surpris de l'action du camisard, et charmé de la confiance qu'il lui témoignait, le releva, lui fit compter les mille écus, lui expédia une amnistie générale pour lui et pour quatre-vingts personnes de sa suite. Ce trait fut rapporté dans les montagnes où s'étaient réfugiés les rebelles ; la générosité de Villars fit sur eux l'impression la plus vive ; ils quittèrent les armes, et, à un très-petit nombre près, tout rentra dans le devoir.

— Henri IV, ce roi dont toutes les paroles peignaient la bonté de l'âme, avait bien raison de dire : « On prend plus de mouches avec une cuillerée de miel qu'avec vingt tonneaux de vinaigre. »

— La prise de Namur, en 1692, est un des plus beaux événements militaires du XVIIe siècle. Louis le Grand, à la tête de quarante mille Français, ayant avec lui le grand Condé et Vauban, dirigeait en personne les opérations du siége, tandis que Luxembourg arrêtait ce fameux prince d'Orange, le plus rusé et le plus malheureux des généraux de son temps. La ville et le château furent emportés en moins d'un mois ; nos troupes y firent des prodiges de valeur.

A l'attaque d'un ouvrage avancé, un grenadier à cheval, surnommé Sans-Raison, ayant vu tuer le lieutenant de sa compagnie, résolut de venger sa mort; cet officier s'appelait Roquerest; c'était un de ces hommes qui, loin de laisser affaiblir leur religion dans le tumulte des armes, savent y porter la dévotion jusqu'à la ferveur; il avait communié la veille, et son corps fut trouvé revêtu d'un cilice; on n'en est que plus intrépide, lorsqu'au zèle pour son roi l'on joint l'amour pour son Dieu. Sans-Raison, qui regrettait ce brave homme, devint un héros pour le venger; parmi les victimes qu'il lui immola se trouvait un capitaine espagnol, fils du comte de Lemos, grand d'Espagne. Les ennemis firent demander son corps; il leur fut rendu; le grenadier rendit aussi trente-cinq pistoles qu'il avait trouvées sur le mort, en disant : « Tenez, voilà son argent dont je ne veux point; les grenadiers ne mettent la main sur les gens que pour les tuer. »

— Tout le monde sait les horreurs qui se commirent à la funeste journée de la Saint-Barthélemy; mais ce que tout le monde ne sait pas, c'est que le vicomte d'Orthe, gouverneur de Bayonne, eut le courage de désobéir à son maître, et la force de lui écrire que, dans toute sa garnison, il n'avait trouvé que de braves soldats, et pas un bourreau.

Saint-Hérem, en Auvergne, et le maréchal de Martignon, dans la Basse-Normandie, y arrêtèrent les torrents de sang qui étaient près de couler.

L'évêque de Lisieux, Jean Hennuier, se comporta en digne ministre du Dieu de la clémence et de la paix. Ce prélat, distingué par sa science, par sa douceur, et surtout par son amour pour ses semblables, fut informé des ordres expédiés aux gouverneurs des différentes places de son diocèse; son zèle s'alluma; il ne balança pas à s'opposer à une pareille commission, et il menaça de faire avertir les protestants, si l'on s'obstinait à vouloir passer outre.

Les officiers du roi demandèrent acte de l'opposition qu'il mettait aux ordres qu'ils avaient reçus, il le leur donna sans hésiter et sans se mettre en peine de ce que la cour pourrait en dire. Quand on remplit le premier des devoirs, il n'est point de considération humaine qui doive alarmer. Cette conduite fut inutile à l'État. Le fer et le feu employés contre les protestants ne servirent qu'à irriter ceux qui leur échappèrent, et n'en firent que des citoyens dangereux : l'humanité de l'évêque de Lisieux charma ceux qu'il avait sauvés, et de plusieurs en fit de fervents catholiques.

A cette journée déplorable, l'opprobre de nos annales, tandis que les premiers hommes de l'Etat oubliaient au milieu de Paris ce qu'ils devaient à l'humanité, il est consolant pour ceux qui ne sont pas grands de voir un homme du peuple, par un sentiment de pitié, sauver la vie à un des enfants du duc de la Force. Ce seigneur, avec l'aîné de ses fils, venait de tomber sous le fer des meurtriers; le plus jeune, couvert de sang, mais qui, par un miracle éclatant, n'avait reçu aucun coup, eut la prudence de crier aussi : *Je suis mort :* il se laissa tomber entre son père et son frère, dont il reçut les derniers soupirs.

Les meurtriers les croyant tous morts, s'en allèrent en disant : *Les voilà bien tous trois.* Quelques malheureux vinrent ensuite dépouiller les corps. Il restait un bas de toile au jeune de la Force. Un marqueur du jeu de paume du Verdelet voulut avoir ce bas; en le tirant, il s'amusa à considérer le corps de ce jeune enfant : « Hélas! dit-il, c'est bien dommage, celui-ci n'est qu'un enfant, que pouvait-il avoir fait? »

Ces paroles de compassion engagèrent le petit de la Force à lever doucement la tête, et à lui dire tout bas : « Je ne suis pas encore mort. » Ce pauvre homme lui répondit : « Ne bougez pas, mon enfant, ayez patience. » Sur le soir il le vint chercher; il lui dit : « Levez-vous, ils n'y sont plus, » et lui mit sur les épaules un méchant manteau. Comme il le conduisait, quelqu'un des bourreaux lui demanda : « Qui est ce jeune garçon? — C'est mon neveu, lui dit-il, qui s'est enivré; vous voyez comme il s'est accommodé; je m'en vais bien lui donner le fouet. » Enfin le pauvre marqueur le mena chez lui, d'où le jeune de la Force se fit conduire, déguisé en gueux, jusqu'à l'Arsenal, chez le maréchal de Biron, son parent, grand maître de l'artillerie.

Ce qu'il y eut de plus indigne à cette journée de Saint-Barthélemy, c'est que, sous prétexte de servir la vengeance de l'Etat, plusieurs ne cherchaient effectivement qu'à venger leurs injures particulières. Mais si la mauvaise conduite des uns donne un nouveau prix aux belles actions des autres, en voici une qu'on ne saurait trop louer.

Resnier, officier protestant, était alors à Paris; il avait parmi les catholiques un ennemi déclaré, nommé Vesins. Leur inimitié avait commencé dans le Quercy, où le premier commandait un parti de soldats de sa religion contre le second, qui y était lieutenant du roi. A cette querelle générale s'en étaient jointes de particulières; les cœurs étaient violemment aigris, et ces deux hommes semblaient ne se chercher que pour se détruire l'un l'autre.

L'occasion était favorable pour Vesins. Au signal qui fut donné pour commencer cette fatale boucherie, il s'arme, monte à cheval, s'étant fait suivre de quelques-uns de ses gens, et va droit chez son ennemi. Resnier, éveillé depuis quelque temps par le bruit, et instruit du sort qui le menaçait par les cris de ceux qu'on massacrait dans le voisinage, s'était mis à genoux et attendait la mort, exhortant son valet à faire le sacrifice de sa vie avec la même fermeté. Tout à coup il voit paraître Vesins, l'épée à la main et le feu dans les yeux. Sans chercher à se mettre en défense, il lui présenta sa tête, en lui disant *qu'il l'aurait à bon marché.*

Vesins avait une intention bien différente : il commande au valet de donner à son maître son épée et ses bottes, et ayant dit à Resnier de le suivre sans s'expliquer encore, il le fait monter sur un cheval qu'il tenait tout prêt : aussitôt il devient son guide pour l'arracher aux dangers qu'il aurait courus à Paris, le ramène dans le fond du Quercy, le rend à sa femme et à ses enfants, qui désespéraient déjà de le voir jamais.

On peut juger de l'impression que fit sur toute cette famille la belle action d'un homme dont on connaissait l'animosité contre Resnier! Leur joie était extrême, leur reconnaissance fut sans bornes; ils voulurent faire des présents à Vesins : il les refusa, donna même à Resnier le cheval sur lequel il l'avait amené, et se contenta de jouir du plaisir délicat de s'être montré généreux.

— Pontis, à qui Louis XIII avait recommandé de rétablir la discipline dans la compagnie du régiment des gardes, dont il l'avait fait lieutenant, frappa un jour un jeune homme nommé du Buisson, d'une ancienne maison de Provence, qui y servait en qualité de volontaire. Celui-ci dit qu'il était gentilhomme. Pontis lui fit des excuses, et l'avertit de se comporter mieux à l'avenir. Du Buisson, irrité, ne pensa pas qu'une correction n'est jamais un outrage, et forma la résolution de se venger. Tant que l'occasion lui manqua, il dissimula, et témoigna beaucoup de soumission. Enfin, il apprit que Pontis partait pour un voyage; il demande un congé de quelques jours, l'obtient, monte à cheval, et court attendre son lieutenant près d'un village où il devait passer. Dès qu'il l'aperçut, il s'avança vers lui, et demanda raison de l'outrage qu'il prétendait avoir reçu.

Pontis, surpris d'une pareille proposition, essaya de le ramener par des politesses; ce fut inutilement: obligé enfin de défendre sa vie, il met l'épée à la main. D'abord il fut légèrement blessé; bientôt il eut son tour: il blessa son adversaire et le désarma. Pontis était généreux; il relève son soldat, lui pardonne, lui rend son épée, et lui promet de tenir la chose secrète. Mais il n'était plus temps; des voyageurs, qui avaient vu briller des épées, étaient accourus rapidement, et les avaient reconnus. Le roi en fut bientôt informé. Il avait porté de rigoureux arrêts contre les duels : il voulait maintenir la subordination parmi les troupes. Du Buisson était perdu. Pontis lui facilita les moyens de se sauver en Hollande, et pendant son absence il ne cessa de solliciter Louis XIII et ses ministres, pour obtenir la grâce du jeune homme, que la vivacité de l'âge avait emporté loin de son devoir.

Le roi était inflexible: il voulait faire un exemple; le bon ordre le demandait. Un an et demi s'était déjà écoulé sans que le généreux Pontis se rebutât. Il apprit qu'il vaquait une lieutenance dans le régiment de Normandie; il courut chez le roi, qui l'aimait, et il le pria d'accorder cette place au gentilhomme qu'il lui nommerait, pourvu qu'il en donnât sa parole. Le roi, qui connaissait son dessein parce qu'il connaissait aussi la bonté de son cœur, lui demanda si ce n'était pas du Buisson. « Oui, sire, » reprit Pontis, en le conjurant, les larmes aux yeux, de pardonner enfin à ce jeune homme, ajoutant qu'il avait du talent et du zèle, et qu'il servirait bien Sa Majesté. Louis XIII se laissa fléchir, du Buisson eut sa grâce et la lieutenance. Dans la suite il trouva l'occasion de témoigner sa reconnaissance à Pontis, et il ne fut pas ingrat.

Combien de traits pareils honorent-ils nos annales? ils élèvent l'âme, ils inspirent de nobles sentiments, ils font regarder le nom de Français comme un titre précieux.

— Thoiras, gouverneur de l'île de Rhé, soutenait depuis six semaines tous les efforts des Anglais, qui cherchaient à s'en emparer. Il était assiégé dans une petite place qui n'était guère défendue que par son habileté et par son courage, les fortifications étant fort mal en ordre. Il lui fallait un prompt secours; mais la flotte anglaise tenant la mer, il ne lui était pas possible de faire sortir la moindre barque. Comment instruire de sa situation l'armée française qui assiégeait La Rochelle, sous les ordres du cardinal de Richelieu? Un soldat gascon fut informé de l'embarras du gouverneur; il alla s'offrir à lui; il promit de passer à la nage le bras de mer, de deux lieues au moins, qui sépare l'île de Rhé de La Rochelle, et de porter de ses nouvelles au cardinal. Charmé de son zèle, le gouverneur ne balança pas à lui donner ses ordres. Le soldat en nageant attira de son côté plusieurs barques anglaises. Dès qu'elles furent près de lui, il plongea à diverses reprises; elles crurent que c'était un poisson, et lui laissèrent continuer sa route.

Le soldat la fit heureusement, quoiqu'à travers des dangers sans nombre, exposé à tout instant à être découvert par les Anglais, ou à s'égarer dans les ténèbres, obligé de lutter contre les vents et contre les flots, entraîné par les courants, mordu par de gros poissons, dont quelques-uns le suivirent jusqu'au rivage. Son courage et son zèle lui donnèrent de nouvelles forces : il arriva, vit le cardinal, et s'acquitta fidèlement de sa commission.

Dans tous les temps les poëtes se sont empressés de célébrer les belles actions; celle-ci fut le sujet des vers suivants :

> Credat posteritas! motis ex arte lacertis,
> Trajicit audaci pectore septa maris;
> Nocte silente viam ingreditur, fert dicta per undas,
> Inter mille neces, omnia funus erant.
> Quid tibi nunc animi? Quò mens, quò mortis imago?
> Ire necesse tamen, luna ministrat iter;
> Vicit amor patriæ, felixque natavit ad oras,
> Felix pro patriâ non timuisse mori !

Voici le sens de ces vers : « La postérité le croira-t-elle? Un soldat généreux ose braver les mers à la nage pour porter les ordres de son général. Dans le silence de la nuit, il se précipite au milieu des flots et des dangers de toutes parts. La mort l'environne. Quels sont tes desseins, brave guerrier? Quelles pensées occupent ton âme? De quel œil vois-tu le trépas? Mais il ne songe qu'à continuer sa route à la clarté de la lune. L'amour de la patrie l'emporte dans son cœur sur la crainte de la mort. Heureux d'arriver malgré tant de périls, plus heureux encore d'avoir osé les braver pour servir sa patrie et son roi. »

BEL EXEMPLE D'ATTACHEMENT A SON DEVOIR.

Lorsque le duc d'Orléans, régent de France, fut forcé, par les liaisons qu'il avait avec les cours de Vienne et de Londres, de déclarer la guerre à Philippe V, il donna le commandement de l'armée française au maréchal de Berwick. Ce général apprit que le duc de Liria était dans le camp espagnol ; dans la crainte qu'il avait que son fils, servant contre lui, ne remplît pas ses devoirs comme il convenait, il lui écrivit pour l'exhorter à donner à la patrie qu'il avait adoptée toutes les preuves de zèle et de fidélité qu'il devait. « Je saurai concilier mes différents devoirs, répond le duc de Liria : ce que je dois à l'auteur de mes jours ne me fera jamais oublier ce que je dois au roi d'Espagne, mon maître : j'aurai toujours devant les yeux les instructions et les exemples d'un père respectable, qui ne rougira jamais de m'avoir pour fils. »

— Un gentilhomme français, nommé La Tour, étant allé à Londres, y épousa une fille d'honneur de la reine d'Angleterre, et fut fait chevalier de l'ordre de la Jarretière. Cette distinction est la source ou devient la récompense de l'infidélité qu'il fait à sa patrie. Il s'engage à mettre les Anglais en possession du cap de Sable : c'était le seul poste qui restait aux Français dans l'Acadie en 1628. On lui donne deux vaisseaux de guerre, où il s'embarque avec sa nouvelle épouse. Dès qu'il est en vue du fort, il se fait débarquer, va seul trouver son fils qui y commande, cherche à l'éblouir par l'idée qu'il veut lui donner de son crédit à la cour de Londres, et le flatte des plus grands établissements s'il veut se livrer à l'Angleterre. Le jeune commandant écoute avec indignation les propositions de son père, et n'est pas plus intimidé par les menaces que séduit par les caresses. Alors on prend le parti de l'attaquer, et il défend sa place avec le même succès qu'il a défendu sa vertu.

La Tour père se trouva embarrassé; ne pouvant retourner en France, et n'osant retourner en Angleterre, il prie son fils de souffrir qu'il demeure en Acadie. Le jeune homme lui répond qu'il lui donnera un asile, qu'il pourvoira abondamment à ses besoins, mais qu'il ne permettra jamais que lui ou sa femme entre dans son fort. Quoique la condition paraisse dure, on s'y soumet, et on est dédommagé, autant qu'il est possible, de cette sévérité, par les attentions les plus tendres et les plus suivies.

RÉFLEXIONS SUR L'AMOUR DES FRANÇAIS POUR LEUR PATRIE ET POUR LEURS ROIS.

I. Les colléges retentissent communément des belles actions des Grecs et des Romains. Pourquoi parle-t-on si peu de celles des Français? Cependant notre histoire présente les plus grands exemples d'humanité, de désintéressement, de courage et d'un empressement général à courir à la gloire. Il est important que les jeunes gens apprennent de bonne heure que leur patrie a été aussi une terre fertile en héros, qu'ils s'efforcent de les imiter, et qu'ils tremblent de dégénérer. C'est le bruit des exploits de Miltiade qui fit de Thémistocle un grand homme; il ne suffit pas à des instituteurs de mettre sous les yeux de leurs élèves des modèles de poésie et d'éloquence, de former des hommes de lettres, il faut en faire des citoyens, leur présenter des exemples de vertus patriotiques, les enflammer d'amour pour leur roi et pour leur patrie.

II. L'amour de la patrie, qu'un homme d'esprit a défini l'intérêt général devenu l'intérêt particulier, n'est autre chose que l'amour des lois sous lesquelles on vit, ou, ce qui est absolument le même, l'amour des hommes avec lesquels on est réuni. On se ferait illusion si l'on prenait l'amour de la patrie pour celui des murs où l'on nous a élevés, des lieux qui ont été témoins des jeux de notre enfance; passion toutefois bien réelle et bien vive, qui s'irrite par l'éloignement, et cause ce que l'on nomme communément la maladie du pays.

III. L'amour de la patrie n'est pas cette tendresse dont on ne saurait se défendre à l'égard de ceux qui nous ont donné le jour, ou à qui nous tenons par les liens du sang ou de l'habitude; sentiment quelquefois plein de force, mais toujours trop borné, et qui, formant dans un État tout autant de patries qu'il y aurait de familles, sèmerait sans cesse la division, parce que sans cesse les intérêts de familles sont divisés.

IV. L'amour de la patrie n'est pas non plus cet attachement exclusif pour ceux qui sont nés dans la même province que nous, qui ont respiré le même air; passion aveugle, qui n'entre que dans une âme étroite et infectée de préjugés; contagion funeste, malheureusement trop répandue dans certains cantons de la France, et qui, plus à craindre que cet esprit de corps si justement détesté, arme souvent les habitants d'une province voisine, fait d'un peuple de frères un peuple d'ennemis irréconciliables, et entretient dans le cœur de l'État les haines et les dissensions.

V. L'amour de la patrie n'étant que l'amour des lois par lesquelles nous sommes gouvernés, et celui qui gouverne étant le représentant, le vicaire, l'homme de la loi, l'image sensible et vivante de la loi, c'est une conséquence naturelle qu'on ne saurait aimer la loi sans aimer véritablement son prince; on ne saurait être attaché à son intérêt particulier sans l'être à sa personne.

VI. On nous peint tous les jours le gouvernement monarchique sous l'image du gouvernement paternel. C'est l'idée la meilleure et la plus juste qu'il soit possible d'en donner. Un père n'a pas d'autre intérêt que celui de sa famille : les enfants ne peuvent donc aimer leurs intérêts sans aimer conséquemment leur père. Un prince étant ce chef de famille, si tous les citoyens aiment leurs intérêts, ils sont, pour ainsi dire, dans la nécessité d'aimer le prince; parce que leurs intérêts ne sont pas séparés des siens, autrement ce ne serait plus leur chef.

VII. J'appelle amour de son chef, ce zèle à exécuter ses ordres et à verser son sang pour ses intérêts; cette application à remplir les emplois qu'il confie, d'une manière juste et désintéressée; cette ardeur à seconder tous ses projets, à payer les impôts qu'il est obligé de mettre sur son peuple; enfin, à contribuer généreusement à la gloire et à l'intérêt de l'État.

IDÉE D'UN BON PATRIOTE, D'UN SUJET FIDÈLE.

I. Dans le sanctuaire, un bon patriote, c'est un homme qui n'élève jamais sa voix vers le ciel sans en solliciter les bénédictions pour son pays et pour ses concitoyens. Jamais il ne paraît dans la société sans travailler à affermir dans tous les cœurs la soumission et le respect que le maître des empires exige pour ceux qui le représentent sur la terre. Dans un camp, c'est un homme qui, chargé de la défense de l'État, ne songe qu'à lui immoler son repos, son temps, sa vie même; cessant d'exister pour lui-même, il ne vit plus que pour sa patrie et pour son gouvernement, dont il a les intérêts à défendre et la gloire à soutenir.

II. Dans les tribunaux, c'est un homme qui oublie en quelque sorte qu'il est homme, pour se souvenir uniquement qu'il est magistrat. Semblable à la justice, ayant dans ses mains une balance et sur ses yeux un bandeau, il n'est attentif qu'à faire un digne usage de l'autorité qui lui est confiée, et à bannir du milieu des provinces la discorde et les divisions. Dans le négoce, c'est un homme qui, travaillant à sa fortune, s'occupe aussi de celle de l'État, honore sa patrie par sa droiture aux yeux de ses compatriotes et des étrangers, et prodigue ses trésors à son souverain, ne pouvant, comme le guerrier, lui prodiguer son sang.

III. Dans la littérature, c'est un homme qui, loin de semer dans ses écrits cet esprit d'indépendance qui prépare la chute des États, cherche partout à faire sentir au peuple son bonheur de vivre sous un gouvernement chéri, et qui combat dans l'occasion ces écrivains affreux qui osent répandre des maximes impies et séditieuses. A la tête d'une famille, c'est un homme qui songe moins à élever des enfants qui puissent soutenir son nom et faire vivre sa mémoire, qu'à former des sujets soumis à la patrie, des citoyens zélés et vertueux.

IV. Dans toutes les professions, un bon patriote, un sujet fidèle, c'est un homme qui s'empresse à porter les charges de l'État, donne l'exemple de la soumission et du zèle, concilie au roi l'attachement de tous les citoyens. Appliqué à relever le cultivateur souvent épuisé par les travaux, plus souvent rebuté par les duretés des subalternes, il essuie les larmes des malheureux, que le prince lui-même se ferait un plaisir d'arrêter si elles lui étaient connues.

V. De bons patriotes, de fidèles sujets sont enfin, dans les écoles académiques, ces instituteurs plus jaloux de former des chrétiens que des savants : ces instituteurs qui veillent eux-mêmes sur les mœurs de leurs élèves avec tant de soin, qu'ils les empêchent de tomber dans aucun des vices où il est si ordinaire de voir la jeunesse se précipiter. De bons patriotes, ce sont ces instituteurs qui, par leur exemple, bien plus encore que par leurs leçons, préparent à la société une génération pleine d'honneur et de probité, prête à tout sacrifier pour son Dieu, pour les lois, pour la patrie.

Nous n'avons pas besoin d'aller chercher chez l'étranger de pareils modèles, notre histoire nous en offre un grand nombre. La lecture seule de cet ouvrage en est une preuve convaincante.

TRAITS DE FRANCHISE ET DE GÉNÉROSITÉ.

La mort de Charles VIII ayant placé Louis XII sur le trône de France, ce prince tourna ses vues du côté du Milanais, sur lequel il avait des droits par son aïeule Valentine, sœur unique du dernier duc de Visconti. Avant de se mettre en campagne, il demanda à M. de Trivulce ce qu'il fallait pour faire la guerre avec succès. Trois choses sont absolument nécessaires, lui répondit le maréchal : 1° *de l'argent;* 2° *de l'argent;* 3° *de l'argent.*

La conquête du duché de Milan est l'ouvrage de vingt jours. Mais Ludovic Sforce y rentre l'année suivante, par la faute du maréchal de Trivulce qui y commande : dans la guerre que cette révolution occasionne, le chevalier Bayard est fait prisonnier. Ludovic Sforce, qui avait vu des fenêtres de son palais les actions de ce brave Français, demanda à l'entretenir, et voulut connaître son caractère.

« Mon gentilhomme, lui dit le duc, qui vous a conduit ici ? — L'envie de vaincre, Monseigneur, répondit Bayard. — Eh ! pensiez-vous prendre Milan tout seul ? — Non, repart le chevalier ; mais je croyais être suivi de mes camarades. — Eux et vous, ajoute Ludovic, n'auriez pu exécuter ce dessein. — Enfin, dit Bayard qui ne peut disconvenir de sa témérité, ils ont été plus sages que moi; ils sont libres, et me voici prisonnier; mais je le suis de l'homme du monde le plus brave et le plus généreux. »

Le prince lui demanda ensuite d'un air de mépris : « Quelle est la force de l'armée française ? — Pour nous, dit Bayard, nous ne comptons jamais nos ennemis; ce que je puis vous assurer, c'est que les soldats de mon maître sont gens d'élite, devant lesquels les vôtres ne tiendront pas. »

Ludovic, piqué d'une franchise si hardie, lui dit que les effets donneront une autre opinion de ses troupes, et qu'une bataille décidera bientôt de son droit et de leur courage. « Plût à Dieu, s'écria Bayard, que ce fût demain, pourvu que je fusse libre ! — Vous l'êtes, reprit le duc; j'aime votre fermeté et votre courage, et j'offre d'ajouter à ce premier bienfait tout ce que vous voudrez exiger de moi. »

Bayard, pénétré de tant de bonté, se jette aux genoux du prince, le prie de pardonner en faveur de son devoir ce qu'il y a de hardi dans ses réponses, demande son cheval et ses armes, et retourne au camp publier la générosité de Ludovic et sa reconnaissance.

TRAITS D'ÉQUITÉ ET DE MODÉRATION.

Les revers que Louis XII éprouva à la guerre furent plutôt une suite de la bonté de son caractère que de la médiocrité de ses talents. Lorsqu'il partait, il se faisait suivre de quelques hommes éclairés et vertueux, chargés, même en pays ennemi, d'empêcher le désordre et de réparer le dommage lorsqu'il avait été fait.

Ces principes d'une probité austère furent surtout remarqués après la prise de Gênes, qui avait secoué le joug des Français. Leur avant-garde ayant pillé quelques maisons du faubourg Saint-Pierre d'Arena, le prince, quoique personne ne se plaignît, y envoya des gens de confiance, pour examiner à quoi pouvait se monter la perte, et ensuite de l'argent pour payer la valeur de ce qui avait été pris.

L'Alviane ayant été pris à la bataille d'Agnadel, fut conduit au camp français, où il fut traité avec tous les égards possibles. Ce général, plus aigri par l'humiliation de sa défaite que touché de l'humanité de son vainqueur, ne répondit aux démonstrations les plus consolantes que par une fierté brusque et dédaigneuse. Louis se contenta de le renvoyer au quartier où l'on gardait les prisonniers. « Il vaut mieux le laisser, dit-il, je m'emporterais, et j'en serais fâché. Je l'ai vaincu, il faut me vaincre moi-même. »

Louis prétendait que les avantages que ses ennemis remportaient sur lui ne devaient étonner personne. « Ils me battent, disait-il, avec des armes que je n'ai jamais employées, avec le mépris de la bonne foi, de l'honneur et des lois de l'Évangile. »

STRATAGÈME SINGULIER DE CHRISTOPHE COLOMB.

Christophe Colomb fait, en 1504, une descente à la Jamaïque, où il veut former un établissement. Les insulaires s'éloignent du rivage, et laissent manquer les Castillans de vivres. Un stratagème singulier est mis en usage dans cette occasion pressante.

Il devait y avoir bientôt une éclipse de lune. Colomb fait avertir les chefs des peuplades voisines qu'il a des choses très importantes à leur communiquer. Après leur avoir fait des reproches très vifs sur leur dureté, il ajoute d'un ton assuré : « Vous en serez bientôt rudement punis; le Dieu puissant des Espagnols, que j'adore, va vous frapper de ses plus terribles coups; pour preuve de ce que je vous dis, vous allez voir dès ce soir la lune rougir, puis s'obscurcir et vous refuser sa lumière. Ce ne sera là que le prélude de vos malheurs, si vous ne profitez de l'avis que je vous donne. »

L'éclipse commence en effet quelques heures après. La désolation est extrême parmi les sauvages. Ils se prosternent aux pieds de Colomb, et jurent qu'ils ne le laisseront plus manquer de rien. Cet homme habile se laisse toucher, s'enferme comme pour apaiser la colère céleste, se montre quelques instants après, annonce que Dieu est apaisé, et que la lune va reparaître. Les barbares demeurent persuadés que l'étranger dispose à son gré de toute la nature, et ne lui laissent pas, dans la suite, le temps de désirer. Au reste, ce n'est pas là un trait de vertu, mais seulement d'habileté.

BON MOT DE FRANÇOIS Ier AU SUJET DE LA DÉCOUVERTE DU CANADA.

François Ier envoya en Amérique, en 1534, Jacques Cartier, habile navigateur de Saint-Malo, pour faire des découvertes; et en effet il découvrit le Canada. « Quoi ! disait plaisamment ce prince, le roi d'Espagne et celui de Portugal partagent tranquillement entre eux le Nouveau-Monde sans m'en faire part ! Je voudrais bien voir l'article du testament d'Adam qui leur lègue l'Amérique. »

ÉTONNEMENT DE FRANÇOIS Ier AU SUJET D'UNE FAVEUR REFUSÉE.

M. de Châteaubriand, capitaine de gendarmerie, étant mort, François Ier dit à M. de Vieilleville, depuis maréchal de France : « Vous avez si bien employé, commandé et conduit la compagnie du feu sieur de Châteaubriand, qu'à tout autre que vous elle ne peut mieux appartenir; ce qui est cause que de lieutenant je vous en fais capitaine en chef. » M. de Vieilleville refuse opiniâtrément cette élévation, alors considérable, assurant qu'il n'a rien fait pour la mériter. Le roi, étonné et presque indigné, lui réplique : « Vous m'avez bien trompé, de Vieilleville, car j'aurais pensé que, si vous aviez été à deux cents lieues de moi, vous eussiez couru jour et nuit pour la demander, et maintenant que je vous l'offre de mon propre mouvement, je ne sais sur quelle meilleure occasion vous voulez que je vous en donne une. — Le jour d'une bataille, répond de Vieilleville, où Votre Majesté aura vu de mon mérite. Mais à cette heure, si je la prenais, tous mes compagnons tourneraient cet honneur en risée et diraient que vous m'en auriez pourvu à cette seule considération que j'étais parent de feu M. de Châteaubriand; j'aimerais mieux mourir que d'être poussé à quelque grade que ce soit par une autre faveur que par mon service. »

CHARLES-QUINT, APRÈS SA DÉFAITE EN AFRIQUE, SE MONTRE PLEIN D'HUMANITÉ ; IL N'ÉCHAPPE POINT AUX TRAITS SATIRIQUES DE L'ARÉTIN.

Charles-Quint, mécontent de Barberousse, entreprit, en 1541, le siége d'Alger, dont ce corsaire était maître. Il fut contraint de le lever après avoir perdu son armée, sa flotte et sa réputation. Si l'entreprise eût été moins déraisonnable, Charles aurait fait oublier son opiniâtreté par la fermeté et par l'humanité qu'il montra. Son maître d'hôtel ayant fait un jour des efforts pour servir la table de son maître avec une sorte de profusion et de délicatesse : « Misérable que tu es ! lui dit ce prince, comment veux-tu que je me divertisse, que je mange et que je boive, pendant que mes compagnons meurent de misère ! » A l'instant il fait porter tous ces vivres devant lui, et va les distribuer aux blessés et aux malades.

On sait que l'Arétin, surnommé le *Divin* par les Italiens, pour l'énergie de ses expressions, se faisait appeler *le fléau des princes*, et qu'il avait même fait frapper une médaille où il était représenté assis sur un trône ayant à ses pieds des rois qui lui apportaient des dons, avec ces mots pour légende : *Principi tributarii del Aretino* (princes tributaires de l'Arétin). Charles, à son retour d'Afrique, lui envoie, pour l'engager à se taire, une chaîne d'or de la valeur de cent ducats. « Voilà, dit l'écrivain satirique, un bien petit présent pour une si grande sottise. »

L'HONNÊTETÉ D'UN JEUNE HOMME PRODUIT UN GRAND ÉVÉNEMENT.

Pendant que les Espagnols faisaient, en 1585, le siége très long, très opiniâtre, très-meurtrier d'Anvers, il arriva une petite chose qui produisit un grand événement.

Une femme de condition de la ville est malade et a besoin, pour sa guérison, de prendre du lait d'ânesse. Comme il n'est pas possible d'en trouver dans la place, un jeune homme s'offre d'en aller chercher une dans le faubourg, quoiqu'il soit occupé par les assiégeants; et en effet il l'amenait, lorsqu'il est pris et conduit au duc de Parme.

Ce général traite ce jeune homme avec bonté, loue l'honnêteté de son entreprise, fait charger l'ânesse de perdrix, de chapons, et de tout ce qui peut être utile à un malade, ordonnant que tout soit mené à la dame, qu'on dise au conseil et au peuple d'Anvers qu'il leur souhaite toutes sortes de prospérités.

Cette générosité du duc de Parme, à laquelle on ne s'attend pas, fait une révolution générale en sa faveur. Il est décidé qu'il faut lui envoyer, au nom du public, des confitures et le meilleur vin qui soit dans la ville. Les esprits s'adoucissent insensiblement par ces attentions mutuelles, on s'accoutume à penser que les Espagnols ne sont pas aussi féroces qu'on l'a cru. Cette opinion fait qu'on ne pousse pas la résistance aussi loin qu'on l'aurait fait sans cela, qu'il y a beaucoup de maux d'évités pour les assiégeants et pour les assiégés.

La prise de cette importante place causa une si grande joie à Philippe II, qu'en ayant appris la nouvelle pendant la nuit, il va sur-le-champ, tout mystérieux et tout austère qu'il est, frapper à la porte de sa fille Isabelle en criant: *Anvers est à nous.*

INTRÉPIDITÉ D'HENRI IV : SON AMOUR POUR LES BRAVES GENS.

L'intrépidité d'Henri se faisait remarquer dans toutes les occasions. Un officier flamand, au service d'Espagne, nommé Michaud, offrit ses services à ce prince, sous prétexte d'être mécontent de la cour de Madrid, mais en effet pour trouver l'occasion de lui ôter la vie. Henri, instruit de ce projet, va à la chasse, accompagné seulement du traître, qui était bien monté, et avait deux pistolets bandés et amorcés. « Capitaine Michaud, lui dit ce prince, mets pied à terre : je veux voir si ton cheval est aussi bon que tu le dis. » Le ton d'Henri impose à l'assassin, qui obéit sans difficulté. Le roi saute à l'instant sur le cheval : « Veux-tu, ajouta-t-il, tuer quelqu'un? On m'a dit que tu en voulais à mes jours ; je suis le maître des tiens. » En disant ces paroles, il lâche les deux pistolets en l'air, et lui ordonne de le suivre. Le capitaine désavoue le projet qu'on lui suppose, prend congé deux jours après, et ne paraît plus.

Henri aimait si fort les braves gens, qu'il fit entrer dans ses gardes du corps un soldat qui lui avait porté de rudes coups dans une occasion importante. Jamais cet homme intrépide ne lui sortit de la mémoire ; il le montra un jour au maréchal d'Estrées, qui était dans son carrosse, et lui dit avec complaisance : « Voilà le soldat qui me blessa à la journée d'Aumale. »

Un brave gentilhomme, nommé Nérestan, leva un beau régiment. En le présentant à Henri, il lui dit qu'il n'aspirait qu'à la gloire de le servir, et que l'espoir de la récompense n'entrait pour rien dans son plan. « C'est ainsi, répondit le roi, que doivent parler les bons sujets : ils doivent oublier leurs services ; mais c'est au prince à s'en souvenir ; et s'il veut qu'ils continuent d'être fidèles, il faut qu'il soit juste et reconnaissant. »

SÉVÉRITÉ DES LOIS MILITAIRES AU SUJET DES SENTINELLES.

En 1622, dans le temps que Louis XIII assiégeait les huguenots dans Montpellier, il arriva un événement qui prouve que les sentinelles ont toujours été regardées comme des personnes publiques. Elles peuvent tuer impunément quiconque les insulte ; elles le doivent même, selon les lois de la guerre.

M. de Marillac sortant à cheval par la porte du logis du roi, son cheval en reculant marcha sur le pied de la sentinelle, laquelle frappa de la fourchette sur la croupe du cheval, ce qui donna une secousse à M. de Marillac, qui se tourna, et battit la sentinelle.

Ce soldat était de la compagnie de M. de Goas, qui, l'ayant su, le fit relever et arrêter prisonnier, et s'en alla au logis de M. de Marillac, résolu de lui faire mettre l'épée à la main ; le roi le sut, et envoya chercher M. de Goas, puis M. de Marillac, auquel il fit une grande réprimande, lui disant que la sentinelle le devrait avoir tué, et que de six jours il ne ferait aucune fonction de sa charge de maréchal-de-camp, et qu'il ne commanderait point dans l'attaque que feraient ses gardes. Ce soldat, qui avait été arrêté, fut mis au conseil de guerre, et condamné à être dégradé des armes à la tête du régiment et à l'estrapade, pour n'avoir pas tué M. de Marillac. Sa Majesté lui fit grâce de tout ; néanmoins M. de Goas ne s'en voulut plus servir dans sa compagnie.

PROCÉDÉ HONNÊTE ET COURAGEUX.

L'opinion où l'on était en France qu'une partie des Pays-Bas était échue à Marie-Thérèse d'Autriche, par la mort du roi d'Espagne son frère, détermina Louis XIV à s'en emparer en 1667. Après s'être rendu maître de plusieurs places qui ne firent point de résistance, il mit le siége devant Lille.

Le comte de Brouet, qui en était le gouverneur, fit demander où était le quartier du roi. « Il est dans le camp entier, répondit le prince, et on peut tirer partout. » À cette politesse, le gouverneur en ajouta une autre, qui fut d'envoyer tous les matins de la glace, parce qu'il avait appris qu'il n'en avait point.

Louis dit un jour au gentilhomme qui la lui apportait : « Je suis bien obligé à M. de Brouet de sa glace, mais il devrait m'en envoyer un peu davantage. — Sire, repart l'Espagnol sans hésiter, il croit que le siége sera long, et craint qu'elle ne vienne à manquer. » Il fait tout de suite une révérence et s'en va. Le duc de Charost, qui, comme capitaine des gardes, est derrière le roi, crie à l'envoyé : « Dites à Brouet qu'il n'aille pas faire comme le commandant de Douai qui s'est rendu comme un coquin. » Louis se retourne, et lui dit en riant : « Charost, êtes-vous fou ? — Comment, sire ! répliqua-t-il, Brouet est mon cousin. »

Autre action remarquable de Charost. Un jour que Louis se tenait à la tranchée, dans un lieu où le feu était très-vif, un soldat le prit par le bras, en lui disant : « Otez-vous, est-ce là votre place ? » Les courtisans, saisissant avec avidité cette ouverture, s'empressent à vouloir lui persuader de se retirer. Il paraît pencher à suivre des conseils si timides, lorsque Charost, s'approchant de son oreille, lui dit à voix basse : « Sire, il est tiré, il faut le boire. » Le roi le croit, demeure dans la tranchée, et lui sait tant de gré de cette fermeté, que le même jour il rappelle le marquis de Charost, qui était exilé.

TRAITS ADMIRABLES DE FERMETÉ, DE PRUDENCE ET DE COURAGE.

On ne peut lire, sans être touché, ce que Tillemont rapporte d'Eusèbe de Samosate. Ce saint évêque eut le malheur, pendant quelque temps, d'être dans la communion des ariens. Mais on ne craint pas d'assurer que c'était par défaut de lumière et non par faiblesse, ou par un défaut de zèle pour la foi, puisque toute la suite de sa vie lui a fait mériter le glorieux titre de défenseur de la vérité : en effet, dès le temps même qu'il était lié de communion avec les ariens, il donna une preuve de courage qui fut admirée de ceux qui ne pouvaient l'aimer.

Les ariens et les orthodoxes qui étaient dans leur communion, étant convenus de choisir saint Mélèce pour évêque d'Antioche, déposèrent le décret de cette élection entre les mains d'Eusèbe. Mais comme saint Mélèce se déclara aussitôt pour la foi catholique, les ariens et l'empereur Constance résolurent de le déposer. Eusèbe, voyant qu'on violait l'accord qu'on avait fait et dont on lui avait confié l'acte, se retira dans son diocèse. Les ariens, qui redoutaient le témoignage que cet acte fournissait contre eux, engagèrent l'empereur à l'envoyer redemander à Eusèbe. Mais Eusèbe répondit qu'ayant reçu ce dépôt de plusieurs personnes, il ne pouvait le rendre qu'en présence de tous ceux qui le lui avaient confié. On le menaça, de la part de l'empereur, de lui couper la main droite; Eusèbe, sans s'effrayer, présenta les deux mains à l'envoyé, en disant qu'il pouvait bien les lui couper, mais qu'il ne pourrait jamais lui faire rendre un acte qui prouvait la mauvaise foi des ariens.

Cette droiture de cœur mérita d'être éclairée; et s'étant trouvé, en 353, au concile d'Antioche, il souscrivit au symbole de Nicée, ce qui l'unit parfaitement aux catholiques. Vers l'an 354, il reçut un ordre de l'empereur qui l'exilait dans la Thrace; et il le reçut d'une manière qui fit également paraître sa prudence, son courage et sa charité. Celui qui en était chargé arriva le soir. Eusèbe l'avertit de n'en point parler : « Car, lui dit-il, si le peuple en avait connaissance, il vous jetterait dans la rivière, tant il a un zèle ardent pour la religion; et on ne manquerait pas de me rendre responsable de votre mort. »

Après avoir parlé de la sorte, il célébra, à l'ordinaire, l'office du soir. Tout le monde commençait à prendre le repos de la nuit, lorsqu'il fit part de l'ordre venu de la cour à un domestique affidé, puis il sortit à pied. Quand il fut au bord de l'Euphrate, qui arrose les murailles de la ville, il monta sur une barque, et se fit conduire à Zeugma.

Dès qu'on sut à Samosate ce qui se passait, tous se mirent à pleurer la perte de leur évêque, et ils allèrent en si grand nombre après lui, que tout l'Euphrate était couvert de bateaux. Quand ils l'eurent atteint, ils le conjurèrent avec larmes, et par les motifs les plus pressants, de ne point exposer son troupeau à la fureur des loups; mais ils ne purent l'engager à revenir : il leur représenta le précepte de l'Apôtre, qui ordonne d'obéir aux princes et aux magistrats. En effet, il n'y a point de vraie piété où il n'y a point d'obéissance au prince. Ce n'est que dans les choses où la religion et notre conscience seraient blessées, qu'il ne nous est pas permis d'obéir.

Gratien, étant devenu maître de l'empire en 378, rendit entièrement la paix à l'Église, et les évêques bannis retournèrent à leurs siéges. Eusèbe acheva glorieusement sa course en rendant service à l'Église. L'an 380, il ordonna Maris évêque pour la petite ville de Dolique, en Syrie, qui était alors infestée de l'arianisme : il ne s'agissait plus que de le mettre en possession de cette église, afin qu'il fût en état de travailler à la conservation de ce diocèse. Eusèbe alla donc à Dolique pour mettre Maris en possession. Comme il entrait dans la ville, une femme arienne lui brisa la tête avec une tuile qu'elle lui jeta de dessus le toit de sa maison. Eusèbe, près d'expirer, obligea ceux qui étaient présents de lui promettre avec serment de ne point poursuivre en justice la femme qui l'avait blessé. Les officiers de la justice ne laissèrent pas d'informer contre cette femme et ses complices ; mais les catholiques obtinrent leur grâce.

Les dépôts et les secrets ont toujours été regardés, par les païens mêmes, comme des choses sacrées. C'est violer le droit naturel que de ne pas garder un secret, qui est une chose dont nous ne sommes pas les maîtres, et dont par conséquent nous ne pouvons disposer.

BEAU TRAIT D'UN OFFICIER AU SUJET D'UNE VOCATION RELIGIEUSE.

Dans une ville de France se trouvait une famille de condition, mais, par le malheur des événements et des temps, peu favorisée des biens de la fortune. Le père et la mère n'avaient qu'une fille, à qui ils avaient donné tout ce qu'ils pouvaient lui donner dans leur situation, une excellente éducation. La jeune demoiselle était d'ailleurs une personne en qui la nature et les grâces avaient réuni tous leurs dons, l'esprit, le cœur, le caractère, les agréments, les talents, et, ce qui était encore préférable, une piété tendre et solide, au-dessus de son âge.

Dans ce temps, vint un régiment en quartier d'hiver dans cette ville; un officier d'un âge mûr, homme d'honneur et de probité, fut logé dans cette famille; charmé des qualités excellentes de la jeune personne, il la demanda en mariage à ses parents. Cette demande fut regardée comme une fortune pour leur fille et pour eux. Ils répondirent à l'officier qu'il leur faisait beaucoup d'honneur de penser à leur fille, mais qu'aux bons sentiments près, ils n'avaient que bien peu à lui donner. « Je demande votre fille, dit l'officier, j'ai du bien pour elle et pour moi. »

Ils en parlèrent à la jeune personne, en lui faisant entrevoir la grâce que Dieu lui accordait à elle et à eux. Elle ne répondit rien, et ne parut y consentir que par son silence. La situation de ses parents ne lui permettait pas de refuser ouvertement : on donne donc les paroles de part et d'autre. Le jour où l'on devait épouser étant venu, la jeune fille parut toute triste et tout affligée ; l'officier lui en ayant demandé la raison, elle ne s'expliqua que par ses soupirs et ses larmes. « Mais enfin, Mademoiselle, lui dit l'officier, il faut vous expliquer, je l'exige absolument. — Eh bien ! Monsieur, lui dit-elle en soupirant, puisque vous me le permettez, je vous dirai que, si je m'établis, ce n'est que malgré moi ; mon désir et ma volonté ont toujours été de me faire religieuse et de me consacrer à Dieu. — Mais pourquoi ne l'avez-vous pas dit ? reprit l'officier. — C'est parce que mes parents ne sont pas en état de me faire une dot, répondit-elle.

— Cela étant ainsi, ajouta l'officier, je ne suis pas pour être le rival de Dieu : je vous ferai moi-même votre dot : suivez les sentiments que Dieu vous inspire. » La chose fut ainsi exécutée ; la jeune fille se fit religieuse dans une maison où régnait la plus grande régularité. On tient cette histoire de la personne même qui prêcha le sermon de la vêture. L'officier y assista, et après la cérémonie il donna un grand repas aux parents ; le prédicateur y fut aussi invité, et il a assuré que les agapes des premiers chrétiens n'avaient rien de plus édifiant que le fut ce festin et tous les discours qui firent la matière de la conversation. La religieuse vécut dans cette communauté dont elle fut le modèle et l'exemple ; après quatre ans, elle mourut de la mort des saints, comme elle avait vécu de la vie des élus.

Heureuses les âmes à qui le Seigneur inspire ces grands sentiments ! Le salut paraît attaché quelquefois à certains actes héroïques de vertu.

POINT DE PROBITÉ SANS RELIGION.

La religion seule peut nous contenir dans le devoir. C'était la pensée de Constance, père du grand Constantin, lorsqu'il voulut éprouver la fidélité de ceux qui étaient auprès de sa personne. Il avait dans sa cour beaucoup d'officiers chrétiens; il les fit tous venir devant lui, et promit de grandes récompenses à ceux qui voudraient offrir de l'encens à ses dieux. Quelques-uns le firent; il les cassa sur-le-champ, et leur dit qu'étant capables de manquer de fidélité à leur Dieu, ils en manqueraient aisément à leur prince.

TRAIT INGÉNIEUX D'UN CONQUÉRANT.

Un célèbre conquérant, auquel le sénat romain avait préparé un triomphe, fit élever sa statue, non d'or, d'argent ou de bronze, comme avaient fait les autres vainqueurs avant lui; mais il la fit construire en cire. L'ayant fait dresser dans une place publique, il la fit environner de plusieurs flambeaux allumés, dont la chaleur la faisait fondre peu à peu. Il voulut marquer par là que les grandeurs du monde brillent un peu d'abord, mais que cet éclat ne sert qu'à se détruire soi-même. Ce grand homme avait peut-être entendu parler de cet oracle du roi-prophète : *Sicut cera quæ fluit auferentur ; super cecidit ignis, et non viderunt solem.*

UN MAITRE EXCELLENT, TRÉSOR INAPPRÉCIABLE.

On ne saurait croire de quelle importance il est de s'emparer, si l'on peut s'exprimer ainsi, du berceau des enfants, afin d'en écarter les erreurs et les vices, de diriger leurs premiers pas vers la route de la vertu et de la vérité, de les y soutenir par des motifs toujours proportionnés à leur âge. Il n'est pas douteux que dans l'enfance l'homme ne soit susceptible de toutes les impressions. S'il tombe en de mauvaises mains, on voit en lui ce germe du mérite s'altérer peu à peu, se dessécher et disparaître; l'ardeur naturelle qu'il avait pour le bien se convertit en ardeur pour faire le mal. Si, au contraire, il est confié à des maîtres qui sachent préparer son esprit à la vérité, former son cœur à la vertu, alors les dons qu'il a reçus de la nature se développent et se perfectionnent; il devient capable des plus grandes choses, en supposant même qu'il fût naturellement plus enclin au mal qu'au bien. Si son caractère ne se détruit pas, du moins les effets n'en sont pas aussi funestes.

L'empereur Théodose était si persuadé des avantages d'une bonne éducation, qu'il n'oublia rien pour la procurer à son fils. Il trouva un excellent maître dans saint Arsène, d'une famille distinguée dans Rome, et qui était très instruit dans les lettres grecques et latines. En lui mettant le jeune Arcadius entre les mains : « Je veux, lui dit-il, que désormais vous soyez plus son père que moi-même. » Les progrès répondirent au mérite de l'instituteur.

Arcadius commit un jour une faute considérable ; Arsène crut qu'il devait le punir sévèrement, afin que le châtiment fît une impression plus sensible sur son esprit. Le jeune prince reçut mal la correction, quoique juste, et, pour s'en venger, il chargea un officier de ses gardes de se défaire d'Arsène, à quelque prix que ce fût. L'officier, qui respectait ce grand homme, lui découvrit la mauvaise volonté du prince. Arsène, ne sachant s'il devait se retirer ou prendre une autre voie pour se garantir de l'indignation du jeune prince, se mit en prière, et dit à Dieu : « Seigneur, apprenez-moi ce que je dois faire. » Alors il entendit une voix qui lui dit : « Arsène, fuis les hommes, et tu te sauveras. » Ce conseil fut exécuté. Il s'embarqua, passa à Alexandrie, et de là au désert de Scété, où il embrassa la vie solitaire.

L'empereur Théodose, affligé de sa retraite, le fit rechercher dans toutes les îles et dans toutes les solitudes, mais inutilement. Après la mort de Théodose, Arcadius ayant appris le lieu de la retraite d'Arsène, lui écrivit une lettre, dans laquelle il lui avouait le mauvais dessein qu'il avait eu contre lui, lui demandait pardon, et se recommandait à ses prières. Il lui disait dans la même lettre qu'il pouvait disposer de tous les tributs d'Égypte, pour les distribuer aux monastères et aux pauvres, et il le priait instamment de lui répondre. Arsène, qui craignait tout ce qui pouvait le rappeler au siècle, ne crut point devoir écrire au prince, mais il lui fit dire : « Dieu veuille nous pardonner nos péchés à tous! Pour l'argent dont vous me laissez la disposition, je ne suis pas capable de le distribuer, puisque je suis déjà mort. »

Un jeune homme, malgré les avantages d'une bonne éducation, fait-il des fautes, on n'a pas pour cela perdu son temps auprès de lui. Les semences de vertu qu'on a jetées dans son âme se développeront et fructifieront dans un âge plus avancé. Alors l'image de son instituteur se présentera avec des traits que l'impétuosité de la jeunesse l'avait empêché d'y apercevoir. Il n'y verra plus, comme autrefois, un triste pédagogue aussi importun que difficile, mais un sage qui travaillait à son bonheur, et qui lui en avait frayé la route.

Je dis plus: les remords se feront sentir même avant ce temps-là; ils naîtront infailliblement du contraste de sa conduite avec les maximes dont il aura été imbu; or, tant que la conscience parle, rien n'est désespéré. Quiconque a le courage de se dire à soi-même: J'ai mal fait, n'en manque guère pour ajouter: Je vais mieux faire. Quand l'éducation a été vicieuse, l'édifice manque par le fondement. On a reçu de mauvais principes; mais parce qu'on les croit bons, plus on s'y conforme, plus on se trouve irréprochable.

ARMÉE PUISSANTE DISSIPÉE PAR DES MOUCHERONS.

Les instruments les plus faibles sont redoutables entre les mains de Dieu; il s'en sert pour abattre la puissance des hommes, humilier leur orgueil et renverser leurs plus vastes projets.

Sapor, roi de Perse, vint l'an 350 assiéger Nisibe, en Mésopotamie, le plus puissant rempart de l'empire romain sur cette frontière. Il avait une armée formidable et une cavalerie soutenue d'un grand nombre d'éléphants. Le siége dura quatre mois. On fit la circonvallation, on éleva des tours, on employa toutes les machines de guerre dont on se servait alors, mais inutilement. Enfin, après soixante-dix jours de travaux, Sapor fit arrêter le fleuve Magdone, qui traversait la ville. Quand l'eau fut à une certaine hauteur, on rompit la digue qui l'avait arrêtée; la rivière venant avec impétuosité frapper la muraille de la ville, en renversa un pan considérable, et y fit une large ouverture.

Les Perses témoignèrent leur joie par de grands cris; mais ils différèrent l'assaut au lendemain, parce que l'inonation rendait la brèche inaccessible. Quand ils approchèrent, ils furent bien surpris de trouver une autre muraille, que la garnison et les habitants avaient élevée durant la nuit, pendant que leur évêque priait Dieu dans son église qu'il daignât conduire lui-même et bénir leurs travaux.

Sapor, s'étant avancé pour voir un ouvrage si peu attendu, parut étonné; mais il le fut bien davantage, quand il crut voir sur cette muraille un homme revêtu des habits royaux, dont la pourpre et le diadème jetaient un grand éclat. Ne doutant pas que ce ne fût Constance, qui gouvernait l'empire romain, il menaça de mort ceux qui lui avaient annoncé que cet empereur n'était point alors à Nisibe. Quand il sut que véritablement Constance était à Antioche, il comprit ce que signifiait sa vision, et jugea que le Dieu qu'on adorait dans l'empire romain défendait la ville de Nisibe.

Au lieu de reconnaître la puissance de Dieu qui combattait pour les Romains, Sapor, tout hors de lui-même, jeta un javelot en l'air, comme pour attaquer le Ciel même, et ne pensa qu'à faire de nouveaux efforts pour emporter la place. Il y employa encore plus de six semaines, sans autre succès que de fatiguer les assiégés. Le saint diacre Ephrem, ennuyé de ces longueurs comme tous les autres, pria l'évêque Jacques de maudire cette armée. Le saint homme ne crut pas qu'il fût permis de demander ou de souhaiter la perte de tant d'hommes; il s'adressa seulement à Dieu, pour le prier de faire finir les incommodités et les maux inséparables d'un si long siége.

Après sa prière il monta sur une tour, et en considérant la multitude incroyable d'ennemis qui environnaient la ville, il dit à Dieu : « Seigneur, qui pouvez abattre l'orgueil des superbes en envoyant contre eux les plus vils insectes, opposez à cette formidable armée une armée de moucherons. » On en vit aussitôt venir fondre sur les ennemis comme des nuées si épaisses, que l'air en était obscurci. Les moucherons entrèrent dans les trompes des éléphants, dans les naseaux et les oreilles des chevaux, qui, et mettant en fureur, brisaient leurs brides et leurs harnais, secouaient leurs hommes, rompaient leurs rangs, et fuyaient partout où ils pouvaient. Les soldats se trouvant attaqués en même temps par ces animaux incommodes, tout le camp fut bientôt en désordre. Sapor, forcé de reconnaître la puissance du Dieu des Romains, leva le siége et se retira honteusement.

Nous tenons un fait si mémorable de saint Théodoret, évêque de Cyr, l'un des plus graves et des plus judicieux écrivains de l'antiquité ecclésiastique. Cet événement a aussi été attesté par l'historien Philostorge, arien outré, ennemi passionné de tous les prélats catholiques, et par conséquent peu favorable à saint Jacques de Nisibe.

FUNESTES EFFETS DES FAUX RAPPORTS.

On ne saurait être trop en garde contre les rapports; ils sont souvent injustes et calomnieux. Dieu punit quelquefois dès ce monde même, d'une manière terrible, les injustices et les calomnies.

Sous le règne de Théodoric, roi des Goths, les deux plus illustres sénateurs, Symmaque et Boëce, son gendre, furent accusés de crime d'État. Le roi eut l'imprudence d'ajouter trop légèrement foi à ces rapports faux et calomnieux, et les fit mettre en prison. Boëce était chrétien et très-zélé pour la religion catholique, qu'il défendit par plusieurs écrits, en particulier contre Eutychès et Nestorius. Le plus beau et le plus excellent de ses ouvrages, c'est la *Consolation de la Philosophie*, qu'il composa dans sa prison. Il fut mis à mort en l'an 524, et son beau-père Symmaque eut le même sort l'année suivante.

Le roi Théodoric ne survécut pas longtemps. Un jour ses officiers ayant servi sur sa table un gros poisson, il crut voir dans le plat la tête de Symmaque, fraîchement coupée, qui le regardait d'un œil furieux; il en fut si épouvanté, qu'il lui prit un grand frisson; il se mit au lit, détestant et pleurant son crime d'avoir fait mourir ces deux illustres sénateurs par des calomnies. Se voyant mourir, il appela les principaux de la nation des Goths et fit reconnaître pour roi Athalaric, son petit-fils, âgé de huit ans.

Les auteurs ecclésiastiques ont remarqué que si on condamnait ceux qui accusent faussement les autres aux mêmes supplices qu'ils leur ont voulu faire souffrir, comme l'ordonnent même les lois civiles et canoniques, on purgerait bientôt le monde du venin de l'imposture, et l'on ne verrait plus si souvent l'innocence punie et la calomnie récompensée. Mais, comme saint Grégoire dit excellemment, Dieu permet ces maux pour en tirer de grands biens; Abel a besoin de Caïn; Jacob, d'Esaü, et David, de Saül: afin que les persécutions qu'ils souffrent deviennent l'exercice et le couronnement de leur vertu.

LE SUPPORT DU PROCHAIN.

Il y a des personnes qui ne peuvent vivre en paix avec qui que ce soit. C'est assurément un grand défaut d'exercer la vertu des autres par sa mauvaise humeur. Supporter les défauts du prochain patiemment et dans un esprit de charité, c'est un grand don.

Le célèbre Cassien, dont nous avons plusieurs ouvrages, entre autres *les Conférences des Pères du désert*, rapporte d'une dame d'Alexandrie qu'elle avait tant d'amour pour les souffrances, que, non contente de supporter de bon cœur celles qu'il plaisait à Dieu de lui envoyer, elle recherchait encore avec ardeur tout ce qui pouvait lui donner occasion de souffrir et d'exercer sa patience.

L'Église d'Alexandrie nourrissait dans ce temps-là plusieurs veuves; elle alla prier saint Athanase de lui en donner une pour la nourrir chez elle et pour soulager l'Église. Le saint, ayant loué extrêmement son dessein, commanda qu'on lui en choisît une d'un esprit doux et d'une grande piété: elle la mena chez elle et l'y garda quelque temps, la servant et la traitant avec toutes sortes d'attentions et de soins. Mais, parce que cette pauvre femme ne cessait de la louer et de la remercier à tous moments de ses bontés, elle alla trouver le saint évêque, et se plaignit à lui de ce que, lui ayant demandé une femme qui lui donnât lieu de s'exercer et de mériter en la servant, il n'en avait rien fait.

Saint Athanase ne comprit pas d'abord ce qu'elle voulait dire, et s'imagina qu'on avait manqué à ses ordres; mais s'étant bien informé, et sachant qu'on avait choisi une femme pleine de piété, il comprit ce que la dame voulait dire par ses plaintes, et lui répondit qu'il y mettrait ordre. Il commanda donc qu'on en choisît une d'un esprit aigre, d'une humeur difficile et incompatible (et celle-là, dit Cassien, fut plus aisée à trouver que l'autre). En effet, on choisit une femme sèche, chagrine, colère, acariâtre, querelleuse; il la fit mettre entre les mains de cette pieuse dame qui la conduisit aussitôt chez elle; elle s'attacha à la servir avec encore plus d'humilité et de soin que l'autre.

Elle n'en reçut que de l'ingratitude, des plaintes et de mauvais traitements; cette méchante veuve la contrariait continuellement en tout, et portait même quelquefois sa colère jusqu'à mettre les mains sur elle. La sainte femme trouva donc comme au delà de ce qu'elle avait demandé; elle alla remercier saint Athanase de lui avoir donné une femme qui lui avait si bien appris la patience, et qui lui fournissait tous les jours tant d'occasions de mériter.

Dans bien des moments elle sentait tout le poids du fardeau. Cependant elle continua toujours ses bons offices : après avoir vécu quelque temps dans cet exercice de charité et de mortification, elle mourut saintement dans le Seigneur.

Nous nous procurons beaucoup plus de bien à nous-mêmes par le support du prochain, par la pratique de la charité, que nous n'en procurons aux autres par les assistances que nous leur rendons : nous ne pouvons que conserver ou guérir leur corps; mais nous ressuscitons ou nous conservons notre propre âme, en les aimant et en les assistant. La charité est donc un commerce où l'on reçoit beaucoup plus que l'on ne donne.

LA PROVIDENCE JUSTIFIÉE.

Rien de si ineffable que les ressources de la Providence divine envers tous ceux qui mettent en elle toute leur confiance. Tant de traits qui sont arrivés en ce genre doivent bien animer en nous cette confiance intime; en voici un bien capable de la renouveler, si les sentiments en étaient altérés en nous.

Un homme avait passé près de vingt ans dans une pauvreté extrême, et dans la patience la plus résignée à la volonté de Dieu, espérant toujours qu'il viendrait à son secours et à celui de sa famille; car il n'avait pour tout bien que six enfants, manquant souvent de pain pour fournir à leur subsistance.

Dans ce temps-là, un prédicateur célèbre prêchait le carême; sa grande réputation d'éloquence et de sainteté amenait toute la ville à ses discours, et lui attirait la confiance de tous les habitants. Un jour une personne inconnue s'adressa à lui, et lui dit : « Mon Père, j'ai une bonne œuvre à faire, et je vous la confie; voilà mille écus : distribuez-les aux pauvres que vous connaîtrez dans un besoin réel.

— Permettez-moi, lui répond ce prédicateur, de ne pas me charger de cette commission; vous connaissez mieux les pauvres que moi, distribuez vous-même cette somme : d'ailleurs, si on savait que je fais ainsi des aumônes, tous les jours je serais assailli de pauvres, et je ne pourrais vaquer aux fonctions de mon ministère. »

La personne persista et le supplia instamment de lui accorder cette grâce; le prédicateur, croyant ne pouvoir s'y refuser, pria la personne de lui dire du moins ses intentions en détail, et de quelle manière elle voulait que cette somme fût employée. « Eh bien ! dit la personne, pour couper court, donnez-la, si vous le jugez à propos, au premier pauvre qui s'adressera à vous : ce sera la Providence elle-même qui en disposera. »

Le prédicateur prêcha le lendemain sur la Providence, insista beaucoup sur ce passage du roi-prophète : « Jamais je n'ai vu le juste abandonné de Dieu, ni ses descendants manquer de pain. »

Cet homme pauvre dont nous avons parlé avait assisté au sermon; quand il fut fini, il vint voir le Père qui prenait quelque repos. « Ah ! mon Père, lui dit-il en entrant, vous avez annoncé de grandes vérités dans tous vos sermons, et j'y ai assisté avec consolation; mais pour aujourd'hui, permettez-moi de vous le dire, je suis une preuve vivante du contraire de ce que vous avez dit. Il y a vingt ans que je tâche de servir le Seigneur et de vivre en chrétien; je suis pauvre et réduit à la nécessité : toutes mes richesses sont six enfants, que je ne nourris presque que du pain de mes larmes : j'ai toujours mis ma confiance en la Providence et espéré qu'elle viendrait à mon aide, mais inutilement; je ne sais plus que devenir, et cette Providence disparaît à mes yeux.

— Eh bien ! mon enfant, lui dit alors le prédicateur, bien loin que vous soyez une preuve du contraire de ce que j'ai prêché, vous deviendrez vous-même un monument sensible de cette Providence divine : tenez, voilà mille écus, ils sont à vous, c'est elle qui vous les envoie. » Ce pauvre homme, tout transporté, reçoit cette somme comme venant du ciel, admire la bonté de Dieu, va annoncer à sa famille désolée le bonheur inespéré qu'il vient d'éprouver. Tous ses enfants, fondant en larmes de joie, se prosternèrent pour rendre grâces au Seigneur de ses ineffables bontés, et prièrent pour la personne de piété qui leur avait procuré ce secours abondant dans le moment même où ils étaient sur le point de tomber dans le désespoir.

Le besoin du nécessaire est ce qui jette les hommes dans l'inquiétude pour l'avenir, et c'est cela même qui devrait les mettre en repos, puisque c'est là proprement l'affaire de la Providence et le soin d'un père.

L'avenir est du ressort de Dieu seul ; c'est entreprendre sur ses attributs que de vouloir prévoir tout ce qui peut nous arriver et nous mettre à couvert de tout par nos soins, comme pour ne pas dépendre de sa providence... Faisons dans le temps ce que Dieu demande de nous, et abandonnons-nous à lui pour les suites.

LA VENGEANCE FAISANT D'UN MARTYR UN APOSTAT.

Un des traits les plus remarqués de l'animosité et de la haine, c'est celui qui est rapporté au sujet de Saprice et de Nicéphore. Le premier était prêtre, le second, laïque. Ils vivaient ensemble dans une si parfaite union, qu'on les eût pris pour deux frères. Il arriva, par je ne sais quel malheur, que leur amitié se changea en une haine si envenimée, qu'ils évitaient même de se voir. Enfin Nicéphore rentra en lui-même, et faisant réflexion que la haine est un vice diabolique, il pria des amis communs d'aller trouver Saprice, pour le conjurer de lui pardonner et d'avoir égard à son repentir ; mais Saprice ne voulut point entendre parler de réconciliation. Nicéphore va lui parler lui-même, se jette à ses genoux, le conjure de lui pardonner, s'il a eu le malheur de lui déplaire ; mais cet homme, implacable et sourd à ses prières, persiste dans son ressentiment.

Sur ces entrefaites s'élève la persécution de Valérien. Saprice est arrêté comme chrétien, il est présenté au tribunal du juge, on le met à une question violente, il la souffre avec un courage héroïque. Condamné à avoir la tête tranchée, on le conduit au lieu du supplice ; Nicéphore en étant averti court avec empressement ; il aborde Saprice sur son passage, il se prosterne de nouveau à ses pieds, le conjure instamment de lui pardonner ; mais Saprice ne daigne pas lui répondre. Pénétré de la plus vive douleur, Nicéphore court par une autre rue, et se présente encore devant Saprice, fondant en larmes, le priant, au nom de Jésus-Christ, de lui pardonner et de lui rendre son amitié ; il le suit ainsi jusqu'au lieu du supplice, en sollicitant son pardon, sans pouvoir fléchir ce cœur ulcéré.

Enfin, Saprice monte sur l'échafaud où il doit être immolé ; le bourreau lui dit de se mettre à genoux et de présenter sa tête pour recevoir le coup; mais en ce moment l'horreur de la mort saisit ce malheureux : il demande grâce, promet de sacrifier et de se conformer aux ordres de l'empereur.

Alors, par un effet admirable de la grâce de Dieu, Nicéphore, témoin et affligé d'une telle apostasie, se déclare hautement chrétien : on le rapporte au juge, qui sur-le-champ le condamne à avoir la tête tranchée. La sentence est exécutée à l'instant, et Nicéphore reçoit la couronne du martyre dont Saprice s'était rendu si indigne.

Quel terrible exemple de la haine du prochain! Point de miséricorde pour celui qui ne traite pas son frère avec miséricorde. Comment arrive-t-il donc qu'on soit tranquille tandis qu'on sent que l'amour n'est pas dans le cœur, et de quelle paix peuvent jouir ceux qui se laissent posséder par la passion cruelle de la haine?

DANGERS DES MAUVAISES COMPAGNIES.

Les jeunes gens ne sauraient se convaincre de trop bonne heure de quelle importance il est de bien choisir leurs compagnons. L'histoire suivante est bien capable de leur apprendre ce qu'ils doivent craindre et ce qu'ils doivent éviter, s'ils ont leur salut à cœur.

Dans une de nos villes se trouvait un jeune homme qui était l'exemple et le modèle de tous les autres : piété, sagesse, crainte de Dieu, fréquentation des sacrements, amour de la prière, en un mot toutes les vertus de son âge étaient réunies en lui. Un jour qu'il y avait une espèce de fête et de réjouissance publique dans un endroit voisin, il y voulut aller. D'ordinaire, il y allait avec un compagnon de son âge, pieux et craignant Dieu comme lui: il alla seul cette fois, contre sa coutume. Dans son chemin, il fut joint par un autre jeune homme qui était décrié pour sa conduite et ses mœurs.

Il aurait fallu s'en défier, et sur quelque prétexte honnête se retirer de sa compagnie. Notre jeune homme ne le fit pas pour son malheur. D'abord l'entretien ne roula que sur des choses indifférentes : peu à peu se glissèrent quelques discours peu mesurés; bientôt après, de la part du jeune libertin, suivirent des paroles peu décentes, des railleries sur la piété; il se mit ensuite à raconter des parties d'amusements et de plaisir qu'il avait faites avec d'autres; insensiblement ses discours et ses manières devinrent plus libres; enfin, il en vint jusqu'à engager ce jeune homme si sage à commettre un péché contre la pureté.

A peine ce péché fut-il commis, que le jeune homme, sage jusque alors, tombe dans un accident et meurt à l'instant sans avoir le moyen de se reconnaître.

L'autre est si frappé de cette mort, si alarmé de cet événement, qu'il va dans le moment à un monastère voisin de religieux d'un Ordre extrêmement sévère : il fait appeler le supérieur, se jette à ses genoux fondant en larmes. « Mon Père, lui dit-il, ayez pitié d'un misérable qui vient de précipiter une âme dans les enfers, et daignez me recevoir pour faire pénitence toute ma vie. » Le supérieur, homme sage et prudent, loua ses sentiments, l'exhorta à y persévérer, mais lui fit comprendre qu'il ne pourrait le recevoir qu'après avoir éprouvé sa vocation. « Eh bien ! lui dit le jeune homme, je resterai tant que vous voudrez à la porte du monastère; mais je ne me retire point que je n'aie eu le bonheur d'être reçu pour pleurer toute la vie mon malheur. » On le fit entrer, on le garda un temps convenable ; après quoi on le reçut, et on n'eut pas sujet de s'en repentir. Il devint un religieux parfait, et conserva toujours le souvenir de ses anciennes iniquités.

La conduite d'un jeune homme qui connaît tous les dangers auxquels il est continuellement exposé, et qui sait combien il est difficile d'éviter les chutes, doit être marquée au coin de la vigilance et de la crainte. Le démon nous épie si attentivement, qu'il est presque impossible de n'en être pas surpris.

Il emprunte le langage des créatures et celui de notre chair et de nos passions, nous fait entendre par là tout ce qu'il désire; il nous dit, par les discours d'un vindicatif, qu'il est bon de se venger; par ceux d'un ambitieux, qu'il est bon de s'élever; par ceux d'un avare, qu'il est bon de s'enrichir; par ceux d'un voluptueux, qu'il est bon de jouir du monde.

Plus on entend souvent la voix du démon, plus on est obligé d'écouter au fond de son cœur la voix de Dieu, qui parle à ceux qui s'y rendent attentifs. Plus le monde fait d'efforts pour ébranler l'âme et la renverser, plus on est obligé de recourir à Dieu, afin qu'il l'affermisse et la soutienne par ses grâces et par son secours.

MANIÈRE DE COMBATTRE ET DE VAINCRE LES PASSIONS.

Il est rapporté, dans les Vies des Pères du désert, qu'un ancien solitaire, étant interrogé par ses disciples sur la manière de combattre ses passions, leur répondit par cette figure : il était alors dans un lieu planté de cyprès ; il commanda à l'un de ses disciples d'arracher un petit cyprès qu'il lui montra ; le disciple l'arracha aussitôt, sans aucune peine, d'une seule main. Il lui en assigna ensuite un autre un peu plus grand, qu'il arracha aussi, mais avec un peu plus d'efforts, et en y mettant les deux mains. Pour en arracher un troisième qui était plus fort, il fallut qu'un de ses compagnons lui aidât, et encore le firent-ils avec assez de difficulté. Enfin, l'ancien solitaire leur en montra un qui était beaucoup plus gros. Tous les jeunes solitaires s'y mirent de concert et ne purent jamais venir à bout de l'arracher.

Alors le maître prenant de là occasion de les instruire : « Voilà, mes chers enfants, leur dit-il, comme il en est de nos passions. Au commencement, quand elles ne sont pas encore enracinées, il est facile de les arracher, pour peu qu'on soit attentif à les combattre. Mais lorsque, par une longue habitude, on leur a laissé prendre de profondes racines dans le cœur, il est très-difficile de s'en rendre le maître. Travaillez donc de bonne heure à combattre et à vaincre des ennemis qui dans la suite vous causeraient de violents combats, et peut-être entraîneraient votre perte. »

On se flatte souvent par des espérances de conversion : mais le temps qu'on destine au repentir ne fait qu'accumuler de nouveaux crimes. Un vain espoir de changer est plutôt un écueil qu'une ressource de salut.

TRAIT MÉMORABLE DE LA CHARITÉ D'UN PÈRE DE FAMILLE ET DE SES ENFANTS.

Un seigneur, affligé de la misère qui règne dans sa paroisse, conçoit le dessein d'y apporter quelque remède. Pour ne pas déplaire à ses enfants, qu'il avait déjà établis fort honorablement, il les invite tous à dîner chez lui. A la fin du repas, les entretenant des grâces qu'il avait reçues de Dieu et de l'abondance où il se trouvait encore, il leur dit qu'il se croyait obligé de retrancher de son superflu pour assister les pauvres. Il ajouta que sans s'incommoder il pouvait donner dix mille livres, mais qu'il ne voulait rien faire sans leur participation, dans la crainte de leur donner quelque chagrin; qu'il les priait d'agréer qu'il fît cette charité aux pauvres, pour lui et pour eux, espérant que Dieu leur en tiendrait compte.

Les quatre enfants furent attendris de ce discours. L'aîné, prenant la parole, dit : « Je suis persuadé, mon père, que mes frères ne me désavoueront point si je prends la liberté de vous dire que nous serions les plus malheureux de tous les hommes, si, après l'honneur que vous nous faites, nous avions jamais la moindre envie de nous opposer à vos volontés. Elles sont toutes si justes, que nous devons faire consister notre bonheur à nous y conformer. Nous n'avons jamais remarqué en vous que des exemples de sainteté, et Dieu nous fasse la grâce, et à nos enfants, de vous imiter! » Il n'eut pas plutôt fini de parler, qu'un autre ajouta :

« Nous trahirions, mon père, les sentiments chrétiens que vous nous avez inspirés, si nous avions dans cette occasion d'autre volonté que la vôtre. Notre plus grande gloire n'est pas de porter votre nom, mais d'avoir vos inclinations et de suivre vos exemples. »

Le troisième l'interrompit pour dire qu'ils tenaient de lui non-seulement la vie, mais encore tous les biens qu'ils avaient, qu'il en était le maître aussi absolument qu'il l'eût jamais été; que pour lui il était dans la disposition de les lui remettre, s'il le souhaitait; que l'exemple qu'il leur donnait valait beaucoup mieux que toute la succession qu'ils pouvaient espérer.

Le quatrième parla à son tour, et dit : « Mes frères, si nous sommes les véritables enfants de notre père, nous devons imiter ses actions. L'honneur qu'il nous fait de nous proposer son dessein est une puissante exhortation pour faire la même chose. Il n'a pas besoin de notre consentement, mais nous devons tâcher de profiter de ses exemples. Si vous le jugez à propos, je suis d'avis que nous allions chacun chez nous prendre quelque aumône pour unir à la sienne. » Cette parole plut extrêmement à ce bon père, et fut approuvée de tous ses frères, qui dès le moment allèrent dans leur maison prendre de l'argent, les uns plus, les autres moins, selon l'état présent où ils se trouvaient. Ils le lui apportèrent, et ils firent une somme beaucoup plus considérable qu'il ne s'était proposé.

PARALLÈLE DE L'ÉTAT D'UN PAUVRE ET DE CELUI D'UN RICHE.

L'indigence est un monstre dont on ne peut soutenir l'aspect ; et plus on affecte d'en détourner les yeux, plus le pauvre est forcé de s'envisager lui-même. Il s'y considère comme le rebut de la nature, ignoré des autres hommes ou connu d'eux seulement pour être l'objet de leur mépris. Il voit que tout ce qui l'environne ne lui parle que pour l'humilier ; que les regards mêmes, s'il en tombe sur lui, ne sont que les témoignages de l'horreur qu'il inspire. Il voit les riches dans la pompe et dans l'éclat, tandis qu'il rampe dans la poussière. Les plaisirs viennent en foule au-devant d'eux, il ne voit devant lui que les peines et les douleurs. Des amis empressés se disputent l'avantage de leur être utile, et il est abandonné de tous, sans secours, sans appui, sans espérance.

Tout s'arrange au gré du désir du riche ; il parle, et il est obéi. Ceux qui l'approchent ne paraissent devant lui que pour étudier dans ses regards le sacrifice qu'il exige ; et le palais qu'il habite est un temple où il reçoit l'hommage des humains. Au milieu de cet appareil, il s'enfle, il s'applaudit, il s'admire. S'il ne se croit pas l'artisan de sa propre grandeur, du moins croit-il en être plus digne que tant d'esclaves qui l'environnent. Il se regarde comme plus parfait à mesure qu'on s'humilie davantage à sa vue, et plus tout semble dépendre de lui, plus il semble oublier qu'il dépend lui-même de l'Être souverain. De là quel mépris des autres hommes ! Il n'est ni citoyen, ni ami ; on le voit également haut lorsqu'il commande, dur lorsqu'il répond, et toujours aussi dédaigneux dans ses regards que superbe dans ses discours et présomptueux dans sa conduite.

VANITÉ DES PARURES ET DES ORNEMENTS.

Théodoret est un des anciens historiens qui intéressent le plus par la fidélité de leurs écrits. Il rapporte que sa mère, qui avait mal à un œil, ayant entendu parler d'une guérison miraculeuse opérée par saint Pierre l'Anachorète, qui demeurait près d'Antioche, résolut de l'aller trouver pour être guérie de son mal. Comme elle était fort jeune, elle prit plaisir à se parer; elle se présenta devant le saint richement vêtue, ayant des pendants d'oreilles, des bracelets, des couleurs empruntées, en un mot, avec tout l'étalage de ses ornements. Le saint, ayant remarqué cette parure mondaine, voulut la guérir de cette vanité, plus dangereuse pour elle que la maladie de ses yeux. Il se servit pour cela de cette comparaison familière:

« Ma fille, dites-moi, je vous prie, si quelque peintre fort habile avait fait un portrait suivant toutes les règles de l'art, et que quelqu'un tout à fait ignorant en peinture voulût le réformer à sa fantaisie, y changer, y ajouter, croyez-vous que ce peintre n'en serait pas offensé? — Oui, sans doute, répondit-elle, il aurait droit de s'en plaindre. — Or, ma fille, continua le saint, ne doutez point que le créateur de toutes choses, cet admirable ouvrier qui nous a formés, ne s'offense avec raison de ce que vous semblez accuser d'ignorance son admirable sagesse, en voulant ou réformer ou perfectionner dans vous son ouvrage; ainsi, croyez-moi, ne changez rien à ce portrait qui est l'image de Dieu; ne cherchez pas à vous donner à vous-même ce qu'il n'a pas plu à sa sagesse de vous accorder; et ne vous efforcez point, contre son dessein, d'acquérir une beauté fausse et artificielle, qui peut rendre coupables les plus chastes mêmes, parce qu'elle tend des pièges à ceux qui la considèrent. »

« Ma mère, ajoute Théodoret, dont le fonds était excellent, n'eut pas plutôt entendu ce discours, qu'elle se jeta aux pieds du saint, en lui rendant grâces de son instruction salutaire; ensuite elle le supplia humblement de prier pour elle, et de lui obtenir la guérison de son œil. Le saint anachorète s'en défendit assez longtemps par humilité; enfin, vaincu par ses instances, il mit la main sur l'œil malade de ma mère, en faisant le signe de la croix, et à l'instant elle fut entièrement guérie. Ma mère étant retournée chez elle, quitta dès lors tous ses ornements, et s'habilla avec la simplicité que cet excellent médecin lui avait prescrite. Elle n'avait cependant que vingt-trois ans accomplis, et je fus le premier enfant qu'elle mit au monde, sept ans après cette guérison. »

Quoique la vanité soit un vice fort commun, ce ne fut jamais celui d'Alphonse V, roi d'Aragon, surnommé le Sage et le Magnanime. Jamais il ne se piqua de montrer de la magnificence en ses habits; son extérieur assez simple le distinguait peu d'un homme ordinaire. Comme on lui représentait qu'il fallait soutenir la majesté royale : « Ce n'est pas la pourpre, répondit-il, ni l'éclat des diamants qui doit distinguer un roi, mais la sagesse et la vertu. »

RÉFLEXIONS SUR LE LUXE.

Le luxe est un excès de délicatesse et de somptuosité, soit dans les aises et les commodités de la vie, soit dans le train relatif au rang que l'on occupe dans la société.

L'Evangile condamne le luxe : l'expérience et la raison prouvent que ce qu'il condamne est toujours nuisible à la société. Non-seulement il attaque les mœurs, il fait dégénérer l'esprit et la faculté de penser, par le prix qu'il attache aux objets les plus frivoles et les moins dignes d'occuper un être pensant. Est-ce être homme que de se faire une occupation sérieuse de ce détail minutieux qu'exigent l'ordonnance et la pompe du luxe?

Cet éblouissement que cause l'appareil du luxe aux yeux du vulgaire, ce saisissement de respect dont on se laisse pénétrer à la vue d'un homme qui n'a d'autre mérite que le char qui le porte et les chevaux qui le traînent, ne sont que trop capables de dénaturer les sentiments de l'estime et de l'admiration : sentiments précieux que la nature a placés dans l'homme, comme des ressorts puissants pour l'élever à la vertu et à la véritable grandeur.

Quel spectacle singulier que cette multitude d'*agréables*, qui font les délices des sociétés, et qui se font une étude d'y plaire et d'y briller! Considérez-les dans une expédition militaire, dans le sanctuaire de la justice, dans le gouvernement politique, vous les trouverez vifs, impatients, légers, incapables d'un long travail, de suivre un projet ou une affaire qui demande de la constance, de la réflexion et du temps.

La perfection des arts ne dépend nullement du luxe. Elle exige et suppose dans les esprits un effort vers le grand et le sublime, et il n'y a rien de plus opposé à la grandeur que la frivolité qui accompagne toujours le luxe.

C'est aussi à tort que l'on prétend que le luxe est l'âme du commerce, la source de la richesse et de la prospérité d'un État. Il ne faut que consulter l'expérience : on voit dans les annales de l'univers les Etats s'élever à la grandeur par la vertu, et s'y maintenir par la frugalité. Ce qui fait la richesse d'un État, c'est un peuple laborieux, courageux, ami des arts utiles, méprisant l'or, et surtout les voies basses qui d'ordinaire le procurent ; un peuple toujours prêt à s'immoler pour l'honneur, pour la vertu, pour la patrie, un tel peuple assurera la gloire de son souverain, et fera son bonheur.

Ce qui forma les plus grands hommes dans tous les temps, c'est la simplicité des mœurs, la sobriété, l'amour du travail, toujours compagne de la vertu. Quand le petit esprit devient, selon Montesquieu, le caractère dominant d'une nation, il n'y a plus de sagesse dans les entreprises : on ne voit que des troubles sans causes, et des révolutions sans motifs, etc.

GRANDS SENTIMENTS DE DEUX PRINCES MOURANTS.

L'empereur Othon II, allant en Bavière, fut saisi de la fièvre, et se fit transporter dans un oratoire de Saint-Omar ; là, il se confessa, puis reçut le saint viatique, et demeura étendu par terre. Les officiers de sa cour voulaient faire sortir tout le monde, excepté sa famille ; mais il leur dit : « Ouvrez les portes, et laissez entrer ceux qui voudront. Nous ne devons rougir à la mort que des mauvaises œuvres. Jésus-Christ, qui ne devait rien à la mort, n'a pas eu honte de mourir sur la croix. Que chacun voie dans ma mort ce qu'il doit craindre et éviter dans la sienne. Dieu veuille avoir pitié de moi, misérable pécheur ! » Ayant ainsi parlé, il ferma les yeux et mourut en paix. L'Église honore sa mémoire le dernier d'octobre, jour de sa mort.

Tout le monde sait que Charles V, roi de France, surnommé le Sage et l'Éloquent, fit ouvrir les portes de son appartement quelques heures avant sa mort : « Je veux, dit-il, avoir la consolation de voir encore une fois mon peuple et d'en être vu, de le bénir et de me recommander à ses prières. »

Le jour même de sa mort, il supprima par une ordonnance expresse la plupart des impôts. Jamais prince ne se plut tant à demander conseil, et ne se laissa moins gouverner que lui par ses courtisans. Ayant appris qu'un seigneur avait tenu un discours trop libre en présence du jeune prince Charles, son fils aîné, il le chassa de sa cour, et dit à ceux qui étaient présents : « Il faut inspirer aux enfants des princes l'amour de la vertu, afin qu'ils surpassent en bonnes œuvres ceux qu'ils doivent surpasser en dignités. »

Insensible à la flatterie, il connaissait le véritable prix des éloges. Le sire de la Rivière, son chambellan et son favori, s'entretenait avec ce prince sur le bonheur de son règne : « Oui, dit le roi, je suis heureux, parce que j'ai la puissance de faire du bien à autrui. »

RÉFLEXIONS SUR LES QUALITÉS D'UN BON PRINCE.

Il n'appartient qu'à l'amour de la vérité et de la justice de former un bon prince, et de le soutenir contre les surprises de la flatterie, les illusions de l'orgueil et les attraits de la volupté. La première de ces vertus le rend attentif à discerner le bien et le mal à travers les voiles dont la malice des hommes se couvre; et la seconde le dispose à juger les hommes selon les lois, et à donner à chaque chose son prix. Conduit par ces deux fidèles guides, il marche constamment dans les sentiers de la vertu. Les passions viennent comme autant de flots impuissants se briser aux pieds de sa sagesse. Il n'entreprend la guerre que lorsque la nécessité l'y force, et ne la fait que dans la vue d'établir la paix.

Persuadé que la solide gloire est incompatible avec le crime, et qu'il n'y a de véritable courage que dans ceux qui savent se modérer, il combat sans colère, et triomphe sans vanité; toujours brave par raison, toujours guidé par la justice, son unique règle, toujours appliqué à mettre de son côté celui qui préside à tous les événements de la vie, qui instruit les guerriers dans les combats, qui leur inspire cette fermeté d'âme que la vue des plus grands périls et la mort même ne sauraient ébranler.

Affable envers tout le monde, accessible aux malheureux, il écoute toutes les plaintes, et prend connaissance de tout pour remédier à tout. Il ne faut avoir d'autre recommandation, pour être introduit auprès d'un prince aussi sage, que celle d'avoir besoin de sa justice.

Persuadé que dans le ciel il y a un souverain maître qui juge les maîtres de la terre, il donne une attention continuelle aux commandements du Seigneur et à l'observation de sa loi. Prêt à prononcer contre lui-même, pour peu qu'il trouve son droit douteux, il décidera au préjudice de ses intérêts en faveur du peuple ou du moindre des citoyens.

Egalement équitable dans la distribution des peines et des récompenses, il ne punit pourtant qu'à regret, et ne fait agir les ressorts de la crainte qu'après avoir patiemment éprouvé tous les autres remèdes ; mais ferme, inflexible, inexorable contre le blasphème, l'impiété et le libertinage, il emploie toute l'autorité et la sévérité de ses ordres pour en purger ses États.

Sous son règne renaît cet heureux temps de l'ancienne Église, où la science et la modestie, rappelées de leur retraite, étaient forcées d'accepter, malgré leur résistance, les dignités qu'elles avaient toujours redoutées.

Attentif à partager ses actions entre les devoirs de la religion et ceux de son rang, il fait régner la bonne foi dans le commerce, l'équité dans le barreau, l'union dans les familles, le bon ordre dans les villes, la discipline dans les troupes, et la sûreté dans le public. En un mot, cet excellent prince n'oublie rien pour rendre ses sujets heureux ; et ceux-ci, transportés d'admiration, pénétrés d'une juste reconnaissance, n'ont d'action et de mouvement que pour lui donner des marques effectives de leur zèle, de leur soumission et de leur inviolable fidélité.

DIVERS TRAITS CONCERNANT ALPHONSE V, ROI D'ARAGON.

I. Alphonse fut le héros de son siècle, et ne songea qu'à faire des heureux. Il allait volontiers sans suite et à pied dans les rues de sa capitale. Lorsqu'on lui faisait des représentations sur le danger auquel il exposait sa personne : « Un père, répondait-il, qui se promène au milieu de ses enfants n'a rien à craindre. » On cite ce trait de sa libéralité. Un de ses trésoriers étant venu lui apporter une somme de dix mille ducats, un officier qui se trouvait là dans le moment dit tout bas à quelqu'un : « Je ne demanderais que cette somme pour être heureux — Tu le seras, » dit Alphonse qui l'avait entendu ; et il lui fit compter les dix mille ducats. Ce prince ne pouvait souffrir la danse, et il disait assez plaisamment qu'un fou ne diffère d'un homme qui danse que parce que celui-ci reste moins longtemps dans sa folie.

II. Alphonse était si passionné pour l'étude, qu'il assurait lui-même qu'il eût mieux aimé vivre en simple particulier, que de manquer de science et d'érudition. Dans une grande maladie qu'il eut, il se fit lire Quinte-Curce, et le plaisir qu'il prit à cette lecture lui ayant rendu la santé, il s'écria dans une espèce d'enthousiasme : « Adieu Avicenne, adieu Hippocrate, adieu les médecins ! Vive Quinte-Curce, mon sauveur et mon médecin ! *Valeant Avicenna, Hippocrates, medici cæteri ! Vivat Curtius, sospitator meus !* »

III. Ce prince revenait de Sicile par mer sur une galère ; les seigneurs choisis pour l'accompagner dans ce voyage étaient exacts à venir tous les matins lui faire la cour. Un jour y étant allés à l'heure ordinaire, ils le trouvèrent occupé à regarder des oiseaux qui venaient prendre du biscuit qu'il leur jetait dans la mer, et s'envolaient ensuite. Le roi, s'étant retourné, dit à un des seigneurs qui le regardaient : « Ces oiseaux sont l'image d'un grand nombre de mes courtisans ; ils n'ont pas plutôt reçu de moi les bienfaits qu'ils en attendent, qu'ils s'éloignent et disparaissent promptement. »

IV. Alphonse assiégeait Gaëte. Cette place commençant à manquer de vivres, les habitants furent obligés d'en faire sortir les femmes, les enfants et les vieillards, qui étaient autant de bouches inutiles. Ces pauvres gens se trouvèrent réduits à la plus affreuse extrémité ; s'ils approchaient de la ville, les assiégés tiraient sur eux ; s'ils s'avançaient vers le camp des ennemis, ils y rencontraient le même danger. Dans cette triste situation, ces malheureux imploraient tantôt la clémence du roi, tantôt la compassion de leurs compatriotes, pour qu'on ne les laissât pas mourir de faim. Alphonse, à ce spectacle, fut ému de pitié, et défendit à ses soldats de les maltraiter. Il assembla ensuite son conseil, et demanda à ses principaux officiers leurs avis sur la manière dont il fallait agir envers ces infortunés. Tous opinèrent qu'il ne fallait point les recevoir, et dirent que, s'ils périssaient par la faim ou par le feu, on ne pourrait accuser que les habitants qui les avaient mis hors de la ville. Alphonse fut indigné de cette dureté ; il protesta qu'il renoncerait plutôt à prendre Gaëte que de se résoudre à laisser mourir de faim tant de malheureux : il ajouta qu'une victoire achetée à ce prix-là serait moins digne d'un roi magnanime que d'un barbare et d'un tyran. « Je ne suis pas venu, dit-il, pour faire la guerre à des enfants ni à des

femmes, mais à des ennemis capables de se défendre. »
Là-dessus il ordonna qu'on reçût dans son camp tous ces
misérables, et eut soin de leur faire distribuer des vivres
et toutes les choses nécessaires à leur entretien.

V. Côme de Médicis, grand-duc de Toscane, était loin
d'être ami d'Alphonse ; le duc cependant lui faisait quelquefois certains présents. Comme il savait que ce prince
aimait beaucoup l'histoire, il fit tirer de sa bibliothèque un
très-beau Tite-Live, et le lui envoya. Aussitôt que les médecins de la cour d'Alphonse virent venir ce livre, ils commencèrent tous à dire qu'on se gardât bien de l'ouvrir, de
peur qu'il ne fût empoisonné, ajoutant qu'il devait toujours
tenir pour suspect ce qui venait de la part d'un ennemi.
Alphonse, bien loin de suivre leur avis, fit porter le Tite-
Live sur sa table, et le feuilleta fort à son aise. S'adressant
ensuite à ses médecins qui avaient toujours leur poison
dans l'idée : « Rassurez-vous, leur dit-il, Dieu veille sur
les jours des rois. »

VI. Alphonse n'ignorait pas qu'il se trouvait parmi ses
sujets certaines personnes qui parlaient mal de lui et
s'efforçaient en secret de le noircir par leurs lâches calomnies, quoiqu'elles eussent reçu de lui plusieurs bienfaits.
Au lieu de les punir, il se contentait de dire : « C'est le propre
des rois de faire des ingrats ; mais ils auront beau faire, ils
ne m'empêcheront jamais d'être libéral et bienfaisant. »

VII. Ayant formé le dessein de faire réparer la forteresse de la ville de Naples, il voulut, avant de commencer cet ouvrage, consulter son Vitruve pour faire un plan.
Comme on était à le chercher dans sa bibliothèque, un
officier, craignant que le roi ne s'impatientât d'attendre,
alla vite prendre le sien et le lui présenta. Alphonse,
voyant que la reliure de ce livre était tout usée, dit à celui
à qui il appartenait : « Convient-il qu'un auteur qui nous
apprend à construire des maisons pour nous garantir des
injures de l'air, soit lui-même si mal couvert ? » Aussitôt
il donna ordre de le faire relier à neuf, recommandant
qu'on n'y épargnât pas la dorure, dont il se chargeait de
faire la dépense.

VIII. La ville de Naples avait résolu de lui ériger un arc
de triomphe, afin de conserver à la postérité la mémoire
d'un si grand roi et le souvenir de ses actions héroïques.
Déjà la place était marquée, et l'on se disposait à abattre,

pour l'agrandir, la maison d'un vieil officier qui avait servi avec distinction pendant toute la guerre d'Italie. Alphonse, en ayant été informé, défendit absolument qu'on touchât à cette maison. « J'aime mieux, dit-il, me passer d'une masse de pierres et d'un vain monument, que de souffrir qu'on détruise l'asile d'un officier qui m'a toujours bien servi. »

IX. Après avoir pris Marseille, on vint l'avertir que les femmes s'étaient presque toutes sauvées dans une église et y avaient emporté leurs plus riches effets. Alphonse fit entourer l'église par ses gardes, afin d'empêcher qu'aucun soldat n'y entrât. Ces femmes, voyant autour d'elles tous ces gens armés, se crurent perdues, et s'imaginèrent aussitôt qu'on allait les livrer à l'ennemi, pour les exposer à toute sa fureur. Dans cette crainte elles députèrent au roi, pour lui dire que, si on leur permettait de sortir de la ville sans qu'on leur fît aucune insulte, elles allaient remettre entre ses mains tout ce qui leur appartenait, et n'emporteraient rien en s'en allant. Alphonse ne leur demandait rien; ainsi non seulement il leur permit de se retirer partout où elles voudraient, mais il leur laissa encore emporter leur bagage, et ne voulut même pas les voir.

X. Un particulier fort connu à la cour, étant venu à se brouiller avec un seigneur, en disait pourtant du bien toutes les fois qu'il en parlait, ce qui étonnait d'autant plus les gens qui l'écoutaient, qu'on savait l'extrême inimitié qu'il portait à cette personne. Alphonse, dont la vue était plus perçante que celle des autres, regarda toutes ces louanges comme très-suspectes. Il fit venir secrètement tous ceux de sa cour qui les avaient entendues, pour leur dire que cet homme-là tramait à coup sûr quelque trahison contre son ennemi, que toute sa douceur apparente n'était qu'une ruse pour le perdre pls sûrement. Il ne se trompait pas; et ce qu'il avait prédit ne tarda guère à arriver.

Six mois après, ce fourbe, croyant qu'il était temps d'exécuter son dessein, accusa le seigneur, son ennemi, d'un crime dont il n'était point coupable, et commença à le poursuivre en justice. Alphonse, qui s'était attendu à ce procédé, dit alors qu'il voulait qu'on mît l'accusé hors de cour et qu'il fût déchargé du crime qu'on lui avait faussement imputé. Il fit ensuite venir l'accusateur, et, lui ayant fait les reproches qu'il méritait, il lui ordonna d'aller trouver promptement le criminel prétendu, et de lui faire humblement des excuses devant tout le monde.

XI. Alphonse recherchait avec ardeur les anciennes médailles des empereurs, et surtout celles de Jules César. Chacun s'empressait de lui en apporter, et il en recevait de toute l'Italie. En ayant ainsi amassé une collection très-considérable, il les fit ranger par ordre dans un médaillier, où il les gardait précieusement. Quelquefois, après s'être amusé des heures entières à considérer cette suite d'hommes illustres, dont il possédait, même seul, certaines têtes, il disait : « Mon émulation se ranime à la vue de tant de héros; il me semble qu'ils m'invitent tous à les suivre au chemin de la gloire, et à faire comme eux des actions dignes de l'immortalité. »

XII. Ce prince allait souvent dans les rues à pied, sans être accompagné. Ses courtisans lui représentaient que sa sûreté exigeait qu'il fût suivi de gardes et de gens armés, ainsi qu'en usent tous les princes quand ils sortent : « C'est aux tyrans, répondit Alphonse, à marcher environnés de satellites ; mes gardes sont ma propre conscience et l'amour de mes sujets. »

XIII. « Les morts, disait ce prince, sont mes plus fidèles conseillers et mes plus sages ministres. Je n'ai qu'à consulter leurs écrits, ils me disent toujours la vérité : aussi, quand je veux, je les interroge, et toujours ils me répondent sans passion, sans déguisement, ni sans aucune crainte de me déplaire. »

XIV. Les Milanais, se voyant opprimés par les Vénitiens et en même temps par les troupes de François Sforce, qui leur faisait la guerre, supplièrent instamment Alphonse de les secourir. Touché de leur triste situation, le roi crut qu'il rendrait aux Milanais un meilleur office en détournant le duc de Gonzague, leur ennemi, de tomber sur leurs terres, qu'en leur accordant le secours qu'ils demandaient. Pour cet effet, il s'engagea à faire compter au duc la somme de trente mille écus d'or. Là-dessus, le ministre qu'il avait chargé de cette affaire lui écrivit que Charles, frère du duc, venait de s'emparer de Crémone et de Lodezan sur les Milanais, et s'était joint ensuite à François Sforce ; que cette raison l'avait engagé à différer de payer à Gonzague la somme convenue, puisqu'il y avait toute apparence qu'il entrerait dans les vues de son frère et se rangerait de son parti depuis cette expédition. Il ajoutait enfin que, dans le doute, il valait mieux ne pas risquer cette somme que de s'exposer à gratifier un ennemi. Alphonse lui répondit : « J'aime mieux tenir ma parole que mon argent; ainsi comptez au duc la somme que vous lui avez promise de ma part, et ne croyez pas légèrement qu'un homme d'honneur tel que lui soit capable d'une action si indigne et si lâche. »

XV. Un agent qu'Alphonse avait à Rome lui écrivit pour l'informer que Rilti, qui commandait dans son armée un corps d'infanterie, était prêt à passer dans le parti ennemi avec ses troupes, après qu'il se serait assuré de quelques places; que, ce dessein n'étant point encore tout à fait exécuté, il paraissait nécessaire de le prévenir en faisant arrêter ce général pour le mettre en prison. Le prince répondit à cette lettre : « J'aime mieux souffrir que mes gens me trahissent que de passer pour un homme méfiant : que Rilti se tourne du côté des ennemis s'il veut, je ne penserai jamais qu'un homme qui me doit toute sa fortune veuille se rendre coupable d'une trahison, à moins que je n'en voie la preuve. »

XVI. Alphonse venait d'emporter d'assaut une forteresse considérable par sa situation, aussi bien que par la garnison qui la défendait. Se disposant à aller rendre grâces à Dieu pour cette victoire en une église située sur le bord d'une rivière qu'il fallait traverser, il monta avec toute sa suite sur un bateau qu'on lui avait préparé. Ils n'y furent pas plutôt entrés que le bateau, ne pouvant porter tant de monde, coula à fond, et le roi s'enfonça dans la bourbe. Un paysan, qui se trouvait par bonheur sur le rivage, se jette aussitôt dans la rivière, et avec une dextérité merveilleuse il va le tirer et le porter sur le bord de l'eau. Le prince, plein de reconnaissance, accorda à cet homme une pension considérable, et dota richement cinq filles qu'il avait pour tout bien dans sa maison.

XVII. Alphonse voyageait un jour à cheval; un page, qui marchait devant lui, le blessa par étourderie, en tirant une branche d'arbre qui vint le frapper à l'œil, et dont il sortit du sang. Cet accident effraya d'abord tous les seigneurs de sa suite, qui accoururent aussitôt et s'approchèrent autour de lui. Le roi, malgré la douleur qu'il sentait, les rassura et leur dit ensuite d'un air tranquille : « Ce qui me fait le plus de peine, c'est la peur et le chagrin de ce pauvre page qui est cause de ma blessure. »

XVIII. Son jardinier, avec qui il s'entretenait un jour, lui ayant dit qu'on avait trouvé l'art de corriger l'âcreté de la plupart des fruits sauvages par le moyen des greffes : « Si cela est, répondit Alphonse, pourquoi n'aurais-je pas aussi le secret d'adoucir les mœurs de mes sujets, et, à force de travail et de culture, de les rendre meilleurs ? »

XIX. Un médecin appelé Gallus, homme d'esprit, mais fort avare, ne trouvant point que sa profession fût assez lucrative, s'avisa de la quitter pour se mettre dans la robe. Devenu avocat et l'un des plus experts dans la chicane, il savait si bien embrouiller une affaire en plaidant et séduire la plupart des juges, qu'ils rendaient ensuite des sentences injustes. Alphonse, dès qu'il en fut informé, le fit chasser du palais, et pour lui ôter même l'envie d'y revenir, déclara publiquement que toutes les causes qu'il entreprendrait de plaider à l'avenir seraient autant de causes perdues.

XX. Étant un jour à table, il donna la coupe à Perretti, son échanson, lui disant de la porter à un seigneur qu'il estimait beaucoup. L'échanson, brouillé mortellement avec cette personne, refusa de la lui présenter. Le roi lui commanda jusqu'à trois fois de le faire ; jamais il ne voulut obéir. Alphonse perd enfin patience ; enflammé de colère, il se lève de table, poursuit cet officier l'épée à la main ; mais au moment où il est prêt à le frapper, il jette tout à coup son épée en disant : « Il vaut mieux te pardonner que d'écouter mon ressentiment et le plaisir de la vengeance. »

XXI. Comme il passait devant Capoue avec son armée, un homme ayant la mine d'un soldat vint à lui comme un furieux, arrêta d'abord son cheval par la bride, et ensuite se mit à lui dire des injures. Alphonse eut la patience de l'écouter, et attendit qu'il eût déchargé toute sa mauvaise humeur ; il continua ensuite son chemin sans lui répondre un seul mot, sans vouloir même le regarder.

XXII. Pendant qu'il faisait le siége de Pouzzole, il venait prendre tous les soirs l'air sur le bord de la mer. Un jour, en s'y promenant, il aperçut sur le rivage le cadavre d'un soldat ennemi que les flots y avaient jeté. Touché de ce spectacle, il descendit aussitôt de cheval, et fit signe aux gens de sa suite de descendre pareillement, pour venir donner la sépulture à ce corps. Tous se mirent alors à creuser la terre pour faire une fosse. Alphonse donnait l'exemple et travaillait comme les autres. On couvrit le mort d'un drap et on l'ensevelit. Cette cérémonie achevée, le roi posa sur la fosse une petite croix, qu'il prit la peine de façonner de ses propres mains.

XXIII. Ce prince rencontra un jour sur son chemin un paysan qui était fort embarrassé, parce que son âne, chargé de farine, venait de s'enfoncer dans la boue. Il descend aussitôt de cheval et va pour le secourir. Arrivé à l'endroit où était l'âne, il se met avec le paysan à le tirer par la tête, afin de le faire sortir du bourbier. Un moment après qu'on l'eut retiré, les gens de la suite d'Alphonse arrivent et voient le roi tout couvert de boue; ils s'empressent de l'essuyer et lui font changer d'habits. Le paysan, fort étonné de voir que c'était le roi qui l'avait si bien servi en cette opération, commença à lui faire des excuses et à lui demander pardon. Alphonse le rassura avec bonté, et lui dit que les hommes étaient faits pour s'aider mutuellement.

XXIV. Une violente tempête qu'il essuya sur la mer le força d'entrer dans une île. S'y étant mis à l'abri, il aperçut une de ses galères sur le point d'être engloutie dans les flots avec l'équipage et les troupes qui s'y trouvaient. Ce spectacle excita sa compassion, et sur-le-champ il ordonna qu'on allât secourir ces malheureux. Alors ses gens, effrayés du danger, lui représentèrent qu'il valait mieux laisser perdre un vaisseau que d'aller exposer tous les autres à un naufrage. Alphonse n'écouta pas cet avis; sans délibérer il monte sur l'amiral et part aussitôt pour leur porter un prompt secours. Les autres, voyant que le roi s'exposait avec tant de résolution, s'animent à cet exemple, et chacun s'empresse de le suivre. L'entreprise enfin lui réussit, mais il courut risque de se perdre, tant elle était périlleuse. Alphonse dit après cette action : « J'aurais mieux aimé être enseveli dans la mer avec toute ma flotte, que de voir périr sous mes yeux des misérables sans leur prêter la main pour les secourir. »

XXV. Un militaire, ancien dans le service, ayant obtenu de la cour un gouvernement considérable, en fut privé quelques années après, par Alphonse, qui jugea à propos de le donner à un autre. L'officier fut si piqué de cette disgrâce, qu'il sortit du royaume et alla parcourir l'Espagne, la France, et ensuite toute l'Allemagne, se plaignant partout de l'injustice du roi, sans même épargner les calomnies les plus atroces qu'il semait adroitement dans ces différentes cours pour le rendre plus odieux. Comme il s'aperçut à la fin qu'il ne tirait pas grand profit de toutes ses déclamations, et que les ennemis d'Alphonse, après avoir pris plaisir à l'écouter, ne lui donnaient rien, il prit le parti de s'en retourner. Le roi, quelque temps après, sut qu'il était réfugié à Florence; il lui fit dire qu'il pouvait revenir à la cour en toute sûreté, ajoutant ces paroles remarquables : « On n'a pas encore oublié vos services, mais votre offense est déjà oubliée. » Alphonse ne s'en tint pas à ces sentiments; il voulut encore lui payer les frais du voyage, et lui fit même présent d'une somme d'argent considérable.

XXV. Un soir qu'Alphonse revenait d'une expédition, marchant à quelque distance de ses troupes, accompagné d'un seul officier, il entra dans un village, et descendit au premier gîte qu'il rencontra. Deux soldats, assis au coin du feu, se trouvaient alors en cette maison. Voyant entrer le roi, ils commencèrent à l'insulter sans le connaître, et lui dirent même qu'ils ne souffriraient point qu'il logeât dans cette auberge; qu'elle était déjà assez remplie, et que, s'il ne se retirait promptement, ils allaient lui jeter les tisons à la tête. Alphonse, loin de se fâcher de ces injures, n'en fit que rire. L'officier qui était avec lui allait leur répondre d'une autre façon, s'il ne l'en eût empêché. Là-dessus ses gardes arrivèrent, et aussitôt il fut reconnu. Ces soldats effrayés se jetèrent à ses genoux, et lui demandèrent pardon de leur insolence. Alphonse les fit relever avec douceur, et voulut qu'on les retînt à souper avec les domestiques de sa suite.

XXVI. Le général des ennemis ayant été pris dans une bataille et son armée entièrement défaite par Alphonse, qui commandait ses troupes en personne, on se saisit d'abord de tous les papiers de cet officier. Il s'y trouva des lettres qui intéressaient le royaume et même la personne du roi; on vint aussitôt en donner avis à Alphonse, et lui dire qu'il était très-important qu'il les lût, tant pour sa

7*

propre sûreté que pour découvrir les complices que cet officier avait dans son parti. Le roi demanda alors à voir ces lettres, et ordonna qu'on lui apportât tous ces papiers; il les prit et les mit au feu sans vouloir les lire.

PENSÉE D'ALPHONSE SUR LA NOBLESSE.

Le général Pissini s'était distingué par plusieurs belles actions pendant la guerre d'Italie; son mérite lui attira beaucoup d'envieux. Comme on parlait un jour de cet officier, et que chacun le comblait d'éloges, une personne de la compagnie se leva, et dit froidement : « Cet homme qu'on élève si haut et dont on fait tant de cas n'est pourtant que le fils d'un boucher. » Alphonse fut choqué de ce discours impertinent. « Apprenez, dit-il à cet envieux, que le fils d'un boucher, qui sait s'élever par ses belles actions au-dessus de sa naissance, est préférable au fils d'un roi, qui n'a d'autre mérite que le rang de ses aïeux. »

Un flatteur ennuyeux, croyant qu'Alphonse était fort sensible à la louange, le complimenta un jour sur sa noblesse, et lui dit avec emphase : « Vous n'êtes pas simplement roi comme les autres, vous êtes encore frère, neveu et fils de roi. — Que prouvent tous ces titres ? lui répondit Alphonse; que je tiens la couronne de mes ancêtres, et que je l'ai eue par succession, sans avoir rien fait de grand qui me l'ait méritée. »

TRAITS ADMIRABLES DE BLANCHE DE CASTILLE, MÈRE DE SAINT LOUIS.

Cette pieuse reine allaita son fils avec un soin et une tendresse qu'elle portait jusqu'à la jalousie, ne voulant pas que le petit prince fût nourri d'un autre lait que le sien. Elle fut attaquée d'une maladie, et dans l'accès de sa fièvre, qui dura longtemps, une dame de la cour, qui imitait sa conduite et nourrissait son fils, donna sa mamelle à Louis, qui la prit avidement. Blanche, à la sortie de son accès, demanda le prince, et lui présenta le sein. Surprise qu'il le refusât, elle en soupçonna la cause, et demanda si on avait donné à téter à son fils. Celle qui lui avait rendu ce petit office s'étant nommée, Blanche, au lieu de la remercier, la regarda avec dédain, mit le doigt dans la bouche du petit prince, et lui fit rejeter le lait qu'il avait pris. Comme cette action étonnait ceux qui la virent : « Eh quoi ! leur dit-elle pour se justifier, prétendez-vous que je souffre qu'on m'ôte le titre de mère, que je tiens de Dieu et de la nature ? »

Dès l'enfance, la reine Blanche s'attacha à inspirer au jeune prince le goût de la piété et l'amour de la vertu. Plusieurs fois elle lui répétait ces belles paroles, si dignes d'une mère chrétienne : « J'aimerais mieux, mon fils, vous voir privé du trône et de la vie, que souillé d'aucun péché mortel. » Le jeune Louis prenait plaisir à écouter les instructions de sa mère, et ce fut ainsi qu'il apprit d'elle à régner non-seulement en grand roi, mais en chrétien. Dans un âge encore tendre, il était aussi sérieux et aussi appliqué à ses devoirs que s'il n'eût point eu de passions, aussi pieux et aussi vertueux que si la piété et la vertu fussent nées avec lui.

La reine Blanche ne pouvant suffire seule à l'éducation du jeune prince, mit auprès de lui des hommes consommés en sagesse et insensibles à l'ambition. Louis, formé par des mains que la sagesse conduisait, apprit de bonne heure que tout est grand dans le christianisme, et infiniment au-dessus de ce que le monde appelle grand.

CONDUITE GLORIEUSE DU MARÉCHAL DE BRISSAC ET DE SON ÉPOUSE.

M. de Brissac, après avoir fait dix ans la guerre en Italie, en revint pauvre et dénué de tout, ayant vendu jusqu'à sa vaisselle et ses meubles pour payer ses dettes. Il était accompagné d'une foule de marchands de Turin qui venaient solliciter à la cour le paiement de ce qu'ils avaient fourni à l'armée. On ne se pressa pas de les satisfaire, et ces malheureux, loin de recevoir ce qui leur était dû, se consumaient en frais à Paris. M. de Brissac, outré de la négligence de la cour et touché de l'état de ces pauvres gens, résolut de sacrifier ce qui lui restait de biens pour les dédommager en partie.

Madame la maréchale de Brissac était arrivée depuis quelques jours avec vingt mille écus qu'elle avait amassés pour la dot de sa fille. M. de Brissac fit venir les marchands et les présenta à sa femme : « Madame, lui dit-il, voilà des gens qui ont sacrifié leur fortune sur mes promesses ; la cour ne les veut point payer ; remettons à un autre temps le mariage de mademoiselle de Brissac, et donnons à ces malheureux l'argent destiné pour la dot. » La maréchale y consentit volontiers, et par le secours de quelque emprunt M. de Brissac amassa cent mille livres; ce qui faisait la moitié de la somme due aux marchands, à qui il donna des sûretés pour le reste.

M. de Brissac ne borna pas là sa générosité et sa compassion pour les malheureux. Après une longue guerre, on avait réformé une grande partie des soldats. Ces misérables, n'ayant point d'asile, se voyaient réduits à devenir brigands ou à mourir de faim. La plupart vinrent au maréchal de Brissac, pour demander si au moins on ne leur indiquerait pas où ils auraient du pain : « Chez moi, répondit M. de Brissac, tant qu'il y en aura. »

AVEU D'UNE FAUTE BIEN GLORIEUSE A CASIMIR Ier, ROI DE POLOGNE.

Ce prince, jouant un jour avec un de ses gentilshommes qui perdait tout son argent, en reçut un soufflet dans la dispute. Ce gentilhomme fut condamné à perdre la tête; mais Casimir révoqua la sentence, et dit : « Je ne suis pas étonné de la conduite de ce gentilhomme; ne pouvant se venger de la fortune, il n'est pas surprenant qu'il ait maltraité son favori. Je me déclare d'ailleurs le seul coupable dans cette affaire, car je ne dois point encourager, par mon exemple, une pratique pernicieuse qui peut causer la ruine de la noblesse. »

L'AVEU DE SES FAUTES EST UN EFFET DE SAGESSE.

Faire des fautes, c'est le triste partage de la faiblesse de l'homme; avouer ses fautes, c'est un effort de vertu qui n'est pas moins rare que glorieux. Le Sage était pénétré de cette vérité, lorsqu'il disait que le juste était le premier à s'accuser lui-même : *Justus prior est accusator sui.* Il était persuadé que cette humble accusation faisait notre gloire; il la regardait comme un tribut dû à la justice. Oui, rien ne nous est plus glorieux ni plus utile que l'aveu de nos fautes, quelque désavantageux et mortifiant qu'il paraisse.

La vraie sagesse est celle qui tend à perfectionner l'homme. Tout autre caractère n'est point le sien, tout autre but est indigne d'elle. C'est à la sagesse seule qu'il appartient de rendre l'homme heureux, parce que c'est à elle seule qu'il appartient de le corriger de ses vices et de ses défauts, unique source de tous les malheurs de sa vie. Mais le moyen le plus efficace pour le corriger de ses vices et de ses défauts, c'est de le porter à faire un sincère aveu des tristes effets qu'ils produisent. Cet aveu est un vrai châtiment qu'il s'impose pour se rendre meilleur, un remède salutaire qui le guérit par son amertume, un heureux préservatif qui le munit contre des rechutes dangereuses, une source féconde de secours qui l'aident à les éviter.

CHARLEMAGNE, RELIGIEUX OBSERVATEUR DU CARÊME.

Le jeûne, du temps de Charlemagne, consistait à ne faire qu'un repas à trois heures du soir. Cet empereur faisait célébrer la messe dans son palais les jours de jeûne du carême, à deux heures après midi, ensuite vêpres, après quoi il se mettait à table. Un évêque qui se trouva à la cour, surpris et scandalisé de cette nouveauté, ne put s'empêcher d'en dire librement sa pensée à l'empereur. Ce prince, plein de modération, prit sa remontrance en bonne part; mais, pour justifier sa conduite dans l'esprit de ce prélat, il lui enjoignit d'attendre pour manger que les officiers de sa cour se missent à table.

Charlemagne était servi par les ducs et les rois des nations qu'il avait domptées. Ces rois et ces ducs mangeaient ensuite et étaient servis par les comtes, ceux-ci par les gentilshommes, et ainsi de suite; en sorte qu'il était minuit quand ces derniers officiers se mettaient à table. L'évêque, après avoir ainsi jeûné le temps du carême qu'il passa à la cour, comprit que ce n'était point par intempérance que ce grand prince avançait son repas de deux ou trois heures au plus, mais par la nécessité de ne point retarder la réfection de ses derniers officiers au delà de minuit.

Ce récit nous montre un grand empereur et toute sa cour qui observent exactement le jeûne du carême. L'alarme d'un évêque au soupçon d'un relâchement qui n'est qu'apparent est une preuve qu'il ne s'en était alors introduit aucun dans la pratique du jeûne, ni pour l'unité, ni pour l'heure du repas.

GÉNÉROSITÉ DE CHARLEMAGNE ENVERS UN PRÉLAT.

Nos rois avaient autrefois, dans plusieurs abbayes ou maisons épiscopales, droit de gîte pour eux et leur suite. C'était souvent une des charges des donations faites à ces abbayes ou aux évêques. Charlemagne passa si fréquemment par la maison d'un prélat assujetti à ce droit, que les dépenses auxquelles il donna occasion ruinèrent l'évêque, d'ailleurs généreux et qui n'épargnait rien pour bien recevoir son maître. L'empereur, qui se servait de son droit sans faire attention aux suites, y revint encore, et voyant l'évêque fort occupé à donner des ordres pour faire balayer et nettoyer les salles, les salons, les chambres et antichambres, ne put s'empêcher de lui dire : « Eh ! vous prenez trop de peine; laissez là le soin dont vous vous occupez. Tout n'est-il pas assez net ? — Sire, répondit l'évêque, il ne s'en faut guère : mais j'espère qu'aujourd'hui tout le sera de la cave au grenier. » Charles, qui comprit ce reproche, lui dit en souriant : « Ne vous embarrassez pas, monseigneur l'évêque, j'ai la main aussi bonne à donner qu'à prendre. » Et sur-le-champ le prince unit une terre considérable à son évêché.

AVIS DE CHARLEMAGNE A UN JEUNE CLERC.

On vint un jour annoncer à Charlemagne la mort d'un évêque. Il demanda combien il avait légué aux pauvres en mourant; on répondit qu'il n'avait donné que deux livres d'argent : « C'est un bien petit viatique pour un si grand voyage, » dit un jeune clerc, qui était présent. Le prince, satisfait de cette réflexion, donna l'évêché à celui qui l'avait faite, et lui dit : « N'oubliez jamais ce que vous venez de dire, et donnez aux pauvres plus que celui dont vous venez de blâmer la conduite. »

LOUIS XIV REND JUSTICE A UN CÉLÈBRE AVOCAT.

M. Dumont fut un jour interrompu, en plaidant, par M. de Harlay, premier président, qui lui dit : « M. Dumont, abrégez. » Cet avocat cependant, qui croyait que tout ce qu'il avait à dire était essentiel à sa cause, ne retranchait rien de son plaidoyer. M. de Harlay se crut offensé, et dit à cet avocat : « Si vous continuez à nous dire des choses inutiles, on vous fera taire. » M. Dumont s'arrêta tout court, et, après avoir fait une petite pause, il dit à M. de Harlay : « Monsieur, puisque la cour ne m'ordonne pas de me taire, vous voulez bien que je continue. »

Le premier président, piqué de cette résistance, ou peut-être de cette distinction faite entre lui et la cour, dit à un huissier : « Saisissez-vous de la personne de M. Dumont. — Huissier, dit cet avocat, je vous défends d'attenter à ma personne ; elle est sacrée pour vous dans le tribunal où je plaide. » M. l'avocat général parla pour M. Dumont, et soutint qu'il ne devait pas être arrêté. La chambre se leva sans rien décider ; mais la décision de cette affaire fut soumise à Louis XIV, qui, bien informé, dit qu'il ne condamnait pas l'avocat. M. Dumont reprit deux jours après son plaidoyer, mais ce fut le dernier qu'il prononça.

DÉLICATESSE D'UN SEIGNEUR ESPAGNOL.

Un seigneur espagnol fut prié, par l'empereur Charles V, de céder son palais, le plus beau de Madrid, au connétable de Bourbon. Charles, voyant qu'il résistait, lui dit qu'il devait regarder comme un honneur de loger un aussi grand capitaine. L'Espagnol répondit qu'on ne pouvait méconnaître ces qualités dans le prince, mais qu'elles étaient aussi effacées par sa trahison envers la France, sa patrie. « Je le recevrai chez moi par obéissance, ajouta-t-il ; mais je supplie Votre Majesté de me permettre de brûler ma maison aussitôt que le duc en sera sorti, ne pouvant me résoudre à occuper, dans la suite, la demeure d'un traître. »

PENSÉE INGÉNIEUSE D'UN ESPAGNOL.

Un des derniers rois d'Espagne, auquel le sort des armes avait enlevé plusieurs places considérables, recevait cependant de la plupart de ses courtisans le titre de grand. « Sa grandeur, dit un Espagnol, ressemble à celle des fossés, qui deviennent plus grands à proportion des terres qu'on leur ôte. »

ANECDOTE SUR LE PRINCE EUGÈNE.

Eugène-François de Savoie, comte de Soissons, généralissime des armées de l'empereur, né à Paris le 18 octobre 1663, fut d'abord destiné à l'état ecclésiastique. On l'appelait l'abbé de Savoie, et Louis XIV le nommait, en badinant, le petit abbé. Mais son inclination martiale augmentant avec l'âge, le nom d'abbé lui devint bientôt odieux. Dès qu'il fut hors de tutelle, il remercia le roi des dignités ecclésiastiques dont il avait eu la bonté de le revêtir, et le pria instamment de lui accorder un emploi dans ses troupes, qui le mît en état de le servir plus utilement que sous le nom d'abbé.

Louis XIV était alors en paix avec ses voisins ; les charges militaires étaient occupées, et d'ailleurs le jeune prince lui paraissait si peu propre aux fatigues de la guerre, à cause de la délicatesse de son tempérament, qu'il s'imagina que la nature ne l'avait formé que pour être prélat. Sa demande fut rejetée, et le régiment qu'il sollicitait lui fut refusé. Le prince fut piqué de ce refus ; il protesta, devant quelques-uns de ses amis, qu'il irait servir ailleurs, et ne reviendrait en France que les armes à la main. Il alla, en effet, offrir ses services à l'empereur Léopold, qui le reçut fort bien, et lui donna quelque temps après un régiment.

En 1696, dans le temps que le prince Eugène était déjà célèbre dans toute l'Europe, Louis XIV, reconnaissant, mais trop tard, tout ce qu'il valait, fit tous ses efforts pour le détacher du service de l'empereur. Il lui fit offrir le bâton de maréchal de France, le gouvernement de Champagne, que son père avait possédé autrefois, avec deux mille pistoles de pension annuelle ; mais il n'était plus temps de faire des avances. Le prince Eugène tenait à l'empereur par les nœuds de l'honneur et de la reconnaissance, s'il peut y avoir encore de l'honneur dans le cœur d'un homme qui trahit sa patrie. Il rejeta avec un dédain mêlé de fierté les offres que Louis lui avait faites, et répondit à ceux qui en étaient chargés qu'il était feld-maréchal des armées de l'empereur, dignité qu'il estimait pour le moins autant que celle de maréchal de France ; que pour les pensions, elles n'avaient rien qui le tentât, se croyant toujours assez riche tant qu'il trouverait des occasions de marquer son zèle et sa fidélité au monarque au service duquel il s'était dévoué.

BON MOT DE FONTENELLE.

L'abbé Régnier, secrétaire de l'Académie Française, faisait un jour, dans son chapeau, la collecte d'une pistole que chaque membre devait fournir pour une dépense commune. Cet abbé ne s'étant pas aperçu que le président Rose, homme fort avare, eût mis dans le chapeau, le lui présenta une seconde fois. Celui-ci assura qu'il avait donné. « Je le crois, dit l'abbé Régnier, mais je ne l'ai pas vu. — Et moi, ajouta M. de Fontenelle qui était à côté, je l'ai vu, mais je ne le crois pas. »

BELLES PAROLES DE FRANÇOIS Ier ; TRAITS DE GÉNÉROSITÉ ET D'AFFABILITÉ.

Le palais du roi, disait ce prince, doit être ouvert à tous ses sujets : ils sont ses enfants. Étant les images de la Divinité, nous sommes obligés d'écouter en tout temps et en tout lieu les prières qu'on nous fait, et d'y avoir égard si elles sont justes.

François sut qu'un de ses officiers se plaignait que Sa Majesté, qui accablait de biens tant de gens fort riches et qui eussent pu se passer de sa libéralité, le laissait à l'écart, lui qui avait besoin de tout. Il le fit venir devant lui : « Je sais, lui dit-il, que vous vous plaignez de moi. Tenez, voici deux bourses égales; l'une est pleine d'or, il n'y a que du plomb dans l'autre; choisissez, nous verrons si ce n'est pas plutôt à la fortune qu'à moi que vous devez vous en prendre. » L'officier choisit et prit malheureusement la bourse remplie de plomb. « Eh bien! lui dit le roi, à qui tient-il que vous ne vous enrichissiez? » Il joignit à cette réflexion, qui peut en produire bien d'autres, le don des deux bourses.

— François Ier, s'étant égaré à la chasse, entra, vers les neuf heures du soir, dans la cabane d'un charbonnier. Le maître en étant absent, il ne trouva que la femme accroupie auprès du feu. C'était en hiver, et il avait plu. Il demanda une retraite pour la nuit et à souper. L'un et l'autre lui furent accordés; mais, à l'égard du souper, il fallut attendre le retour du mari. En attendant, le roi se chauffa assis sur une mauvaise chaise, qui était l'unique de la maison. Vers dix heures, arrive le charbonnier, las de son travail, fort affamé et trempé de pluie. Le compliment d'entrée ne fut pas long. L'épouse exposa la chose au mari, qui ratifia la promesse du lit et du souper.

A peine eut-il salué son hôte et secoué son chapeau tout mouillé, que, prenant la place la plus commode et le siége que le roi occupait, il lui dit : « Monsieur, je prends cette place parce que c'est celle où je me mets toujours, et cette chaise, parce qu'elle est à moi. Or, et par droit et par raison, chacun est maître dans sa maison. » François applaudit au proverbe rimé. Il se plaça ailleurs sur une sellette de bois. On soupa ; on parla des affaires du temps, de la misère, des impôts. Le charbonnier eût voulu un royaume sans subsides ; François eut de la peine à lui faire entendre raison. « A la bonne heure donc, dit le charbonnier, mais cette grande sévérité pour la chasse, l'approuvez-vous aussi ? Je vous crois honnête homme, et je pense que vous ne me perdrez pas. J'ai là un morceau de sanglier qui en vaut bien un autre, mangeons-le, mais surtout bouche close ! » François promit, mangea avec appétit, se coucha sur des feuilles et dormit bien. Le lendemain il se fit connaître, paya son hôte, et lui permit la chasse.

DISPUTE ENTRE UN VOYAGEUR ESPAGNOL ET UN INDIEN.

Un voyageur espagnol avait rencontré un Indien au milieu d'un désert. Ils étaient tous deux à cheval ; l'Espagnol, qui craignait que le sien ne pût faire sa route, parce qu'il était très-mauvais, demanda à l'Indien, qui en avait un jeune et vigoureux, de faire un échange ; celui-ci refusa, comme de raison. L'Espagnol lui cherche une mauvaise querelle ; ils en viennent aux mains ; mais l'Espagnol bien armé se saisit facilement du cheval qu'il désirait, et continue sa route. L'Indien le suit jusque dans la ville prochaine et va porter ses plaintes au juge. L'Espagnol est obligé de comparaître et d'amener le cheval ; il traite l'Indien de fourbe, assurant que le cheval lui appartient et qu'il l'a élevé tout jeune.

Il n'y avait point de preuve du contraire, et le juge indécis allait renvoyer les plaideurs hors de cour et de procès, lorsque l'Indien s'écria : « Le cheval est à moi, et je le prouve. » Il ôte aussitôt son manteau, en couvre subitement la tête de l'animal, et s'adressant au juge : « Puisque cet homme, dit-il, assure avoir élevé ce cheval, commandez-lui de dire duquel des deux yeux il est borgne. « L'Espagnol ne veut point paraître hésiter et répond à l'instant : « De l'œil droit. » Alors l'Indien découvrant la tête du cheval : « Il n'est borgne, dit-il, ni de l'œil droit ni de l'œil gauche. » Le juge, convaincu par une preuve si ingénieuse et si forte, lui adjugea le cheval, et l'affaire fut terminée.

CARACTÈRE INTÉRESSANT DE LÉOPOLD, DUC DE LORRAINE.

Ce prince, un des plus petits souverains de l'Europe, fut celui qui fit le plus de bien à son peuple. Il trouva la Lorraine désolée et déserte; il la repeupla et l'enrichit. Il la conserva toujours en paix pendant que le reste de l'Europe était ravagé par la guerre. Il eut la prudence d'être toujours bien avec la France, et d'être aimé dans l'Empire, tenant heureusement ce juste milieu, qu'un prince sans pouvoir n'a presque jamais pu garder entre deux grandes puissances. Il procura à ses peuples l'abondance qu'ils ne connaissaient plus. Sa noblesse, réduite à la dernière misère, fut enrichie par ses seuls bienfaits. Voyait-il la maison d'un gentilhomme en ruine, il la faisait rebâtir à ses dépens; il payait leurs dettes, et mariait leurs filles. Il prodiguait des présents avec cet art de donner qui est encore au-dessus des bienfaits. Il mettait dans ses dons la magnificence d'un prince et la politesse d'un ami. Les arts, en honneur dans sa petite province, produisaient une circulation nouvelle qui fait la richesse des États. Sa cour était formée sur le modèle de celle de France.

On ne croyait presque pas avoir changé de lieu quand on passait de Versailles à Lunéville. A l'exemple de Louis XIV, il faisait fleurir les belles-lettres. Il établit dans Lunéville une espèce d'université sans pédantisme, où la jeune noblesse d'Allemagne venait se former. On y apprenait de véritables sciences, dans des écoles où la physique était démontrée aux yeux par des machines admirables. Il chercha les talents jusque dans les boutiques et dans les forêts, pour les mettre au jour et les encourager; enfin, pendant tout son règne, il ne s'occupa que du soin de procurer à sa nation la tranquillité, des richesses, des connaissances et des plaisirs. « Je quitterais demain ma souveraineté, disait-il, si je ne pouvais faire du bien. » Aussi goûta-t-il le bonheur d'être aimé, et longtemps après sa mort ses sujets versaient des larmes en prononçant son nom.

LETTRE ET BONS MOTS DE LESDIGUIÈRES.

Le duc de Savoie, toujours battu par Lesdiguières, qu'il appelait le renard du Dauphiné, voulut au moins avoir l'honneur de bâtir un fort sur les terres de France et à la vue d'une armée française. Les officiers pressèrent Lesdiguières de s'y opposer, et se plaignirent même à la cour de l'inaction de leur général. Le roi lui en écrivit en termes assez vifs. Lesdiguières fit cette réponse : « Votre Majesté a besoin d'un fort à Barreaux pour tenir en bride la garnison de Montmélian ; puisque le duc de Savoie veut bien en faire la dépense, il faut le laisser faire ; dès qu'il sera en défense et bien fourni de canons et de munitions, je vous promets de le prendre sans qu'il en coûte rien à votre épargne. » Le roi s'en rapporta à Lesdiguières, qui ne tarda pas à tenir toutes ses promesses. L'année suivante il prit le fort par escalade.

Lesdiguières ayant formé le siége de Gavy, un officier vint lui représenter que, du temps de François Ier, le fameux Barberousse n'avait pu prendre cette place, quoiqu'il fût maître de la rivière de Gênes. Le connétable, qui avait alors plus de quatre-vingts ans, répondit : « Eh bien ! Gavy n'a pu être pris par Barberousse, mais, Dieu aidant, Barbegrise le prendra. » La ville et le château se rendirent en très-peu de temps.

RÉPONSES LIBRES ET INGÉNIEUSES, RÉCOMPENSÉES PAR LOUIS XI.

Louis XI, étant au château du Plessis, près de Tours, descendit vers le soir dans les cuisines, où il trouva un enfant de quatorze à quinze ans, qui tournait la broche. Ce jeune garçon était assez bien fait, et avait l'œil assez fin pour donner lieu de croire qu'il aurait pu être capable d'un autre emploi. Le roi lui demanda d'où il était, qui il était, ce qu'il gagnait. Ce jeune marmiton, qui ne le connaissait pas, lui dit, sans le moindre embarras : « Je suis du Berri, je m'appelle Étienne, marmiton de mon métier, et je gagne autant que le roi. — Que gagne le roi ? lui dit Louis. — Ses dépens, reprit Étienne, et moi les miens. » Cette réponse libre et ingénieuse lui valut les bonnes grâces du roi, dont il devint le valet de chambre, et qui l'accabla de biens dans la suite.

— Quelqu'un s'étant adressé à Louis XI pour le supplier de lui accorder un emploi vacant dans une petite ville où il demeurait, le roi, après l'avoir écouté, lui dit nettement qu'il n'y avait rien à espérer, qu'il ne lui accorderait pas ce qu'il demandait. Le suppliant, en se retirant, lui fit de très-humbles remercîments, et parut s'en aller avec un air extrêmement satisfait. Le roi en fut surpris : il crut que cette satisfaction et les remercîments qu'on lui faisait étaient l'effet d'une méprise. Il le fit appeler et lui demanda s'il avait bien entendu ce qu'il lui avait dit : « Oui, Sire, je vous ai très-bien entendu, vous m'avez refusé sur-le-champ la grâce que je vous avais demandée. — Et à quel propos donc, lui demanda le roi, ces vifs remercîments, cet air gai que je vous vois? — A propos de votre bonté, Sire. — De ma bonté! Eh! quelle bonté, continua-t-il, puisqu'en effet je vous ai renvoyé sans vous rien accorder? — C'est celle de m'avoir refusé sur-le-champ, et de m'avoir mis, par ce prompt refus, en état de retourner dans ma province, sans suivre inutilement votre cour et y faire des dépenses. »

La réponse plut au roi, qui crut que celui qui la lui avait faite ne pouvait être qu'un homme d'esprit et de beaucoup de jugement. Il lui fit quelques questions, pour connaître si l'opinion qu'il avait conçue était bien fondée, et ne trouvant rien qui n'y répondît : « Allez, lui dit-il, je vous accorde ce que je vous ai refusé, et je veux que vous me remerciiez doublement. On va vous expédier les provisions de la charge que vous me demandez. » Il ordonna en effet que cela se fît promptement, pour ne pas retarder celui qu'il en gratifiait.

RÉPONSES CHRÉTIENNES DE LOUIS XII.

Un seigneur lui demanda la confiscation des biens d'un bourgeois d'Orléans, qui avait autrefois montré une haine ouverte contre lui. « Je n'étais pas son roi, répondit-il, quand il m'a offensé, et le devenant, je suis devenu son père, je suis obligé de lui pardonner. »

Un gentilhomme, commensal de sa maison, avait maltraité un paysan; Louis XII, qui en fut instruit, ordonna qu'on retranchât le pain à ce gentilhomme et qu'on ne lui servît que du vin et de la viande. L'officier s'en étant plaint au roi, Sa Majesté lui demanda si le vin et les mets qu'on lui servait ne lui suffisaient pas. Sur la réponse qu'il lui fit que le pain était l'essentiel, le roi lui dit avec sévérité : « Eh! pourquoi donc êtes-vous assez peu raisonnable pour maltraiter ceux qui vous le mettent à la main? »

FRANCHISE, HUMANITÉ, BIENFAISANCE DE STANISLAS, ROI DE POLOGNE ET DUC DE LORRAINE.

Ce prince, n'étant encore que palatin de Posnanie, eut occasion de traiter avec Charles XII, lorsqu'il passa en Pologne pour détrôner le roi Frédéric-Auguste. Une physionomie heureuse, pleine de hardiesse et de douceur, prévenait en faveur de Stanislas. Il avait un air de probité et de franchise, qui, de tous les avantages extérieurs, est sans doute le plus grand, et qui donne plus de poids aux paroles que l'éloquence même. La sagesse avec laquelle il parla du roi Auguste et des intérêts différents qui divisaient la Pologne frappa Charles. Stanislas s'entretenant un jour avec lui de la difficulté de trouver un roi digne de l'être : « Et pourquoi ne le seriez-vous pas? » lui dit vivement le roi de Suède. Ce seul mot imprévu fut l'unique brigue qui mit Stanislas sur le trône. Charles prolongea exprès la conférence, pour mieux sonder le génie du jeune palatin. Après l'audience, il dit tout haut qu'il n'avait jamais vu un homme si propre à concilier tous les partis. Il ne tarda pas à s'informer du caractère de Leczinski. Il sut qu'il était plein de bravoure, endurci à la fatigue, qu'il couchait toujours sur une espèce de paillasse, n'exigeant aucun service de ses domestiques auprès de sa personne; qu'il était d'un tempérament peu commun dans ce climat, libéral, adoré de ses vassaux, et le seul seigneur peut-être en Pologne qui eût quelques amis dans un temps où l'on ne connaissait de liaisons que celles de l'intérêt et de la faction. Ce caractère, qui avait beaucoup de rapport avec le sien, le détermina entièrement; il ne prit conseil de personne, et, sans même aucune délibération publique, il dit à deux de ses généraux qui l'environnaient : « Voilà le roi qu'auront les Polonais. » Il tint parole, et fit couronner Stanislas roi de Pologne en 1705.

Charles n'eût jamais pu trouver en Pologne un homme plus capable de concilier tous les esprits que celui qu'il choisissait. Le fond de son caractère était l'humilité et la bienfaisance. Quand Stanislas fut depuis retiré dans le duché des Deux-Ponts, des malheureux qui voulurent l'enlever furent pris en sa présence. « Que vous ai-je fait, leur dit-il, pour vouloir me livrer à mes ennemis? De quel pays êtes-vous? » Trois de ces aventuriers répondirent qu'ils étaient Français. « Eh bien! dit-il, ressemblez à vos compatriotes que j'estime, et soyez incapables d'une mauvaise action. » En disant ces mots, il leur donna tout ce qu'il avait sur lui, son argent, sa montre, sa boîte d'or, et ils partirent en pleurant et en l'admirant. Un jour, comme il réglait l'état de sa maison, il mit sur la liste un officier français qui lui était attaché. « En quelle qualité Votre Majesté veut-elle qu'il soit sur la liste? lui dit le trésorier. — En qualité de mon ami, » lui répondit le prince.

AMOUR SINGULIER DE SAINT LÉONIDE POUR L'ÉCRITURE SAINTE.

Léonide, père d'Origène, ne se contenta pas de former son fils dans les premières sciences des enfants, mais il prit encore un grand soin de lui apprendre l'Écriture; et il l'appliqua à cette étude sainte préférablement à toutes les sciences des Grecs, voulant qu'il en apprît et qu'il en récitât tous les jours quelques endroits. Origène, de son côté, quoique dans un âge encore fort tendre, s'occupait avec joie à ce travail, et il approfondissait les Écritures jusqu'à étonner et embarrasser son père par les questions qu'il lui faisait. Léonide se croyait obligé de modérer cette ardeur, et de lui dire qu'il devait pour lors se contenter du sens que la lettre présentait, sans demander ce qui était au-dessus de son âge; mais il ne laissait pas de se réjouir beaucoup en lui-même de cette élévation d'esprit qu'il voyait dans son fils, et il remerciait Dieu comme d'une grande grâce de lui avoir donné un tel enfant; souvent même, lorsque son fils dormait, il lui découvrait la poitrine, et la baisait avec respect, comme la demeure sacrée du Saint-Esprit.

Ce fut sans doute dans la lecture de l'Écriture sainte qu'Origène puisa cet amour pour la pauvreté que jamais personne n'a porté plus loin que lui, et ce zèle admirable qu'il fit paraître lorsque son père fut mis en prison, où il eut le bonheur de perdre la vie pour la défense de la foi, sans laisser d'autre héritage à sa femme et à ses enfants que l'exemple de sa vertu. Origène n'avait pas encore dix-sept ans accomplis, et néanmoins il ne tint pas à lui qu'il ne suivît son père au martyre. Sa mère, dont les remontrances n'avaient pu ralentir son ardeur, le retint malgré lui en cachant ses habits. Contraint par cette pieuse violence de demeurer dans la maison, il écrivit une lettre à son père, où il l'exhortait puissamment au martyre. « Prenez garde à vous, mon père, lui dit-il, et que l'état où vous allez laisser ma mère et moi ne vous ébranle pas et ne vous fasse pas perdre cette généreuse constance que vous avez fait paraître jusqu'ici. »

RÉFLEXIONS SUR L'ÉCRITURE SAINTE.

On trouve dans l'Écriture sainte un style simple sans bassesse, riche sans superfluité, élevé sans enflure. Jamais Homère, Virgile, Horace n'ont approché de la sublimité qui règne dans les cantiques de Moïse, dans les psaumes de David et dans les ouvrages des autres prophètes. Jamais ils n'ont égalé la haute idée qu'Isaïe nous donne de la majesté et de la grandeur de Dieu, devant qui toutes les nations ne sont que comme une goutte d'eau, la terre que comme un grain de poussière, et l'univers que comme un poids léger qu'il tient dans le creux de sa main.

Qu'y a-t-il dans Hérodote, dans Thucydide et dans Tite-Live de si bien écrit que les histoires de la création du monde et le récit de la vie des patriarches? Qu'y a-t-il de si noblement exprimé que le combat de David, la gloire de Salomon et ce tissu de prodiges que Dieu a opérés en faveur de son peuple?

Mais si la lecture de l'Ancien Testament est si capable d'élever l'esprit et d'animer un cœur chrétien, quel effet ne doit pas produire la lecture de l'Évangile, qui contient d'une manière plus marquée tout ce que notre religion a de plus noble, de plus excellent, et de plus parfait? Jésus-Christ y parle comme la sagesse éternelle doit parler. On voit que la grandeur est son partage, mais qu'il tempère l'éclat et la sublimité de sa doctrine pour la proportionner à toutes sortes d'esprits.

Ici se présente un nouvel ordre de choses. Les prophéties s'accomplissent. Les mystères, qui avaient été comme enveloppés dans les anciennes Écritures, sont dévoilés dans l'Évangile. Le dogme de l'immortalité de l'âme, qui jusque alors n'avait été pour ainsi dire qu'entrevu, et qui n'était point universellement reçu dans la synagogue, est posé pour fondement de la nouvelle loi. On connaît les récompenses qui sont préparées à la vertu après cette vie, et les châtiments qui sont destinés à punir le vice.

On comprend que, pour être parfait, on n'a qu'à étudier la doctrine de notre divin législateur, qui est lui-même notre modèle, notre guide et notre appui: doctrine céleste qui pourvoit à tous les besoins de l'âme, qui assure le repos de la société, qui corrige les erreurs et les préjugés du monde, qui introduit parmi les hommes une fidélité et une droiture à l'épreuve des passions, qui ennoblit et perfectionne les lumières de l'esprit, qui retire le cœur des vils attachements de la terre, pour le tourner à la recherche des biens éternels; doctrine enfin qui a soumis à son empire les empereurs, les rois, les peuples, les philosophes, les orateurs et les plus grands génies.

LA LÉGION FULMINANTE.

Dans le temps que l'empereur Marc-Aurèle faisait la guerre contre les Sarmates, les Quades, les Marcomans et autres peuples de la Germanie, son armée s'engagea dans un pays enfermé de bois et de montagnes (c'est aujourd'hui la Bohême). Les Romains y étaient extrêmement incommodés de la faim et de la soif, sans pouvoir se retirer, parce que les Barbares, qui étaient en bien plus grand nombre, occupaient tous les postes des environs et les tenaient comme assiégés: l'armée était sur le point de périr, dans l'extrémité où elle était réduite.

Il y avait dans l'armée un grand nombre de soldats chrétiens; ils se mirent tous à genoux et firent à Dieu de ferventes prières. Les ennemis s'en étonnaient; mais ils furent bien plus surpris de ce qui arriva. Il s'amassa tout à coup de grands nuages, puis il tomba une pluie extraordinaire. D'abord les Romains levaient la tête et la recevaient dans la bouche, tant la soif les pressait; puis ils en remplirent leurs casques, burent abondamment et abreuvèrent leurs chevaux. Comme les Barbares les attaquaient en même temps, ils buvaient en combattant, et il y en eut de blessés qui burent leur sang avec l'eau.

Cependant il tombait sur les ennemis une grêle épouvantable mêlée de foudre; l'eau et le feu semblaient tomber du ciel dans le même endroit; mais le feu ne touchait point aux Romains, ou s'éteignait aussitôt : au contraire, la pluie ne servait de rien aux Barbares; elle les brûlait comme l'huile, en sorte que tout mouillés ils cherchaient de l'eau, et se blessaient les uns les autres pour éteindre le feu avec le sang. Plusieurs passèrent du côté des Romains, voyant que l'eau n'était salutaire que pour eux; et Marc-Aurèle en eut pitié.

A cette occasion, l'armée lui donna le nom d'empereur pour la septième fois; il le reçut comme venant du Ciel; car tout le monde reconnaissait cet événement comme miraculeux. Les troupes des chrétiens qui avaient attiré ce miracle furent nommées la Légion fulminante. On voit encore à Rome un monument de ce prodige dans les bas-reliefs de la colonne Antonienne, faite en ce même temps. Les Romains y sont représentés les armes à la main contre les Barbares, que l'on voit étendus par terre avec leurs chevaux, et sur eux tombe une pluie mêlée d'éclairs et de foudre. On dit qu'à cette occasion Marc-Aurèle écrivit des lettres où il témoignait que son armée, près de périr, avait été sauvée par les prières des chrétiens.

Apprenons à recourir à Dieu dans nos pressants besoins; les ferventes prières attirent les grandes grâces.

TRIOMPHE DE LA CHARITÉ ET DE LA MODESTIE.

De Graincourt, dans l'Histoire des hommes illustres de la marine française, rapporte un fait bien honorable pour M. de Cornick.

La Garonne était débordée; les matelots les plus hardis n'osaient s'exposer à la violence du courant, qui semblait tout devoir entraîner. M. de Cornick fut réduit à forcer, le pistolet à la main, quatre des plus vigoureux d'entre ses matelots, de monter avec lui dans un canot qu'il tenait près de la maison qu'il habitait aux environs de Bordeaux. Avec ce canot il alla successivement dans toutes les maisons de l'île Saint-George, d'où il retira les habitants à demi noyés et mourants de frayeur.

Il transporta sur la terre ferme plus de six cents personnes de tout sexe et de tout âge, et ne cessa, pendant trois jours, de passer et de repasser la rivière, pour sauver les effets de ceux qu'il avait mis en sûreté et pour leur porter des subsistances. Quoique M. de Cornick ne fût pas riche, qu'il fît par cet accident une perte considérable, il nourrit à ses frais, pendant plusieurs jours, les malheureux qu'il avait sauvés. Le danger passé, M. de Cornick se retira chez lui et s'y tint constamment renfermé, se refusant aux applaudissements et aux remerciments de la ville de Bordeaux.

LA LÉGION THÉBAINE.

Entre les légions qui composaient les armées romaines du temps des empereurs Maximien et Dioclétien, il y en avait une nommée la Thébaine, toute composée de chrétiens, quoiqu'elle fût, comme les autres, de six mille six cents hommes. Mais ce qui est le plus étonnant, c'est que non-seulement tous les officiers et les soldats de cette légion avaient l'avantage d'être chrétiens, mais qu'ils étaient des chrétiens remplis de foi et de religion, et que la piété régnait au milieu d'eux avec plus d'éclat qu'on ne la voit régner dans plusieurs communautés des plus réglées. Ils rendaient tous au prince l'obéissance et le respect qui lui étaient dus. Ils combattaient et s'acquittaient des autres devoirs de leur état avec exactitude : au milieu de la dissipation inséparable des fonctions militaires, ils menaient une vie recueillie, modeste, humble et pénitente.

L'empire n'avait pas de meilleures troupes, parce que ceux qu'une piété solide conduit sont toujours les plus exacts à leurs devoirs et les plus ardents à les pratiquer. Les empereurs les eussent toujours vus soumis à leurs ordres, s'ils ne leur en eussent jamais donné de contraires à la foi de Jésus-Christ. Cette légion avait pour capitaine un saint officier nommé Maurice, qui avait vieilli sous le poids des armes, et dont l'amour et la foi pour Jésus-Christ égalaient le courage et l'expérience dans la guerre. Il avait sous lui plusieurs officiers aussi recommandables par leur vertu que par leur valeur, dont les principaux étaient Exupère et Candide ; les soldats suivaient la piété de leurs chefs. Tous, en un mot, savaient allier heureusement l'exercice des armes avec la pratique des maximes de l'Évangile.

Lorsque l'empereur Maximien passa dans les Gaules pour combattre la faction des Bagaudes, il fit venir d'Orient la légion Thébaine. Comme il voulut s'en servir pour détruire les chrétiens qui étaient dans les Gaules, elle refusa d'obéir. La légion était à Agaune, au pied de la montagne que l'on nomme aujourd'hui le Grand-Saint-Bernard.

L'empereur, irrité de sa résistance, ordonna qu'elle fût décimée, afin que la crainte l'obligeât à se soumettre. L'ordre fut exécuté, sans qu'aucun des soldats ni des officiers, qui avaient tous les armes à la main, fît la moindre résistance pour défendre ses compagnons. Ceux que le sort épargnait, loin de se plaindre du traitement qu'on faisait éprouver aux autres, enviaient leur gloire et leur bonheur. Quand l'exécution fut achevée, tous ceux qui restaient protestèrent qu'ils ne prendraient jamais aucune part aux impiétés qu'on voulait leur faire commettre; qu'ils étaient chrétiens, et qu'ils souffriraient tout plutôt que d'agir contre leur foi. On rapporta leurs protestations à Maximien, qui, entrant en fureur, commanda qu'on les décimât une seconde fois. On fit donc encore mourir le dixième selon le sort, et les autres s'exhortaient à persévérer.

Ils étaient principalement encouragés par Maurice, Exupère et Candide. Ces hommes généreux, qui étaient persuadés que c'était vaincre que de mourir pour ne pas offenser Dieu, couraient de rang en rang, animaient leurs soldats à demeurer fermes dans la confession du nom de Jésus-Christ, à l'exemple de ceux qui venaient de les précéder. Cependant ils convinrent tous d'envoyer une requête à l'empereur, pour lui faire voir l'équité du refus qu'ils faisaient de lui obéir.

Voici ce que cette remontrance portait : « Nous sommes vos soldats, seigneur, mais nous sommes en même temps serviteurs de Dieu : nous nous en faisons gloire et nous le confessons volontiers. Nous vous devons le service de guerre, mais nous devons à Dieu l'innocence. Nous recevons de vous la paie, mais il nous a donné la vie. Nous ne pouvons vous obéir en renonçant à Dieu, notre créateur, notre maître et le vôtre. Si on ne nous demande rien qui l'offense, nous vous obéirons comme nous avons fait jusqu'à présent; autrement nous lui obéirons plutôt qu'à vous. Nous offrons nos mains contre quelque ennemi que ce soit; mais nous ne croyons pas qu'il soit permis de les tremper dans le sang des innocents.

« Nous avons fait serment à Dieu avant que de vous le faire, et vous devriez vous défier de nous et de notre fidélité si nous violions la promesse que nous avons faite d'être soumis à Dieu. Vous nous commandez de chercher des chrétiens pour les punir, pourquoi jeter les yeux sur des étrangers ? Nous voici : nous confessons Dieu le Père, auteur de tout, et son Fils Jésus-Christ. Nous avons vu égorger nos compagnons sans les plaindre; nous nous sommes réjouis de l'honneur qu'ils ont eu de souffrir pour leur Dieu et le vôtre. L'injustice avec laquelle on les a traités ne nous a point excités à nous révolter; nous avons encore les armes à la main, mais nous ne résisterons pas, parce que nous aimons mieux mourir innocents que de vivre coupables. »

Cette généreuse remontrance ne fit qu'irriter Maximien. Il eut honte de céder à la force de la vérité, parce qu'elle sortait de la bouche de ceux qu'il croyait obligés à une obéissance entière et qui ne devait souffrir aucune exception. Désespérant de les abattre, il ordonna qu'on les fît mourir tous. Il fit marcher des troupes pour les environner et les tailler en pièces. Mais ces hommes pleins de foi, dont la piété avait arrêté la main lorsqu'ils pouvaient facilement se défendre contre ceux qui les avaient décimés, ne firent aucune résistance à l'approche d'une mort qu'ils regardaient comme le terme de leurs maux et le commencement de leur félicité éternelle. Dès qu'ils virent leurs bourreaux arrivés, ils mirent leurs armes bas et se laissèrent égorger comme des agneaux, sans ouvrir la bouche pour se plaindre.

Le soldat qui sert le mieux son pays, c'est celui qui sert le mieux son Dieu. Nous sommes tous soldats de Jésus-Christ; s'il fallait donner mille vies pour le service de notre divin Maître, nous devrions nous estimer heureux de les lui offrir.

La couronne qu'il nous prépare après nos combats n'est pas une couronne périssable comme celle de la terre, mais immortelle et durable : tâchons de la mériter.

RIEN DE SI INGÉNIEUX QUE LA CHARITÉ. — RÉCONCILIATION DES ANGEVINS REBELLES AVEC LA COUR.

En 1651, dans la guerre qu'on appelle des princes, la reine mère, irritée de la révolte de la ville d'Angers, s'était avancée jusqu'à Saumur, pour presser le siége de la ville et lui faire porter la peine de sa rébellion. M. Arnaud, qui en était évêque, prévoyant les malheurs qui allaient fondre sur son diocèse, presse les rebelles, les exhorte, les sollicite, leur propose des conditions de paix; mais tout cela ne servit qu'à le rendre suspect. Il fut obligé de sortir de la ville, par la faction d'une troupe de séditieux qui trouvaient leurs avantages dans les désordres de la guerre. Ce pasteur, oubliant l'injure faite à sa dignité, ne songea qu'à aller trouver la reine, pour tâcher de la fléchir par ses prières et ses larmes. Mais la voyant inflexible, il eut recours à un moyen qui montre qu'il n'y a rien de si ingénieux que la charité. Cette princesse fréquentait souvent les sacrements. Elle vint donc un jour dans une église où il officiait pontificalement, pour participer aux saints mystères. Le prélat, plein du zèle que lui communiquait l'auguste hostie qu'il tenait encore entre ses mains, s'approche de la reine avec un visage où était peinte une modestie pleine de majesté, et lui présentant la sainte hostie, il lui dit d'un ton assuré : « Recevez, Madame, votre Dieu qui a pardonné à ses ennemis en mourant sur la croix. » Un pardon ainsi demandé est une grâce obtenue. La princesse, désarmée, ne pensa plus à la punition des coupables, et fit éprouver, peu de temps après, aux rebelles les effets de sa bonté et de sa clémence.

RÉFLEXIONS SUR L'ÉDUCATION DE LA JEUNESSE.

Notre ouvrage se rapportant principalement à l'utilité de la jeunesse, il n'est pas hors de propos de faire quelques réflexions sur son éducation.

De tout temps l'éducation de la jeunesse a été regardée comme le devoir le plus important et la partie la plus essentielle du gouvernement. L'éducation, en effet, est seule capable de développer les talents naturels, d'élever et de perfectionner l'esprit. Son véritable objet est de former, par l'étude de la religion, le *chrétien*; par celle de la morale, le *citoyen*; et par celle des sciences humaines, l'*homme de lettres*. Les hommes qui sont l'élite et la gloire d'une nation ne doivent le développement de leurs talents qu'à l'éducation et à l'instruction.

Pour élever des étudiants comme pour former des guerriers, il faut une méthode sage, sévère et soutenue.

L'éducation publique ne dépend point du caprice d'un seul homme. Établie par les décrets de plusieurs personnes d'une sagesse reconnue, le succès en est certain : c'est la voie que les nations les plus polies ont suivie, où les savants les plus fameux ont marché. L'autorité et la possession de plusieurs siècles lui servent de caution.

La discipline scolastique, à l'exemple de la discipline militaire, doit encore être exacte et sévère. Où trouver cette sévérité, cette exactitude? Sera-ce dans la maison paternelle, où un maître perd son élève s'il l'aime avec trop de tendresse, où il se perd lui-même s'il veut prendre et soutenir le caractère de fermeté qui lui convient? Sera-ce à l'ombre de l'autorité d'un père, qui, déjà occupé des affaires publiques ou des soins domestiques, content de payer les frais de l'éducation de son fils, ne se croira pas obligé d'en partager l'ennui et le chagrin?

Sera-ce sous les yeux d'une mère, qui, sans cesse alarmée sur la santé d'un enfant chéri, rendra les livres responsables de la plus légère incommodité dont elle le verra attaqué? Comment un maître pourra-t-il donc entreprendre de cultiver l'esprit de son disciple par des soins assidus? Et, ce qui est encore beaucoup plus important, comment pourra-t-il réussir à dompter l'humeur de son élève, à mettre un frein aux passions dont cet âge n'est que trop susceptible?

Sans vouloir pénétrer dans l'intérieur des familles, on peut le dire en général, tous les pères ne craignent pas de communiquer leurs défauts à leurs enfants ; toutes les mères ne sont pas sans crainte de les voir trop instruits; tous les domestiques ne respectent pas l'innocence de ceux dont ils redouteront un jour la puissance. Toutes les maisons particulières ne sont pas fermées aux flatteurs; toutes les tables n'y sont pas si austères, et toutes les conversations et toutes les maximes qui s'y débitent ne sont pas si saines, tous les divertissements ne sont pas si modestes, qu'ils n'inspirent jamais le goût de la licence à un jeune cœur avide de tout ce qui porte avec soi le caractère du plaisir.

Il n'en est pas ainsi des écoles publiques; outre que la jeunesse y est à couvert de la plupart de ces dangers, on y sait mettre à profit les dispositions qu'elle apporte, soit pour la vertu, soit pour les sciences. On corrige, ou du moins on fait tout ce qu'il faut pour en corriger les défauts; et la seule crainte du châtiment suffit souvent pour empêcher qu'on ne le mérite. Il n'y a plus de mère qui puisse soustraire son cher fils à une peine salutaire ; point de parents, point d'étrangers qui se déclarent les avocats d'une mauvaise cause, et qui flattent quand il faudrait punir.

Quand on parle d'une éducation particulière, quelle autre idée peut-on s'en former que d'un exercice obscur, sans vie et sans âme, où le maître et le disciple, toujours réduits à eux-mêmes, souvent ennuyés l'un de l'autre, se dégoûtent mutuellement, l'un d'apprendre, l'autre d'enseigner? Au contraire, l'éducation publique ne présente-t-elle pas tout ce qu'on peut imaginer de plus vif, de plus animé, de plus capable d'exciter, même les plus lâches, je veux dire des rivaux, des combats, des victoires et des triomphes?

Ce n'est pas l'égalité ni de fortune ni de naissance qui dans les académies littéraires assortit les rivaux; c'est la capacité seule qui décide sur ce point. Tous courent la même carrière, aucun ne peut espérer de se distinguer que par son esprit, son étude et son application. Les combats sont toujours vifs et animés; tous sont obligés de prendre les armes; tous à l'envi se disputent l'honneur de la victoire; tous peuvent y prétendre également, et le mérite seul peut l'obtenir. Les vainqueurs sont sûrs d'être couronnés après le combat; les lauriers se distribuent souvent au bruit des acclamations et des applaudissements d'une assemblée nombreuse.

Est-il rien de plus puissant que ces espèces de combats et de triomphes pour exciter dans les jeunes cœurs l'ardeur et l'émulation? Rien de plus capable de leur inspirer ces sentiments nobles qui, dans un âge plus avancé, produisent les grands hommes et les héros en tout genre? Leur âge, quoique tendre, en est également susceptible; l'objet en est différent, à la vérité, mais les sentiments en sont les mêmes. Ce sont d'heureuses semences qui, dans la suite de la vie, se développeront plus sensiblement et produiront les plus heureux effets.

Un autre avantage des colléges, et le plus grand de tous, c'est d'apprendre à fond la religion, d'en puiser la connaissance dans les sources mêmes, d'en connaître le véritable esprit et la véritable grandeur, et de se prémunir par de solides principes contre les dangers que la foi et la piété ne rencontrent que trop dans le monde. Il n'est pas impossible, mais certainement il est rare de trouver cet avantage dans les maisons particulières; aussi a-t-on toujours vu, et nous le voyons encore tous les jours, que des personnes aussi distinguées par leur esprit et leur capacité que par leur rang et leurs emplois, se déterminent à se priver pour un temps de ce qu'elles ont de plus cher, dans la pensée qu'un dépôt si précieux croîtra avec usure dans les mains étrangères, et ne reviendra dans les leurs que comme les vaisseaux qui, après un voyage de long cours, reviennent chargés de richesses immenses.

HISTOIRE ÉDIFIANTE.

Il y avait dans la province du Dauphiné un ecclésiastique, homme de condition, nommé l'abbé de Saze. Il passa sa jeunesse et une partie de sa vie dans un déréglement que son état rendait encore plus criminel, et devint fameux par ses débauches. Dieu le toucha enfin, et cette première grâce fut suivie du bonheur qu'il eut de trouver un homme d'esprit et d'un mérite rare pour le conduire dans la nouvelle voie qu'il avait résolu de suivre : c'était le supérieur de l'Oratoire d'Avignon, nommé le père Allard. L'abbé de Saze s'établit dans cette ville sous les yeux de son pieux directeur, et, après avoir passé les premiers temps de sa conversion dans les œuvres les plus pénibles de la plus austère pénitence, il alla se renfermer dans le château de Saze, la maison de ses pères, à six lieues d'Avignon, où il vécut le reste de sa vie dans une entière retraite et dans les occupations saintes de son état.

Pendant son séjour à Saze, il entretint un commerce fréquent et une amitié singulière avec le père Allard, qu'il regardait comme le ministre de l'œuvre de Dieu. Un des jours de carnaval, l'abbé de Saze lui écrivit, et le pria d'aller passer les trois derniers jours gras avec lui à son château. Le père Allard, qui ne perdait aucune occasion d'instruire et d'animer son pénitent, lui répondit en ces termes : « J'irai chez vous avec joie, Monsieur, passer un temps destiné par les enfants du siècle à des occupations et à des plaisirs qui devraient être inconnus à des chrétiens. Que nous serions heureux dans notre retraite si nous pouvions, par nos gémissements et par nos larmes, réparer en quelque façon les déréglements de ces malheureux jours ! Quel aveuglement, quelle misère de prévenir un temps de pénitence et de miséricorde par des actions qui méritent de n'en recevoir jamais ! Ne cessons point de louer le Seigneur de nous avoir séparés de cette multitude qui se damne, mais craignons à chaque instant de perdre, par nos infidélités, des grâces que nous n'avons pas méritées. C'est pour me fortifier dans ces dispositions que je me rendrai chez vous. »

Cette lettre écrite, le supérieur la donna au portier de l'Oratoire, et lui dit simplement de l'envoyer à son adresse. Le portier, ayant pris le nom de Suze pour celui de Saze, crut que la lettre s'adressait à l'abbé de Suze, à Suze, et la lui envoya par un homme exprès.

Que vos voies sont admirables, ô mon Dieu! et combien vos jugements sont incompréhensibles! Cet abbé de Suze était alors tout ce que l'abbé de Saze avait été autrefois. C'était un homme de grande qualité, prêtre, possédant de riches bénéfices, mais d'un grand déréglement. Il était venu passer le carnaval dans le château de Suze, une des plus belles maisons du pays, et des plus convenables pour y rassembler une grande compagnie, et pour y prendre toutes sortes de divertissements. Ceux que l'on peut se procurer innocemment à la campagne lui parurent fades; il songea à rassembler chez lui tout ce qui pouvait contribuer à satisfaire presque toutes les passions à la fois, et à renchérir sur toutes les débauches dont on avait ouï parler jusque-là.

Un projet si abominable allait s'exécuter; l'abbé de Suze était dans l'attente du reste de la compagnie qui devait venir participer à de si funestes plaisirs, quand on vint lui dire qu'un homme demandait à lui parler de la part du père supérieur de l'Oratoire d'Avignon. Un nom si respectable fit presque frémir l'abbé de Suze; la vertu, si aimable et si douce qu'elle soit, est toujours suspecte au vice; l'abbé se rassure pourtant; il fait entrer cet homme dans sa chambre : son étonnement redouble en voyant une lettre du père Allard; il ne sait s'il doit la recevoir, ou s'il en doit faire seulement le sujet de ses plaisanteries avec ses amis; ils viennent eux-mêmes à son secours, et le déterminent à ne faire que rire de cette aventure. Il ouvre enfin cette lettre, il en lit une partie; mais qui peut exprimer son trouble et son embarras, quand il voit ce qu'elle contient? Il ne veut point achever de la lire, et il est contraint par une force qu'il ne connaît pas: il la jette à terre et la ramasse à différentes reprises; il maudit l'auteur de cette lettre, il l'accable d'injures. Ses amis, le voyant dans cette agitation, se moquent de lui et veulent le distraire; mais il n'était plus au pouvoir de l'homme de calmer l'heureux trouble qui était en lui.

L'abbé de Suze passa un temps considérable dans ces premiers mouvements, qui étaient encore mêlés de fureur enfin une profonde tristesse succède à ses transports. « Quelle aventure ! s'écrie-t-il. Qui peut l'avoir causée ? Que me veut ce bon Père ? Pourquoi venir interrompre le cours de mes plaisirs, quand je les goûte avec le plus de douceur et de tranquillité, par une lettre qui change la situation de mon âme et qui renverse tous mes projets ? »

Les amis de l'abbé de Suze, surpris de l'impression extraordinaire que faisait une lettre sur un homme sur qui les vérités les plus sensibles de notre religion n'en avaient jamais fait et à qui les sacrifices ne coûtaient rien, crurent qu'il était attaqué de quelque vapeur, qu'il fallait lui laisser passer en repos le reste du jour et de la nuit, et que le lendemain il se trouverait délivré de ces agitations. L'abbé de Suze le crut lui-même, et, après avoir quitté la compagnie et s'être renfermé dans sa chambre, il espéra trouver dans le sommeil ce qu'il ne trouvait pas dans ses réflexions : il se coucha ; mais, ô mon Dieu, vous vouliez consommer le dessein de votre miséricorde sur cette âme, et la malheureuse tranquillité dans laquelle le pécheur mérite que vous l'abandonniez ne devait pas être la fin de ce prédestiné.

Il reconnut la main de Dieu qui le venait tirer de l'abîme où il était ; mais qu'il le trouva profond et terrible, à mesure que la lumière de la grâce l'éclairait ! Il se lève, il se prosterne devant son Dieu ! il adore les décrets de sa providence ; des torrents de larmes sont le premier sacrifice qu'il lui offre. Le lendemain, son premier soin fut de renvoyer la compagnie qui était chez lui. Dès qu'il se vit libre, la première chose qu'il fit fut d'écrire au père Allard. Comme il ne savait point que la différence d'une lettre à une autre, qui avait fait prendre le nom de Suze pour celui de Saze, avait causé toute cette aventure, il ne douta point que Dieu n'eût inspiré au père Allard la pensée de lui écrire. Il lui mandait qu'il devait être bien satisfait de sa lettre, s'il avait eu dessein de l'arrêter dans la carrière infâme de ses débauches ; que jamais trouble n'avait été pareil au sien ; mais qu'après un combat pénible, il reconnaissait la grâce victorieuse ; qu'il se jetait à ses pieds, qu'il le suppliait de ne pas laisser son ouvrage imparfait ; qu'il ne voulait point le voir chez lui, étant indigne d'une telle faveur, mais qu'il lui demandait celle de prier pour lui, et de vouloir bien le recevoir sur la fin du carême ; qu'il espérait l'aller trouver à Avignon, et faire à ses pieds l'aveu général de ses fautes.

Après avoir envoyé sa lettre, il ne pensa plus qu'à faire une pénitence proportionnée à ses égarements. Il n'y en eut jamais une plus sincère et plus sévère ; il passait les jours et les nuits dans les larmes et les austérités et ne se permettait pas les plus légers adoucissements. Il passa de cette façon tout le carême, et il se disposa au voyage d'Avignon dans la semaine sainte. Le bruit de sa conversion se répandit dans tout le voisinage : un bon Père capucin, plus touché d'admiration que les autres, voulut aller voir de près les merveilles qu'il entendait conter de ce nouveau pénitent. Il suffisait autrefois d'être prêtre, religieux, homme de bien, pour n'oser aborder la maison de l'abbé de Suze sans s'exposer à des insultes ; mais le capucin, sachant qu'il n'y avait plus rien à craindre pour lui, y alla avec confiance ; il était connu dans la maison ; les premières personnes qu'il rencontra à Suze lui parlèrent du changement de l'abbé : les pauvres ne connaissaient plus la misère ; les domestiques ne sentaient plus la servitude ; les louanges de Dieu retentissaient où peu auparavant on n'entendait que des blasphèmes ; la paix, la douceur, la tranquillité rendaient cette maison le séjour des anges.

Le Père capucin, pénétré de joie, ne pouvait retenir ses larmes, c'était un saint religieux. L'abbé de Suze le vint recevoir ; il se jeta à ses pieds ; à peine put-il lui conter son aventure ; les sanglots, les soupirs entrecoupaient son discours ; enfin il lui apprit l'heureux changement qui lui était arrivé. Le bon Père l'écouta avec admiration ; et, soit qu'il fût inspiré de Dieu, ou qu'il crût que l'abbé de Suze avait suffisamment satisfait aux règles de l'Église pour recevoir l'absolution de ses péchés, il lui proposa de profiter de son séjour à Suze pour se confesser ; il lui représenta qu'il ne fallait pas différer plus longtemps de recevoir un sacrement qui devait être le gage de sa réconciliation avec Dieu. L'abbé de Suze, prévenu du désir d'aller trouver le Père supérieur de l'Oratoire à Avignon, s'opposa quelque temps aux sollicitations du Père capucin ; mais celui-ci les redoubla avec tant d'instances, que l'abbé de Suze se fit un scrupule de résister à un conseil qu'il crut venir de Dieu : il se prépara le reste de la journée et toute la nuit à une action dont il connaissait toute l'importance ; il renouvela ses prières et ses larmes.

Le lendemain il confessa tous ses péchés avec une amertume et une contrition inspirées par celui qui devait les lui remettre : il avoua qu'il y avait plus de trente ans qu'il n'avait été à confesse. Le Père capucin, touché et satisfait de la douleur de son pénitent, lui donna l'absolution, qu'il reçut avec des sentiments d'amour et de reconnaissance. Après avoir, l'un et l'autre, rendu grâces à Dieu, le bon Père dit à l'abbé de Suze que ce n'était point assez d'avoir rempli ce premier devoir ; qu'il était prêtre sans en avoir presque jamais fait aucune fonction ; qu'il fallait dire la messe sans différer ; que Dieu ne lui ferait peut-être pas la grâce de trouver dans sa vie de si heureuses dispositions ; qu'enfin il le lui ordonnait par tout le pouvoir qu'il venait de prendre sur lui.

L'abbé de Suze frémit à cette proposition ; l'horreur de ses crimes lui faisait penser qu'il ne pouvait jamais être admis à la célébration de nos mystères ; il conjura le bon Père de ne lui point ordonner une action dont il était indigne. Mais le capucin persista avec tant d'autorité, que son pénitent craignit encore de désobéir à Dieu en lui résistant ; il se prépara donc à dire la messe, et la dit avec tant de foi, tant d'ardeur et tant de piété, que l'on crut voir un ange à l'autel au lieu d'un homme.

Après la messe et l'action de grâces, le Père capucin prit congé de lui, se recommanda à ses prières, l'exhorta à la confiance qu'il devait avoir en Dieu, et l'abbé de Suze, de son côté, le remercia et se trouva dans une paix dont il n'avait pas encore joui depuis sa conversion. Tant d'événements extraordinaires ne pouvaient être que miraculeux. Le bon Père capucin n'était pas à la porte du château, qu'on le rappela avec précipitation pour donner sa bénédiction à l'abbé de Suze, qui se mourait. En effet, une heure après avoir dit la messe, il tomba en apoplexie ; sans perdre connaissance il perdit la parole ; mais la paix et la tranquillité de son âme, qui paraissaient sur son visage, furent d'une édification plus grande que n'auraient été ses discours. Le Père capucin lui donna les derniers secours, et le pénitent mourut de la mort des justes, laissant un exemple admirable et bien touchant des miséricordes du Seigneur.

RÉFLEXIONS SUR LE BONHEUR DE L'HOMME VERTUEUX.

Tous les faits que nous avons rapportés dans cet ouvrage nous ont paru propres à faire aimer et pratiquer la vertu

Rien de plus naturel que de le terminer par quelques réflexions sur le bonheur de l'homme vertueux.

C'est en vain que l'homme cherche son bonheur hors de la vertu, elle seule peut lui procurer un vrai repos; elle seule peut lui procurer de vrais plaisirs. Un homme est-il vertueux, il possède un bien solide qui comble ses vœux; il n'est point tourmenté par des désirs toujours inquiets; il ne connaît point le dégoût mortel qui suit la jouissance de tous les autres biens; il ne craint point que les riches trésors dont il jouit ne lui soient enlevés: les revers de la fortune, ni l'injustice des hommes ne peuvent rien sur ce trésor : s'il craint de le perdre par la défiance qu'il a de lui-même, ah! que cette crainte est différente de celles qu'inspirent les faux trésors de la terre! Celle-ci déchire le cœur de l'homme, celle-là ne trouble point la paix dont il jouit : celle-ci le plonge dans les plus cruelles agitations, le rend victime de la défiance; celle-là le laisse tranquille, tandis qu'elle l'arme contre la faiblesse.

Dans cet heureux état, qu'est-ce qui pourrait troubler sa tranquillité? La perte des honneurs? il les méprise; celle des richesses? il en est détaché; le mépris? il y est insensible; la calomnie? il la dédaigne; la malice des hommes? elle ne saurait lui nuire; leur ingratitude? il s'y attend; la douleur? elle ne sert qu'à exercer son courage; la mort? il ne voit en elle que le commencement d'une plus heureuse vie. Que des revers accablants le précipitent des postes les plus élevés dans la poussière, que ses biens lui soient enlevés par l'injustice des hommes, que l'envie verse sur toutes ses actions son plus noir poison, que les douleurs les plus aiguës déchirent son corps, que toute la nature se ligue pour le perdre, supérieur à tout ce qui l'environne, il est intrépide, il est inébranlable au milieu des plus étonnantes révolutions, des plus affreux dangers. Que le monde s'écroule dans ses fondements, ses ruines l'accableront sans l'épouvanter.

L'homme vertueux craint Dieu, et il n'a point d'autre crainte : il fait gloire de se soumettre à ses lois, il ne connaît point d'autre servitude. Heureuse crainte, heureuse soumission, qui, loin de troubler son repos, en sont les fondements inébranlables.

Il n'est point de condition à laquelle la vertu n'assure de vrais plaisirs. Plaisirs pour le grand dans le bon usage qu'il fait de son autorité; plaisirs pour le riche dans les secours qu'il donne à l'indigent; plaisirs pour l'homme privé, dans la satisfaction secrète qu'il trouve à remplir son devoir ; pour le pauvre, pour celui qu'on persécute, pour celui que la maladie et les douleurs accablent, dans leur résignation aux ordres du Ciel, dans leur constance, dans l'espoir des récompenses qu'ils ont droit d'en attendre; plaisirs pour tous les états dans l'observation des lois salutaires que la vertu ne prescrit à l'homme que pour le rendre véritablement heureux. En est-il de plus sensibles et de plus flatteurs? Innocents, ils ne sont troublés par aucun remords ; touchants, ils comblent le cœur de joie; abondants, ils remplissent toute l'âme; solides, ils ne dépendent point du sort; durables, ils ne sont enfin jamais interrompus.

FIN.

TABLE DES MATIÈRES.

	PAGES
La clémence, vertu des grands.	7
Eponine et Sabinus.	10
Trait de sensibilité.	15
Se commander à soi-même, victoire éclatante.	16
Jugement mémorable.	17
Le généreux villageois.	18
La piété filiale.	Ibid.
Trait d'amour fraternel, anecdote portugaise.	20
Notice sur la fête de la Rose, établie à Salency par saint Médard, évêque de Noyon, dans le cinquième siècle.	21
Exemple célèbre d'amour filial.	23
Apologue.	24
Anecdotes sur le duel et les duellistes	25
On ne doit pas juger un jeune officier d'après une première faute.	26
Trait de générosité.	27
Hommage rendu à la vertu.	31
Le bon Fils.	32
Artifice malhonnête de Pithius.	33
L'homme bienfaisant après sa mort.	34
Saint Basile et saint Grégoire de Nazianze. Modèle pour les étudiants.	36
L'écolier généreux.	39
Trait de reconnaissance.	40
Anecdote anglaise.	42
Courage dans l'adversité.	Ibid.
Histoire d'un revenant.	43
Traits de bienfaisance.	44
Sainval et Gervais, anecdote française.	46
Trait d'héroïsme.	Ibid.
La force du sentiment.	Ibid.
Trait d'humanité.	48
Anecdote.	49
Anecdote italienne.	Ibid.
Anecdote turque.	50
Aventure singulière, écrite par M.... à un de ses amis.	51
Les suites de l'indiscrétion.	54
La fidélité mal récompensée.	55
Les crimes punis l'un par l'autre.	

Le prix de la fidélité.	57
Petit événement qui fait honneur au maître et à ses disciples.	61
Jean et Marie, histoire française.	62
Histoire d'Androclès et d'un lion.	68
Le bon fils.	70
Le cadet généreux.	72
La dette de l'humanité.	74
Le lion et l'épagneul.	75
Trait de générosité.	76
Trait de justice.	77
Anecdote sur les effets de l'éloquence de Massillon.	78
La probité récompensée.	Ibid.
Du courage de l'amitié.	84
Lettre de M. le comte de T.... concernant la famille des Fleuriot, connus en Lorraine sous le nom de Valdajou.	88
Oraison funèbre d'un paysan.	91
Jeannot et Colin.	93
Trait consolant pour l'humanité.	97
L'enfant gâté.	Ibid.
La passion du jeu.	98
Trait de la jeunesse de Turenne.	99
Plaisirs simples, vrais plaisirs.	100
Courage et bienfaisance d'un paysan.	101
Le vieillard désintéressé.	102
Trait d'amitié fraternelle.	Ibid.
L'ami fidèle.	103
Anecdote sur Fénelon.	104
Le chien d'Aubry de Mont-Didier.	Ibid.
Anecdote sur Marie-Thérèse, impératrice.	105
Exemple frappant de patience et de modération d'un gouverneur chargé d'un enfant capricieux et gâté.	106
Trait qui n'a pas besoin d'éloges.	110
De l'éducation relativement à la passion du jeu; conduite d'un père envers son fils; anecdote arrivée à Riom.	111
Apologue allemand.	113
Histoire d'un religieux.	114
Belle vengeance d'un jeune soldat.	116
Apologue.	117
Anecdote philosophique.	118
Anecdote française.	119
Anecdotes précieuses sur Louis XVI.	120
Le vieillard religieux, ou la nuit.	Ibid.
Belle leçon d'un monarque à son fils.	123
Punition et récompense d'un jeune officier français.	124
Reconnaissance, générosité et modestie d'un pauvre jeune homme.	125
Traits de patience.	126
Précautions contre la colère.	127
La douceur et l'humanité estimables surtout dans les grands.	128
La liberté et la hardiesse nécessaires quelquefois avec les grands.	132
Être en garde contre l'orgueil, le dédain et l'arrogance.	133

L'adulation, écueil des grands.	135
S'accoutumer à vivre de peu.	137
La médiocrité dans les habillements.	138
Les spectacles dangereux.	139
Bons mots et belles reparties.	140
Des marques d'honneur, de justes récompenses excitent l'émulation.	142
Ministres de la justice, soutiens des villes.	143
La douceur, l'humanité, la politesse, qualités propres à gagner les cœurs.	145
La puissance glorieuse, lorsqu'elle est bienfaisante.	146
Trait de générosité et de modestie.	147
Trait de plaisanterie.	148
Honneur rendu au mérite.	Ibid.
Exemples admirables de fermeté.	149
La vraie gloire, inséparable de la justice.	152
La vengeance indigne de l'homme, et surtout d'un prince.	153
Voies de douceur et d'humanité, la gloire des conquérants.	154
Observation des traités, vrais intérêts de l'Etat.	Ibid.
Usage des richesses.	155
Se croire né pour faire du bien, marque d'un caractère excellent.	Ibid.
Amour de la patrie.	157
L'exemple, leçon efficace.	Ibid.
Force guerrière.	159
Valeur domestique.	160
Mépris des richesses.	Ibid.
Le sage content de peu.	163
Souffrir avec peine la louange, et parler de soi avec modestie.	165
La solide grandeur consiste à renoncer à la grandeur même.	166
La calomnie punie et l'innocence reconnue.	167
Industrie admirée, délicatesse de conscience respectée.	168
Manière d'instruire et de reprendre.	170
Différence entre l'envie et l'émulation.	171
Avis aux instituteurs.	172
Effets extraordinaires du mépris de soi-même et des créatures.	174
Effets admirables du génie.	176
Exemple rare de fidélité à sa parole.	181
Bel exemple de fidélité à la religion.	182
Amour ancien des Français pour leurs rois.	183
Amour filial.	185
La bravoure bien entendue.	186
Traits admirables d'un gentilhomme, de Turenne et de Lambert.	Ib.
Réflexions sur le duel.	188
Divers traits patriotiques.	193
Bel exemple d'attachement à son devoir.	200
Réflexions sur l'amour des Français pour leur patrie et pour leurs rois.	201
Idée d'un bon patriote, d'un sujet fidèle.	203
Traits de franchise et de générosité.	204
Traits d'équité et de modération.	205
Stratagème singulier de Christophe Colomb.	206

DES MATIÈRES. 275

Bon mot de François Ier au sujet de la découverte du Canada. 207
Étonnement de François Ier au sujet d'une faveur refusée. *Ibid.*
Charles-Quint, après sa défaite en Afrique, se montre plein d'humanité ; il n'échappe point aux traits satiriques de l'Arétin. *Ibid.*
L'honnêteté d'un jeune homme produit un grand événement. 208
Intrépidité de Henri IV : son amour pour les braves gens. 209
Sévérité des lois militaires au sujet des sentinelles. 210
Procédé honnête et courageux. *Ibid.*
Traits admirables de fermeté, de prudence et de courage. 211
Beau trait d'un officier au sujet d'une vocation religieuse. 213
Point de probité sans religion. 215
Trait ingénieux d'un conquérant. *Ibid.*
Un maître excellent, trésor inappréciable. *Ibid.*
Armée puissante dissipée par des moucherons. 217
Funestes effets des faux rapports. 219
Le support du prochain. 220
La Providence justifiée. 221
La vengeance faisant d'un martyr un apostat. 223
Dangers des mauvaises compagnies. 224
Manière de combattre et de vaincre les passions. 226
Trait mémorable de la charité d'un père de famille et de ses enfants. *Ibid.*
Parallèle de l'état d'un pauvre et de celui d'un riche. 228
Vanité des parures et des ornements. *Ibid.*
Réflexions sur le luxe. 230
Grands sentiments de deux princes mourants. 231
Réflexions sur les qualités d'un bon prince. 232
Divers traits concernant Alphonse V, roi d'Aragon. 233
Pensée d'Alphonse sur la noblesse. 242
Traits admirables de Blanche de Castille, mère de saint Louis. *Ibid.*
Conduite glorieuse du maréchal de Brissac et de son épouse. 243
Aveu d'une faute, bien glorieux à Casimir Ier, roi de Pologne. 244
L'aveu de ses fautes est un effet de sagesse. *Ibid.*
Charlemagne, religieux observateur du Carême. 245
Générosité de Charlemagne envers un prélat. 246
Avis de Charlemagne à un jeune clerc. *Ibid.*
Louis XIV rend justice à un célèbre avocat. *Ibid.*
Délicatesse d'un seigneur espagnol. 247
Pensée ingénieuse d'un Espagnol. *Ibid.*
Anecdote sur le prince Eugène. 248
Bon mot de Fontenelle. 249
Belles paroles de François Ier ; trait de générosité et d'affabilité. *Ibid.*
Dispute entre un voyageur espagnol et un Indien. 250
Caractère intéressant de Léopold, duc de Lorraine. 251
Lettre et bons mots de Lesdiguières. 252
Réponses libres et ingénieuses récompensées par Louis XI. *Ibid.*
Réponses chrétiennes de Louis XII. 253
Franchise, humanité, bienfaisance de Stanislas, roi de Pologne et duc de Lorraine. 254
Amour singulier de saint Léonide pour l'Écriture sainte. 255

Réflexions sur l'Ecriture sainte.	256
La légion fulminante.	257
Triomphe de la charité et de la modestie.	258
La légion thébaine.	259
Rien de si ingénieux que la charité. — Réconciliation des Angevins rebelles avec la Cour.	261
Réflexions sur l'éducation de la jeunesse.	262
Histoire édifiante.	265
Réflexions sur le bonheur de l'homme vertueux.	269

FIN DE LA TABLE.

13267. — Tours, impr. Mame.

www.ingramcontent.com/pod-product-compliance
Lightning Source LLC
Chambersburg PA
CBHW050642170426
43200CB00008B/1120